De improvisatiemaatschappij

'De improvisatiemaatschappij kent vele vormen van samenleven, variërend van onbegrijpelijke chaos tot schitterend samenspel.'

'Improvisatie is de menselijke variant van complexiteit, op basis van controle en vertrouwen.'

'Geslaagde improvisatie is georganiseerde vrijheid – spontaniteit binnen een duidelijke structuur.'

De improvisatiemaatschappij is bestemd voor politici en politicologen, bestuurders en bestuurskundigen, sociaal werkers en sociologen, criminologen, beleidsambtenaren, magistraten, politieleiders, studenten en betrokken burgers – eenieder die zich bekommert om de toestand in de samenleving en daarin een wetenschappelijk geïnformeerde rol wil spelen.

Over de boeken van Hans Boutellier

Solidariteit en slachtofferschap; de morele betekenis van criminaliteit in een postmoderne cultuur
Paul Schnabel: 'een lichtgevend proefschrift ... een fysieke ervaring om te lezen'.

De veiligheidsutopie; hedendaags verlangen en onbehagen rond misdaad en straf
NRC Handelsblad: 'een langgerekte aha-erlebnis'; *de Volkskrant*: 'een briljante diagnose van de samenleving'.

De improvisatiemaatschappij; op zoek naar sociale orde in een onbegrensde wereld
NRC Handelsblad: 'een hoopvolle interpretatie ... een verademing ... een razend slim boek';
de Volkskrant: 'een scherp oog voor de tijdgeest ... knap en sympathiek boek'.

Hans Boutellier is algemeen directeur van het Verwey-Jonker Instituut en bijzonder hoogleraar Veiligheid & burgerschap aan de VU Amsterdam. Hij heeft talloze publicaties op zijn naam staan over publieke moraal, criminaliteit en veiligheid; eerdere boeken werden vertaald in het Engels en Frans.

De improvisatiemaatschappij

Over de sociale ordening van een onbegrensde wereld

Tweede, uitgebreide druk

Hans Boutellier

Boom Lemma uitgevers
Den Haag
2011

Foto omslag: Ed Wertwijn
Omslagontwerp en opmaak binnenwerk: Textcetera, Den Haag

© 2011 J.C.J. Boutellier | Boom Lemma uitgevers

Behoudens de in of krachtens de Auteurswet gestelde uitzonderingen mag niets uit deze uitgave worden verveelvoudigd, opgeslagen in een geautomatiseerd gegevensbestand, of openbaar gemaakt, in enige vorm of op enige wijze, hetzij elektronisch, mechanisch, door fotokopieën, opnamen of enige andere manier, zonder voorafgaande schriftelijke toestemming van de uitgever.

Voor zover het maken van reprografische verveelvoudigingen uit deze uitgave is toegestaan op grond van artikel 16h Auteurswet dient men de daarvoor wettelijk verschuldigde vergoedingen te voldoen aan de Stichting Reprorecht (Postbus 3051, 2130 KB Hoofddorp, www.reprorecht.nl). Voor het overnemen van (een) gedeelte(n) uit deze uitgave in bloemlezingen, readers en andere compilatiewerken (art. 16 Auteurswet) kan men zich wenden tot de Stichting PRO (Stichting Publicatie- en Reproductierechten Organisatie, Postbus 3060, 2130 KB Hoofddorp, www.cedar.nl/pro).

No part of this book may be reproduced in any form, by print, photoprint, microfilm or any other means without written permission from the publisher.

ISBN 978-90-5931-753-6
NUR 740

www.boomlemma.nl

Voor Els, Bas en Nikki

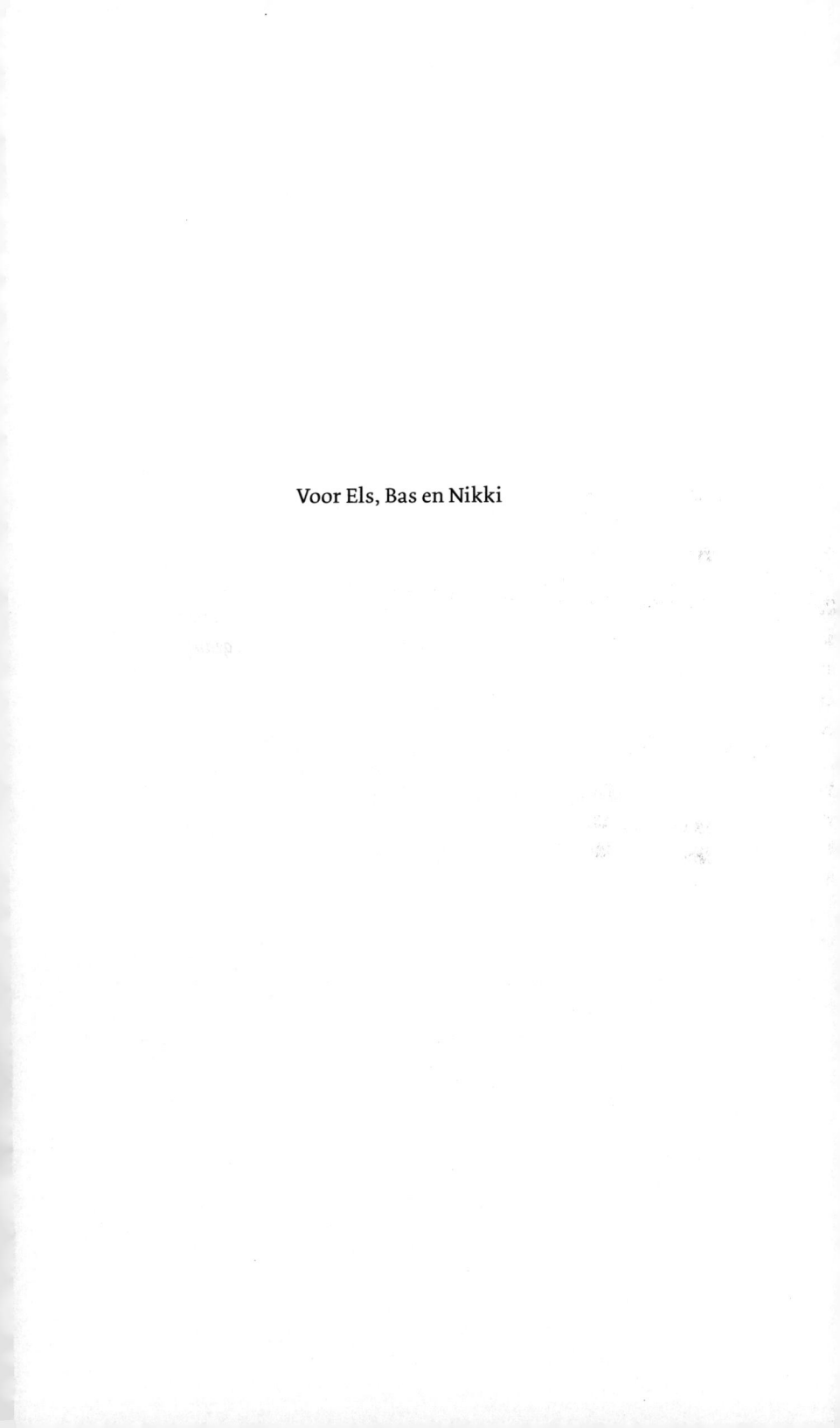

VOORWOORD BIJ DE EERSTE DRUK

Ik heb lang gezocht naar de titel van dit boek – enkele jaren zelfs. Eerder probeerde ik al eens de titel 'Een nieuwe ordening' (2006). Dat beviel een beetje; denken in termen van iets nieuws creëert een *open mind* en maakt nieuwsgierig. Maar het schept ook al gauw verkeerde verwachtingen. Het geloof in 'iets nieuws' is enigszins in diskrediet geraakt – we lijken liever te betreuren wat we kwijt zijn. Er bestaat een neiging om het heden te begrijpen als variant van het verleden. Toch wilde ik met dit boek proberen het actuele te beschrijven als prille verschijningsvorm van de toekomst.

Het boek moest gaan over een nieuwe ordening die al in ontwikkeling is. We hebben in onze samenleving moeite met het formuleren van grote geruststellende gedachten. We horen een kakofonie van stemmen en meningen, we zien woede en frustratie, ondervinden veel ad-hocbeleid en zoekend bestuur. We zien veel gedoe zonder idee. We zouden het improviseren kunnen noemen. Maar schuilt er niet veel meer orde in wat we doen dan we denken? Misschien zien we wel iets over het hoofd!

Ik realiseerde me het belang van het begrip improvisatie toen ik in 2008 een interview las met een jazzgitarist die over zijn muziek sprak als 'georganiseerde vrijheid'. Dat kan improvisatie ook zijn: zowel vrijheid als organisatie – en dan vooral de spanningen daartussen. De improvisatiemaatschappij is snel, onrustig en permanent in beweging, en creëert daarin meer en minder geslaagde vormen van samenhang en coherentie. Het gaat daarbij zowel om de inhoud van een nieuwe ordening als om het proces waarlangs deze zich realiseert. Zij is zowel spontaan als gestructureerd. Zij veronderstelt in elk geval afstemming tussen identiteiten binnen een georganiseerde context.

Met deze studie sluit ik aan bij een gezelschap van onderzoekers van globalisering, complexiteit en netwerken. Zij hebben mij ervan overtuigd dat het gerechtvaardigd en vooral zinvol is om met andere ogen naar de sociale werkelijkheid te kijken. Ik besteed daarbij veel aandacht aan de publieke moraal, omdat deze naar mijn mening voor menselijke ordening beslissend is. Dan gaat het over de sociale kwaliteit van netwerken in termen van goed en kwaad, identiteit en cultuur, macht en gezag, controle en vertrouwen, idealen en beschaving.

Diverse hoofdstukken zijn gebaseerd op eerder geschreven stukken, maar deze zijn zodanig bewerkt dat ze nauwelijks nog herkenbaar zijn. Er zit vooral nieuwe tekst in het boek. Om die reden neem ik geen verantwoording van de hoofdstukken op. Ik ga veel in discussie met andere auteurs, en volg daarin een 'idiosyncratische' lijn. Daarmee wijk ik af van de academische traditie om je te bekennen tot een vakgebied, en je vervolgens daarin in te graven. Juist in de combinatie van perspectieven schuilt voor mij het avontuur en voor de lezer hopelijk de verrassing.[1]

Het boek is zonder last of ruggespraak geschreven, maar het kent wel twee duidelijke voedingsbronnen. In de eerste plaats is er het Verwey-Jonker Instituut, waarvan ik in 2003 algemeen directeur werd. Het instituut legt zich als stichting toe op sociaalwetenschappelijk werk in opdracht, dat er maatschappelijk toe doet. Het onderzoekt een breed scala aan onderwerpen, van criminaliteitsbeleid tot voorzieningen voor gehandicapten, en van jeugdzorg tot georganiseerde misdaad. Deze variatie heeft geleid tot een enorme verbreding van mijn intellectuele horizon; het instituut is voor mij een geweldige bron van maatschappelijke kennis en arbeidsvreugde.

De tweede bron is de Vrije Universiteit, de afdeling Bestuurswetenschappen. Mijn leerstoel 'Veiligheid & burgerschap' leidde tot een grotere sensitiviteit voor bestuurlijke processen en de wetenschappelijke bestudering daarvan.[2] Bovendien gaf zij mij de gelegenheid me te concentreren op onderhavig thema, ook in internationaal verband. Ik ben veel mensen dankbaar voor de inspiratie en de ruimte die ze me gaven. Het zijn er te veel om bij naam te noemen. Ik bedank in ieder geval mijn gezin, dat zich regelmatig afvraagt waar dat gepieker allemaal goed voor is. Omdat ik dat zelf soms ook niet weet, draag ik als antwoord het boek aan hen op.

Hans Boutellier
Haarlem, oktober 2010

VOORWOORD BIJ DE TWEEDE, UITGEBREIDE DRUK

Dit boek bracht mij op vele plaatsen en bij interessante gezelschappen. Ik besprak het met corporatiedirecteuren en sociale-media-adviseurs, met institutionele beleggers en sociaal werkers, met wetenschappers en vrijmetselaars, met leerkrachten en politici. De lezingen, masterclasses en workshops waarin ik dat deed, hebben me veel geleerd – ik begon het boek steeds beter te begrijpen. Het begrip improvisatiemaatschappij is door veel mensen in één keer herkend. Zij ervaren de praktijken van deze tijd vaak als ogenschijnlijk toevallig, relatief ongeordend, sterk afhankelijk van individuele energie. Diverse personen lieten weten dat ze onze tijd beter begrijpen. Sommigen ontlenen daar een zekere hoop aan; zij spreken van een optimistisch boek.

De improvisatiemaatschappij roept dus normatieve beoordelingen op. Hoewel ik nadrukkelijk beoog een objectieve diagnose te presenteren, ligt er inderdaad een zekere hoop in besloten. Ik heb me niet willen verliezen in het populaire cultuurpessimisme, maar gestreefd naar een ontspannen beschrijving van de hedendaagse samenleving, zonder de problemen te bagatelliseren. Enkele commentatoren spreken van een abstract boek, volgens een van hen zelfs zodanig dat 'je de adem wordt afgesneden'.[1] Iemand anders zei: 'Het is makkelijk geschreven, maar moeilijk te begrijpen.' De sporen van de zoektocht zijn inderdaad nog zichtbaar. Niet omdat ik daarvoor gekozen heb, maar omdat de materie nu eenmaal niet zo eenvoudig is.

In de complexiteitstheorieën ligt het vocabulaire besloten dat de huidige tijd grijpbaar maakt. Dan hebben we het over het belang van informatie, over ordening op de rand van chaos, over relatieve stabiliteit van systemen, over de logica van netwerken. En over de menselijke varianten van complexiteit, die ik metaforisch in de jazz heb gevonden. Andere sociale vormen brengen een nieuwe terminologie met zich mee. Of misschien is het omgekeerd: met deze terminologie kunnen we sociale vormen anders gaan bekijken. Dat vraagt om een zekere mate van studieus lezen. Sommigen vonden dat ik dan meer praktijk in het boek had moeten verwerken.[2]

Dat vraagt om enige toelichting. Het mag er misschien niet zo uitzien, maar er liggen tientallen, zo niet honderden concrete onderzoeken, projecten en ervaringen aan dit boek ten grondslag. Zo concreet dat ze bij mij de behoefte opriepen aan een omvattender gedachte die de praktijk overstijgt. Ik kan vertellen over het onderzoek naar veiligheidsnetwerken in Amsterdamse wijken, dat ik vanuit de Vrije Universiteit verricht. Of over de tientallen projecten rond de Wet maatschappelijke ondersteuning, die het Verwey-Jonker Instituut uitvoert. Of van onderzoek naar spanningen in buurten, problemen op scholen, armoedebeleid in gemeenten, vrijwilligerswerk en mantelzorg, jeugdparticipatie, actieve bewoners, enzovoort.

Ik beoog met deze studie de grotere les uit al deze onderzoeken en praktijken te trekken. Ik constateer enerzijds een grote moedeloosheid ten aanzien van de complexiteit van vraagstukken, maar anderzijds ook een enorme energie als het gaat om de realisatie van concrete projecten en producten. Klaarblijkelijk kan dat tegelijkertijd waar zijn: energie en onmacht, schitterende praktijken en achterhaalde structuren, veel samenwerkingsgedoe, maar ook synergie tussen organisaties. In de complexiteit van de samenleving schuilt – zo stel ik vast – ook de mogelijkheid van betere, vitale praktijken. En zo komen we inderdaad weer terug bij de concrete betekenis.

In de discussies over het boek is een aantal zaken verhelderd. Ik heb meer zicht gekregen op de implicaties ervan. Om die reden voeg ik aan deze nieuwe druk een hoofdstuk toe dat meer toepassingsgericht is. Daarin probeer ik door te redeneren, niet zozeer via de literatuur, maar vooral op basis van de reacties op mijn studie. Door het op te nemen als inleiding denk ik het boek ook toegankelijker te maken. Het creëert een nieuwe opening vanuit het uiteindelijke resultaat van de studie: de ontdekking van de improvisatiemaatschappij. De nieuwe druk biedt me tevens de gelegenheid enkele foutjes te verbeteren. Bovendien zijn op het omslag de trommel (van percussionist Han Bennink) en de sopraansaxofoon (van Willem Breuker) beter herkenbaar. Het herziene boek beoogt de *jazzy structures* van de hedendaagse samenleving nog wat meer te verduidelijken.

Hans Boutellier
Haarlem, augustus 2011

INHOUD

De dynamiek van georganiseerde vrijheid – een opening   15

DEEL I   COMPLEXITEIT ZONDER RICHTING   25

1   **Een eerste verkenning**   27
    Van een andere orde   28
    Sociale patronen   30
    Culturele ambivalentie   33
    Een kwestie van identiteit   35
    Pragmatisme zonder meer   37
    Sociale continuïteit   39

2   **Tussen woede en identiteit**   43
    Vloeibaar modern   44
    Identiteit en gemeenschap   46
    Een tweede leven   48
    Consumptief narcisme   50
    Ressentiment en erkenning   52
    Het gefrustreerde zelf   54

DEEL II   DRIE ORDENINGSPROGRAMMA'S   59

3   **Het nationale beschavingsdefensief**   61
    Last van gedrag   62
    De onmacht van Balkenende   65
    De plaaggeest Dalrymple   67
    De conservatieve wending   69
    De relevantie van het conservatisme   71
    Een achterhaald gelijk   73

4 Safe new world	**77**
Een nieuwe strafrechtelijke missie	78
Van criminaliteit naar onveiligheid	80
Van feit naar risico	81
Van reactie naar regulering	83
Van ervaring naar gevoel	84
De morele inversie	85
De veiligheid van alles	88
Een bange samenleving?!	91
5 Participatie als panacee	**95**
Twee vormen van burgerschap	96
Volk gezocht	98
Burgers in veiligheid	101
Tegendemocratie	103
Morele uitdaging	106
Multi-etnische continuïteit	109
DEEL III DE ORDE DER IMPROVISATIE	**113**
6 Het nodale universum	**115**
Het informatietijdperk	116
Een andere ruimte	116
Samenleven in netwerken	119
Maatschappelijke consequenties	121
De logica van netwerken	123
Structuren	124
Synchroniciteit	126
Stabiliteit	128
Nieuwe overzichtelijkheid	130
7 Normatieve richting	**133**
Recht zonder orde	134
Orde zonder recht	137
Het domein der vanzelfsprekendheid	139
Controle en vertrouwen	142
Het hybride gezag van bestuurders	144
Horizontale en verticale relaties	147

8   De improvisatiemaatschappij   151
    Improvisatie als sociale voorstelling   152
    Een kleine excurs over improvisatie   154
    De organisatie van afstemming   156
    Tussen incident en institutie   158
    Immanente betekenis van praktijken   161
    De politiek van het improviseren   163

Epiloog en verantwoording   167

Eindnoten   171

Literatuur   183

DE DYNAMIEK VAN GEORGANISEERDE VRIJHEID – EEN OPENING

Dit boek betreft een studie naar sociale orde. De conclusie luidt dat we leven in een improvisatiemaatschappij. Dat betekent dat geïmproviseerde muziek een geschikte metafoor oplevert om de hedendaagse sociale orde te beschrijven. Dat is niet zomaar een leuke vondst; ik heb daar theoretisch en empirisch goede redenen voor, die staan uitgeschreven in dit boek. Daarmee wil ik niet beweren dat deze typering onproblematisch is. Sterker nog, ik los er geen enkel probleem mee op. Maar zij creëert wel een opening naar een nieuwe tijd, zonder steeds maar achterom te hoeven kijken. We zitten te veel vast aan het beeld van de samenleving als één organisatie, één groot systeem van waarden en normen, een wereld van gedeeld burgerschap, van een overkoepelende orde. Dat ontneemt het zicht op de mogelijkheden en resultaten die in de directe omgeving (fysiek en virtueel) besloten liggen.

Small worlds in a big society

Een van de lastigste problemen van deze studie was hoe ik de thema's van orde, publieke moraal en gezag overeind kon houden zonder de gefragmenteerde realiteit uit het oog te verliezen. Diverse auteurs kondigen al vele jaren het einde van alles aan: van gelijkheid, van rechtvaardigheid, van publieke moraal, van staatsgezag. Juist de thema's waar ik me altijd om bekommerd heb vanwege mijn afkeer van wreedheid, verloedering en onhebbelijk gedrag. Om die reden verzet ik me tegen laat-maar-waaien-wetenschap of vrijblijvende ontmaskering. Ik zoek in dit boek naar een voorstelling van sociale orde om problemen beheersbaar te maken en goed leven te bevorderen.

Maar ik zie daarvan ook de risico's. De drang tot controle en het verlangen naar het goede leven kunnen onaangename gevolgen hebben. We zien een groei van controlesystemen, inspecties, handhavers en toezichthouders. Er is een grote hang naar discipline en repressief beleid. We horen een roep om grote leiders en grote verhalen. De afkeer van wanorde kan zo groot zijn dat deze in haar tegendeel verkeert. Tegen die achtergrond behandel ik in het middendeel van dit boek drie 'ordeningsprogramma's' (beschaving, veiligheid en burgerschap), systematische pogingen om de complexiteit van de samenleving te reduceren. Zij worden met meer en minder succes ondernomen. Ze leren ons over de behoefte aan sociale orde, juist als die niet zo één-twee-drie voorhanden is.

Tussen twee uitersten – laisser-faire-politiek en hypercontrole – constateer ik dat er meer sociale orde is dan we geneigd zijn te denken. Hij ligt alleen niet óver ons heen, maar óm ons heen. Dat is de grotere gedachte over de vele *small worlds*[1] die ik in dit boek wil ontvouwen.

De netwerksamenleving – het centrale begrip in dit boek – kent vanzelfsprekend nog steeds de instituties waar een moderne maatschappij haar stabiliteit aan onleent: de overheid in al haar hoedanigheden en gelaagdheden; het rechtssysteem met zijn uitgebalanceerde formuleringen, procedures en evenwichten; ook de gezondheidszorg, het onderwijs, de volkshuisvesting: de instituties van de verzorgingsstaat. Met elkaar vormen zij de twintigste-eeuwse materialisering van het algemeen belang. En er zijn de organisaties van de markt – het globaliserende bedrijfsleven dat op basis van ondernemingslust en eigenbelang conditioneel is voor de welvaart; de organisaties van de civiele samenleving: de gezinnen, de kerken, de verenigingen.

In de driehoek van staat, markt en samenleving moet steeds een nieuw evenwicht worden gevonden. Momenteel is sprake van een verschuiving van de verzorgingsstaat naar de samenleving, waarbij het klakkeloze geloof in de markt wat is afgenomen. In het Verenigd Koninkrijk wordt gesproken van de *big society*, een begrip dat in Nederland ook steeds meer opgeld doet (voor de interessante onderbouwing: Blond, 2010). Na het neoliberalisme van Margareth Thatcher en het autoritaire welvaartssocialisme van Tony Blair[2] is er een duidelijke wending naar de samenleving: *social responsibility*. De organisaties van staat, markt en samenleving bieden stabiliteit – niets nieuws onder de zon. Maar de vormen waarin dat gebeurt, staan onder druk en ze gedragen zich dan ook heel anders.

Jazzy structuren
De maatschappelijke instituties staan rechtovereind, maar moeten meebewegen met nieuwe tijden. De samenleving voegt zich niet langer naar het stelsel van instituties; het zijn eerder de instituties die zich

moeten plooien rond de gebeurtenissen van een impulsieve, gefragmenteerde samenleving. Zij moeten zich verhouden tot wat ik in het eerste deel 'complexiteit zonder richting' noem. Veel bestuurlijke drukte, ingewikkelde samenwerking en competentiestrijd, en maar weinig gemeenschappelijke idealen, gedeelde normen of gezamenlijke koersbepaling. Dat geeft een gevoel van onbestemdheid, onbepaaldheid of verweesd zijn. De hedendaagse samenleving laat zich niet in enkele pennenstreken neerzetten. Dat was natuurlijk nooit echt het geval, maar de fragmentatie dringt zich vandaag wel erg op, en de navenante roep om 'heling' ook. Toch zit juist het één geheel willen zijn ons danig in de weg.

De nationale samenleving is tot op zekere hoogte een geheel, maar zij is niet uit één stuk. Zij is een geheel van gehelen, die op zichzelf weer delen van andere gehelen kunnen zijn. En zo is het geheel van de samenleving op zijn beurt weer een deel ten opzichte van andere gehelen, die ook weer zijn samengesteld uit andere delen en gehelen. Dat is een beeld van onbegrensde, gefragmenteerde ordening. Jazzy structuren, moeilijk te vatten, vaak net even anders, maar niet zonder organisatie en continuïteit. Het begrip improvisatiemaatschappij biedt zo een sprankje hoop, maar impliceert ook een vorm van commentaar. Noem het positieve cultuurkritiek. In de improvisatiemaatschappij roeit men vaak met de riemen die men heeft. Improvisatie kan zelfs als excuus gaan dienen voor maar wat aan rotzooien: 'We leven immers in een improvisatiemaatschappij.' Omdat het grote verhaal ontbreekt, kan onverschilligheid ontstaan ten opzichte van alles en iedereen. Who cares!

In die zin kan een improvisatiemaatschappij een schrikbeeld zijn. Een maatschappij van ieder voor zich, met winnaars en verliezers. Er wordt veel aangemodderd en gehannest in de jeugdzorg, de verpleeghuizen, de politieorganisatie, de politiek, de onderwijsinstellingen, de departementen en de woningcorporaties. En dan heb ik het nog niet over het bedrijfsleven, de middenstand en de zzp'ers. Al die bedrijvigheid in de driehoek van overheid, markt en samenleving vormt met elkaar het beeld van een improvisatiemaatschappij. Met zijn conflicten, tegenstellingen en grote problemen – voldoende om kritisch over te zijn. Toch beschouw ik het beeld van georganiseerde vrijheid in jazzy structuren vooral als mogelijkheid om ordening te denken.

In geslaagde vorm is het misschien wel de hoogste graad van organisatie die we kennen.

De kunst van het improviseren
Improvisatie vindt altijd plaats binnen een bepaalde context. Ik denk nu vooral aan muziek, maar het geldt in feite ook voor andere kunstuitingen en voor spontane gedragingen zonder meer. Zelfs een solist zonder medespelers speelt tegen de achtergrond van de ruimte waarin hij zich bevindt, de muziekgeschiedenis waartoe hij zich verhoudt, de muzieklessen die hij heeft gevolgd, een publiek wellicht dat bereid is te luisteren. Improvisatie kan net zomin zonder context zijn als andere muziek of kunst, of cultuur in het algemeen. Zij onderscheidt zich door de spontaniteit en creatieve vrijheid, maar is tegelijk geketend aan de voorwaarden waaronder ze klinkt. Pogingen om zich volledig los te scheuren van elke conventie of afspraak zijn illusoir. Free jazz is bijna niet om aan te horen. Maar hij is dat nog net wel als hij ook vaardigheid op het instrument inhoudt, en zich op een of andere manier (vaak tartend) verhoudt tot conventies. Honderd procent experimenteel kan hij zijn, maar niet volledig chaotisch; hij verhoudt zich per definitie tot wat er eerder aan muziek geklonken heeft.

Geïmproviseerde muziek is zowel organisatie als vrijheid, een beeld dat van toepassing is op de ordening van de samenleving. Ik zet enkele ideaaltypische kenmerken op een rij. De improvisatiemaatschappij geeft ruimte om individueel te excelleren. Die ruimte wordt nadrukkelijk gemaakt en gegeven door de anderen die op dat moment ondersteunend zijn. In deze samenwerking is sprake van 'afstemming' door terugkoppelingsmechanismes. Deze zijn meestal gebaseerd op afgesproken thema's, herhaalde motieven, basisafspraken. Men moet weten waar men aan toe is. Er spelen principes van vertrouwen en wederkerigheid. Als de inzet hoog is of de uitkomst onbetrouwbaar, dan zal de behoefte aan controle toenemen. De individuele ruimte neemt dan af. Daar kunnen goede redenen voor zijn. Maar een samenleving die alleen nog functioneert op basis van wantrouwen en controle is niet werkbaar en ook niet leefbaar – een totalitaire staat.

Een belangrijk kenmerk van de improvisatiemaatschappij is de rolverdeling. Zoals de pianist niet op de trompet moet gaan toeteren, zo moeten actoren in samenwerking weten wie ze zijn en wat hun verwachtingen zijn van anderen. Samenwerking heeft geen zin als iedereen zo'n beetje hetzelfde doet. Er is wel een gezamenlijk doel, maar er zijn geen gelijke middelen. Productieve gemeenschappelijkheid veronderstelt eigen inbreng. Die inbreng moet dan ook nog eens goed zijn. De spelers moeten wat te bieden hebben: kennis en ervaring, vaardigheden en ideeën, opvattingen en idealen. In dit kenmerk onderscheidt de improvisatiemaatschappij zich idealiter van de 'anything goes'-houding die soms de kop opsteekt. Rol en kwaliteit komen samen in zoiets als identiteit, het idee van de eigenheid of het wezen van een individu (mens, organisatie, samenleving). De netwerkmaatschappij maakt geen einde aan identiteitsvorming, maar scherpt deze juist aan. De sociale media draaien zelfs om identiteitsvorming.

Spontaniteit binnen een structuur, op het juiste moment ingebracht, identiteit ten opzichte van traditie, kennis en vaardigheden om te kunnen excelleren, een motief of thema dat gemeenschappelijkheid creëert, waarop men elkaar kan aanspreken of vinden – er is nog één kenmerk dat in het oog springt. Ik noem het 'licht leiderschap', uitgeoefend door de voorman die vaak de basis heeft gelegd voor het samenspel, voor de harmonie zorgt en de richting wijst. Dat is een ander type leider dan de ideologisch bevlogen voorman die in de twintigste eeuw de massa's naar het beloofde land voerde. Hoewel het verlangen naar zo'n soort leider nog bestaat (de medialogica vraagt bijvoorbeeld om daadkracht), is de praktijk van openbaar bestuur totaal anders. Leiderschap is niet weg, maar verstrooid geraakt, opgepikt door meer en minder aansprekende figuren.

Organische intellectuelen
Dynamiek vraagt om individuen of organisaties die het voortouw nemen. In deze tijd zijn daar veel kandidaten voor, terwijl goed gedefinieerde leidende posities meestal niet voorhanden zijn. Dat levert veel competentiestrijd op en vragen over regie, sturing, *governance* en leiderschap. Vooral in managementkringen is 'leiderschap' een groot ding. Men verwacht vaak veel van inspirerend leiderschap, terwijl de meeste mensen moeite hebben met iemand die zegt hen te leiden, behalve als het een door henzelf verkozen goeroe betreft. De netwerksamenleving kent wel leidende figuren, maar niemand wil zomaar naar hen luisteren. Het is de tragiek van de moderne politicus, voor wie

onduidelijk is wie hij representeert. Er is een eigenaardig verlangen naar leiderschap, dat niemand echt gegund is.

Leiderschap in de improvisatiemaatschappij is in essentie iets anders. Het gaat om thema's neerzetten, afspraken maken, verbinden tussen of binnen netwerken, ruimte bieden om te excelleren, samenwerking organiseren. Het gaat om licht leiderschap, dat overigens zwaar kan zijn in het realiseren ervan. Over het algemeen is de baas niet iemand die eist, maar degene die het proces overziet en ondersteunt, zonder weg te duiken voor eindverantwoordelijkheid als het erop aankomt. Leiderschap dient verdiend te zijn. Dit geldt voor elk gezag dat niet verbonden is aan een vooraf gedefinieerde machtsrelatie (zie hoofdstuk 7). Hedendaags gezag ontstaat daar waar het zich als relevant bewijst. Zelfs de politieagent heeft geen vanzelfsprekend gezag, ook al heeft hij de macht. Dat geldt onverkort voor de leerkracht, de ouder, de werkgever of de chef.

Deze personages hebben een streepje voor omdat zij een rol spelen die met enige institutionele macht bekleed is. Maar als ze dat niet goed doen, is die nagenoeg waardeloos. Gezag is in de improvisatiemaatschappij een kwestie van overtuigend betekenis verlenen aan praktijken, sociale verbanden, mogelijkheden en oplossingen. In plaats van een piramidaal gezagssysteem kennen we in onze cultuur een gespreide gezagsstructuur die schuilt in de veelvoudigheid van netwerken, clusters, circuits en sociale verbanden. Vandaar dat ik het begrip 'organische intellectuelen' van de Italiaanse marxist Gramsci (1972) van toepassing acht.[3] Gramsci hield zich in de jaren dertig (deels in gevangenschap) bezig met de rol van intellectuelen in de klassenstrijd. Hij was van mening dat in feite ieder mens intellectueel is vanwege zijn rationele kwaliteiten. Maar niet iedereen kan de rol van intellectueel daadwerkelijk vervullen. Er bestaat wel een afgeleide functie. Deze personen vormen naar zijn idee geen geïsoleerde elite, maar zijn de mensen die ertoe doen in praktijken en organisaties. Het gaat niet om wetenschappers, maar om organische intellectuelen omdat zij betekenis geven aan ervaringen en gevoelens van de groep die zij representeren. Die functie is herkenbaar in het lichte leiderschap van de improvisatiemaatschappij.

Gramsci hoopte dat de arbeidersklasse organische intellectuelen zou produceren teneinde haar intellectuele kwaliteit te mobiliseren en de relatie tussen dagelijkse ervaringen en historische mogelijkheden te leggen. Dit project kan tegenwoordig op goede gronden als megalomaan en inherent totalitair worden afgewezen. Het vertegenwoordigt een manier van denken die de twintigste eeuw gewelddadig heeft gemaakt. Dit onderwerp is te groot voor behandeling op deze plaats. Maar Gramsci's organische intellectualiteit is in de netwerksamenleving relevant als aanduiding van gespreid gezag, licht leiderschap, overtuigende betekenisgeving in kleine verbanden. Organische intellectualiteit niet in relatie tot een grotere beweging of een historische noodzaak, zoals Gramsci dacht, maar wel in relatie tot andere verbanden, die op hun beurt ook weer organische intellectualiteit genereren.

Meritocratie en improvisatie

Deze interpretatie van leiderschap biedt naar mijn mening de kans om elitevorming te denken, die tegelijkertijd het idee van een aristocratische elite ondermijnt. Zo'n elite heeft veel van haar maatschappelijke betekenis verloren, ook al omdat zij de klassieke verantwoordelijkheid van zich heeft afgeschud (Ossewaarde, 2007). De nieuwe elite is de gespreide elite, verdeeld over de organisaties, netwerken en praktijken, die met elkaar de improvisatiemaatschappij betekenis en daarmee richting geven. Niet altijd even succesvol, vaak te goed betaald, maar desalniettemin minder ongearticuleerd dan we denken. Het proces van betekenisgeving is gespreid, maar niet chaotisch. Het is een vorm van leiderschap die minder megalomaan, minder heroïsch en minder autoritair is dan historisch voor mogelijk is gehouden. Maar zij is desalniettemin cruciaal voor de kwaliteit van de samenleving.

Er tekent zich echter wel een nieuwe tragiek af in de groei van de gespreide elite, die jaren geleden al is voorspeld door Michael Young (1958). Op het moment dat de gelijkheid succesvol is gerealiseerd, geeft het verschil in opleiding (op basis van individuele kwaliteiten en sociale mogelijkheden) de doorslag in maatschappelijk succes. Het verscherpt de tegenstelling tussen succes en falen, tussen de talentvollen en de achterblijvers, tussen hoger en lager opgeleiden. Bovens en Wille (2010) hebben willen aantonen hoe opleiding de doorslag is gaan geven in het verdelingsvraagstuk. En hoe daarmee, langs nieuwe lijnen, ongelijkheid zich reproduceert, en een voedingsbodem creëert voor frustratie en rancune.[4] Meedoen in een improvisatiemaatschappij vraagt nogal wat competenties. Behalve kunnen opereren als identiteit (kwaliteit en rol) dienen de leden zich ook nog te kunnen verhouden tot andere leden. 'Netwerkcompetenties' heet dat in de personeelsadvertenties, zowel sociaal als digitaal. En dan dient men ook nog enigszins te kunnen begrijpen hoe de eigen praktijken en netwerken zich verhouden tot andere praktijken en netwerken. Dat vraagt nogal wat van mensen. Niet iedereen zal daartoe in staat zijn. Inclusiviteit is een van de grootste opgaven van de improvisatiemaatschappij: zorgen dat iedereen mee kan blijven doen. Toch acht ik het beeld van een nieuwe tweedeling te schematisch om het actuele vraagstuk van in- en uitsluiting goed te kunnen doorgronden. De netwerksamenleving is te versnipperd om in twee blokken te denken. Klassentegenstellingen zijn opgelost in een veel gedifferentieerder beeld van (virtuele) relaties, contacten, mogelijkheden, problemen en kansen. Een tweedeling is te monolithisch en daarmee ook enigszins denigrerend naar mensen die een lager opleidingsniveau hebben. Scholing verhoogt kansen, maar met minder scholing ben je niet verloren. Juist in een netwerkmaatschappij bestaan vele manieren om een weg te vinden in het labyrint van mogelijkheden. Het organiseren van het eigen leven en de daarbij behorende eigen netwerken is niet voorbehouden aan hooggeschoolden. In een onbegrensde wereld is de zogenoemde kosmopolitische klasse goed af, maar ze heeft niet de hegemonie. Sterker nog, we horen niet voor niets klachten over de teloorgang van de beschaving door oprukkende horden. Daar mag men bezorgd over zijn, maar het is geen teken van onderdrukking en onzichtbaarheid van lager geschoolden. Een inclusieve netwerkmaatschappij is in feite uitgangspunt voor een politiek programma.

Maatschappelijke continuïteit
Deze nieuwe opening van het boek geeft op voorhand enkele redeneringen die volgen op de conclusie van deze studie. Toon en stijl wijken af van de hiernavolgende hoofdstukken die zijn gebaseerd op wetenschappelijke literatuur. Ondanks het academische karakter blijkt het

boek aan te slaan bij de functionarissen die ik hier organische intellectuelen heb genoemd: professionals, bestuurders, directeuren en beleidsmakers, die verantwoordelijk zijn voor een kerkelijke organisatie of voor een school, voor een woningcorporatie of voor een ambtelijke dienst. Personen die zich betrokken weten bij de samenleving, maar vaak kampen met een gevoel van machteloosheid. 'Welke rol speel ik in het grotere geheel?' 'Wie geeft richting?' Complexiteit zonder richting verlamt, als we niet begrijpen dat onze energie geen afgeleide meer kan zijn van grote verhalen en idealen, bevlogen leiders en ideologen, solide structuren en eeuwige deugden. Sociale ordening vinden we niet voorafgaand aan, maar binnen de praktijken. In deze veelheid ontwikkelt zich de continuïteit van de samenleving.

Dat is ook het antwoord op de normatieve tegenwerping dat we toch íéts 'gemeenschappelijk' moeten hebben. Een complexe wereld is niet te sturen vanuit grote ideeën of verhalen, maar kent wel sociale continuïteit. Sociale ordening voltrekt zich in relatie tot de vooronderstelling dat wij – mensen, organisaties, samenlevingen – op een of andere wijze willen doorgaan. Dat is een vrij simpele, maar fundamentele notie. Daarom is 'duurzaamheid' zo'n aantrekkelijke politieke notie. Daarbij gaat het over het milieu, maar ook over fysieke, sociale en economische processen. Duurzaamheid opgevat als verantwoorde continuïteit. Hoe men daaraan bijdraagt in een onbegrensde wereld is onderwerp van eigen inzichten, debat daarover en zo nodig sociale strijd. Maar het is wel het principe waarin de improvisaties samenkomen. Hoe verhoudt mijn inspanning zich tot die van anderen met het oog op de continuïteit van onze samenleving? Het is misschien niet veel, maar het is ook niet niets.

In het vervolg van dit boek zit de grondgedachte van continuïteit door improvisatie, maar het behandelt veel meer dan dat. Het gaat over criminaliteit, woede en frustratie (hoofdstuk 2), over waarden, normen en conservatisme (hoofdstuk 3), over de dominantie van het veiligheidsthema (hoofdstuk 4), over burgerparticipatie en het integratievraagstuk (hoofdstuk 5), over het informatietijdperk en de complexiteitswetenschappen (hoofdstuk 6), over het recht, gezag en wederkerigheid (hoofdstuk 7), en het gaat ten slotte over improvisatie als principe van sociale ordening (hoofdstuk 8). Het is een grote greep, waar academici zich liever niet aan wagen. Maar juist in een versnipperde wereld is behoefte aan een groot verhaal. Dat blijkt te bestaan uit de boodschap dat het vanuit de complexiteit zelf moet worden opgebouwd.

DEEL I COMPLEXITEIT ZONDER RICHTING

In de afgelopen decennia zijn de maatschappelijke omstandigheden op een beslissende wijze veranderd. Men spreekt van een netwerksamenleving, die het resultaat is van grote processen: globalisering, individualisering, informatisering. De consequenties van deze ontwikkelingen zijn nog maar moeilijk te overzien. Grote onzekerheid gaat gepaard aan een omarming van de nieuwe tijden. Ik vertrek vanuit de constatering dat onze tijd door velen als relatief chaotisch wordt ervaren. Daarin zijn twee centrale vraagstukken te onderscheiden.

In de eerste plaats ontbreekt het aan morele helderheid. We snakken naar richting – in de politiek, in de instituties, in onze relatie tot anderen. In de tweede plaats is sprake van onoverzichtelijkheid in de organisatie van de samenleving. Ik spreek van institutionele complexiteit, gegeven de wirwar aan organisaties. Onze samenleving kenmerkt zich samengevat door complexiteit zonder richting. Een groot onbehagen is het gevolg. Het komt tot uitdrukking in antisociaal gedrag, criminaliteit, overlast, 'internethaat', ontevredenheid en frustratie.

Dit eerste deel gaat over de sociale ambivalenties van een onbegrensde wereld. Het onderzoekt de bestuurlijke onmacht en de maatschappelijke woede van deze tijd. Maar ik introduceer en beargumenteer om te beginnen de centrale vraagstelling: hoe kunnen we ons een voorstelling maken van de sociale ordening van een onbegrensde wereld? De continuïteit van de samenleving veronderstelt immers enigerlei vorm van organisatie.

HOOFDSTUK 1

EEN EERSTE VERKENNING

Enige jaren geleden volgde ik een lezing van een bestuurskundige die onderzoek deed naar de bestuurlijke processen in een grote stad. Hij sprak over gelaagdheid van bestuur, over publiek-private samenwerking, over onontwarbare kluwen van projecten en beleidsinitiatieven. Er kwam geen einde aan zijn beschrijving van wat er allemaal gaande was. Het wachten was op zijn conclusie; die verscheen eindelijk op de laatste dia van zijn PowerPoint-presentatie. Zijn diagnose spatte in kapitalen van het scherm: *complexity*! Hij keek triomfantelijk de zaal in; dit was de ultieme samenvatting van zijn bevindingen. Het publiek keek hem verbijsterd aan – een waar woord is niet per se overtuigend.

De afgelopen jaren heb ik veel te maken gehad met vertegenwoordigers van het openbaar bestuur. Dat was niet altijd een onverdeeld genoegen. Niet omdat het Nederlandse openbaar bestuur niet zou deugen of incompetent is. Het tegendeel is eerder het geval: het barst van de hoogopgeleide en goedwillende personen in de politiekbestuurlijke sector. Maar ze lijken ten prooi te zijn gevallen aan een zekere stuurloosheid. In de gesprekken met hen zit veelal een grondtoon van 'we weten het ook niet meer'. Cynisme is hier niet op zijn plaats; er is eerder reden voor – mag ik het zo zeggen? – een zeker mededogen. De huidige samenleving is dusdanig ingewikkeld dat besturen al gauw het karakter heeft van maar wat aan rotzooien. Er wordt heel wat af geïmproviseerd.[1]

Het ligt voor de hand het bestuur te verwijten dat het te weinig leiderschap vertoont, te willekeurig opereert of niet integer is. Maar de bestuurlijke onmacht staat niet op zichzelf. Hij heeft zijn pendant in een veel grotere maatschappelijke onbestemdheid. Veel organisaties hebben moeite om hun functie te definiëren, terwijl hun beroepskrachten normatieve richting zoeken in hun werkzaamheden. De ambities zijn groot, de bedoelingen goed, maar de onzekerheid is navenant. Professionals voelen zich op de nek gezeten door hun managers om te presteren, maar lijden in de praktijk vaak aan een grote handelingsverlegenheid.[2] Dit boek is geschreven in relatie tot de maatschappelijke onmacht van bestuurders en professionals: *complexity*! Het ligt in zo'n situatie voor de hand om het einde van de maakbaarheid af te kondigen. Dat is een graag betrokken intellectuele positie, na het deficit van de pretenties van enkele decennia geleden. Van de weeromstuit hebben veel intellectuelen zich afgewend van de politiek en zijn technocraat geworden, of columnist of fulltime cynicus. De bestuurders die het moeten hebben van een enigszins coherent verhaal zijn aan hun lot overgelaten en moeten het doen met wat herinneringen aan ideologische stromingen uit de vorige eeuw, met veeleisende burgers en met consulenten, veel consulenten. Ik wil me met dit boek niet in het gezelschap van de laatsten begeven. Wat ik wel beoog, is te onderzoeken of er niet meer orde in de huidige samenleving besloten ligt dan we geneigd zijn te denken. Ik stel me de vraag hoe een onbegrensde wereld zich maatschappelijk organiseert.

Van een andere orde

Dit boek gaat over sociale ordening, niet over *de* sociale orde: niet alleen het resultaat, maar ook het proces is van belang. De relatief coherente ideologische orde van een groot deel van de twintigste eeuw is afgelost door andere vormen. Hoe moeten we deze nieuwe vormen begrijpen? Ze worden hoe dan ook gekenmerkt door een grote complexiteit en morele pluriformiteit. Het is daarom verleidelijk te spreken van wanorde, zoals Boomkens letterlijk doet in zijn boek *De nieuwe wanorde* (2006). Ik acht deze typering eenzijdig (en onverschillig) omdat zij niets zegt over de pogingen om die wanorde juist te overwinnen. Ik veronderstel dat sociale ordening noodzakelijk is en zich daarom hoe dan ook vestigt – in meer en minder wenselijke vormen. Misschien is ze daarin ook bij te sturen, hetgeen een zekere maakbaarheid zou betekenen.

Sociale orde is een groot begrip, met lange tradities in de filosofie, sociologie en de rechtswetenschappen.[3] Ik behandel de vraag naar sociale ordening vanuit twee perspectieven: dat van de *morele coherentie* en dat van de *institutionele inrichting* van de samenleving. Dat zijn naar mijn idee de meest urgente thema's van deze tijd. Het morele perspectief verwijst naar de betekenis die anderen voor ons hebben, naar onze zelfopvatting, naar intuïties over het goede leven (de klassieke filosofische vraag) en over wat we als kwaad ervaren. De Poolse socioloog Sztompka (2002, p. 63) gebruikt hiervoor de term 'moral space', de morele ruimte waarbinnen sociale orde wordt gerealiseerd. De onderkenning van het belang van een morele ruimte gaat terug tot Durkheim (1893). Deze sprak van 'de morele dichtheid' van een volk als een opzichzelfstaande sociale kwaliteit (naast tastbare vormen als contact, gesprek en actie). Sztompka (2002, p. 64) wijst hier op de vier p's van Merton: *prescriptions, prohibitions, permissions* en *preferences* – het geheel van regels en verwachtingen die het 'juiste' gedrag van personen ten opzichte van elkaar bepalen. Het hoeft weinig betoog dat deze morele ruimte varieert naar tijd en cultuur. Zo is de overgang van een rurale naar de geïndustrialiseerde samenleving uitgebreid gedocumenteerd en geïnterpreteerd.[4] Deze analyses zijn altijd gepaard gegaan met een zekere zorg over de morele kwaliteit van het nieuwe tijdperk.

Sztompka (2002, p. 65) noemt drie terugkerende thema's. Ten eerste is er de gedachte dat het verlies van gemeenschapsbanden ondermijnend is voor de kwaliteit van de samenleving. Deze vinden we in de sociologische literatuur van Tönnies tot Putnam. Het tweede probleem is dat van een dominante rationaliteit waaruit de betovering verdwenen is (de ijzeren kooi). Deze diagnose gaat terug tot Weber en is bijvoorbeeld herkenbaar in het werk van Zygmunt Bauman (zie hoofdstuk 2). Ten derde is er het idee dat een gebrek aan normatieve structuur grenzeloosheid en betekenisloosheid met zich meebrengt (anomie). Dit vinden we bij Durkheim en communitaristen zoals Etzioni (zie hoofdstuk 3).

De ontwikkeling van de moderniteit heeft dus altijd een zekere ongerustheid over de inrichting van de morele ruimte met zich meegebracht. Dat leidt enerzijds tot een relativering van het morele thema: het is van alle tijden. Anderzijds wijst deze historische ongerustheid op het klaarblijkelijke belang ervan: een geloofwaardige morele structuur biedt rust en geborgenheid. Zij dient als een voorwaarde voor sociale interactie, politiek handelen en collectieve actie. De morele ruimte moet worden ingericht om sociaal te kunnen zijn. En juist daarmee lijken we moeite te hebben in een onbegrensde wereld. Hoe staat het met de morele ruimte in deze tijd? En daarmee kom ik op het tweede, institutionele perspectief.

Sociale instituties zijn op te vatten als structuren en mechanismen waarmee het gedrag van groepen individuen wordt geleid. Ze hebben een doel, een zekere permanentie, en overstijgen individuele belangen en behoeften. Er zijn talloze instituties die bijdragen aan de inrichting van de morele ruimte: het gezin, het onderwijs, het bestuur, religieuze organisaties en de rechtsstaat. Met elkaar dragen de instituties een samenleving. Ik constateer dat in de praktijk de dragende samenhang van de instituties steeds moeilijker is te realiseren. Samenhang, samenwerking, ketens en netwerken zijn de sleutelwoorden om de institutionele complexiteit te bezweren. Ik onderzoek dus sociale ordening, opgevat als de inrichting van de morele ruimte, naar organisatie, inhoud en proces.[5]

In de sociologie is veel gezocht naar een eenheidscheppend principe dat onder de sociale orde ligt. Volgens Emile Durkheim kunnen we daarvoor kiezen tussen God en de gemeenschap. Als God niet langer de legitimerende kracht van de sociale orde is, dan dient de gemeenschap zich aan als noodzakelijk alternatief. Hij schreef dat in 1906 (Nederlandse vertaling 1977, p. 83). Maar als we nu ook ons geloof in de gemeenschap verliezen, welk alternatief staat ons dan nog ter beschikking?[6] Is er nog een andere optie denkbaar – misschien zien we wel iets over het hoofd!? We kunnen vasthouden aan wat er was (God of gemeenschap) – dat is de conservatieve oplossing. We kunnen ons ook verzoenen met een kosmopolitische wanorde – dat is de libertaire oplossing. En we kunnen proberen te zoeken naar een ander ordeningsprincipe.

Sociale patronen
Tussen hervonden orde, wanorde en een andere orde moeten we een eeuw na Durkheim kiezen. Ik onderzoek in dit boek de derde optie. Met deze inzet vervolg ik mijn inhoudelijke programma. Dat nam een aanvang met het onderzoek naar de publieke moraal in 'postmoderne tijden'. In *Solidariteit en slachtofferschap* (1993)[7] kwam ik tot de conclusie dat de kern van de 'postmoderne' moraal schuilt in de afwijzing. We vinden elkaar – onder fragmenterende condities – in de erkenning

en herkenning van leed, discriminatie, wreedheid, oftewel slachtofferschap. Waar het hogere doel ontbreekt (of is geprivatiseerd), resteert het invoelingsvermogen in het leed van anderen als richtsnoer voor morele oordelen. 'Are you suffering?' is, volgens de Amerikaanse filosoof Richard Rorty (1989), de kernvraag van een postmoderne moraal. Ik adstrueerde deze stelling met de ontwikkeling van het criminaliteitsvraagstuk.

Het slachtoffer van criminaliteit groeide vanaf de jaren zeventig[8] uit tot een moreel 'archetype'. Het werd de zaakwaarnemer van de publieke zaak: zijn leed werd de inzet van de strijd om de morele superioriteit, en daarmee een politieke 'figuur'.[9] Deze 'victimalisering' van de moraal vormde de mentale voedingsbodem voor de groei van veiligheid als bron van onbehagen en verlangen. Iedereen kan immers potentieel slachtoffer worden, of nog belangrijker: potentieel dader zijn. Criminaliteit werd steeds meer opgevat als een risico en om die reden geherdefinieerd tot een veiligheidsprobleem. Dit inzicht leidde tot een tweede trap in mijn programma. Onder de condities van een risicomaatschappij (Beck, 1986) geeft 'veiligheid' richting aan het maatschappelijke onbehagen en verlangen.

Deze situatie heeft nadrukkelijk twee kanten. Tegenover een historisch en cultureel unieke vrijheid om ons leven vorm te geven – ik noem dat vitalisme – staat de roep om bescherming, risicobeheersing en veiligheid. Ons handelen komt daarmee in het teken te staan van een *utopisch verlangen*, waarin maximale vrijheid en maximale veiligheid moeten samenvallen: de veiligheidsutopie (Boutellier, 2002). Dit heeft consequenties voor de inzet van het strafrechtelijk systeem, maar de gevolgen gaan veel verder. Het begrip veiligheid werkt als een semantisch sleepnet, waarin allerlei aanleidingen van onbehagen schuilgaan: van verloedering tot georganiseerde misdaad en van terreur tot hondenpoep.

Het streven naar veiligheid neemt het karakter aan van een samenlevingsproject (Boutellier, 2005). Gefaciliteerd door technologische ontwikkelingen groeit veiligheid uit tot het vehikel voor de vormgeving van de samenleving. Meer in het bijzonder zien we hoe veiligheid zich gaat verhouden tot de netwerksamenleving, waarin solide structuren zijn afgelost door lossere verbanden. Veiligheid zoekt de controle op de fluïde samenlevingsstructuur. Met deze these

(Boutellier, 2007b) ga ik in dit boek verder en zet daarbij een volgende stap: achter de preoccupatie met veiligheid schuilt een groter verlangen naar sociale orde. Zowel in sociale als in psychologische zin is dat een begrijpelijke en legitieme behoefte.

Een gemeenschap van mensen kan niet zonder sociale ordening, in termen van organisatie en normatieve richting. In de afgelopen decennia is de bestaande orde flink door elkaar geschud. Er staan niet zoveel sociale structuren meer overeind. Maar dat wil niet zeggen dat er niets voor in de plaats is gekomen. De sociale werkelijkheid is zich aan het vernieuwen. Mijn poging tot beschrijving hiervan bouwt voort op de eerder beschreven slachtoffercultuur en de naar veiligheid verlangende risicomaatschappij. Deze condities zijn onverkort relevant, maar de daar achterliggende vraag naar sociale orde dient vanuit andere vocabulaires te worden begrepen.

Sociale orde in een onbegrensde wereld ontwikkelt zich in een veelvoud van praktijken, relaties en mentaliteiten. Kenmerkend zijn de snelheid en de vitaliteit van ordeningsprocessen. Ze gaan gepaard met heftige emoties en sociale strijd – zowel constructief als destructief. Sociale orde is een permanent vormgeven van verhoudingen tussen mensen onder 'vloeibare' condities (de term is van Zygmunt Bauman, zie hoofdstuk 2 van dit boek). Toch is een vloeibare samenleving niet alleen maar vloeibaar. Er zijn relatief solide instituties als het recht, het bedrijfsleven, het onderwijs, de gezondheidszorg en de fysieke sector. Schuyt (2006) spreekt vergelijkbaar van 'steunberen van de samenleving'. Deze instituties zijn niet onaantastbaar, ook zij staan onder druk van de maalstroom van individualisering, technologisering en globalisering. Maar zij houden zich staande, soms door zich schrap te zetten, soms door mee te bewegen.

De nieuwe sociale ordening ontwikkelt zich met andere woorden rond adaptieve, solide instituties. Dit betekent dat zij ook verticale dimensies kent. Het populaire beeld van een horizontale wereld dient te worden aangevuld met de ordenende momenten die zich beroepen op macht, gezag of institutionele zwaarte. Een bekeuring voor door rood licht rijden is niet horizontaal. Het beeld van een vloeibare samenleving zal ik amenderen door de constatering dat soliditeit van instituties niet verdwenen is, maar deze functioneren wel in nieuwe patronen.[10] Daarbij gaat het om ordeningen van knooppunten in een grotere omgeving. Knooppunten als identiteiten met meer en minder zwaarte, die verwijzen naar andere knooppunten (personen, organisaties, instituties) en die met elkaar een driedimensionaal weefsel vormen met richtinggevende zwaartepunten: een netwerksamenleving. Maar dit veelgebruikte begrip schiet tekort om de spanningen en de organisatie ervan te kunnen beschrijven.

Culturele ambivalentie
De netwerksamenleving creëert geen neutraal weefsel. Er zijn weeffouten, vreemde patronen en open gaten. Het gaat uiteindelijk om mensenwerk. Netwerken zijn sociale verhoudingen, waarin macht en gezag, en de strijd daarover, onverkort een rol spelen. Maar de condities daarvoor zijn wel veranderd. Met de term 'onbegrensde wereld' wijs ik op de globalisering, maar ook op de relatief ongestructureerde ruimte waarin deze strijd zich voordoet. Waarden, normen, meningen en emoties bewegen zich vrijelijk zonder veel richtinggevende ideologieën of structuren. Coherente levensbeschouwingen zijn spaarzaam, beperkt in thema en zaaien vaak verwarring. Ambivalentie tekent het proces van sociale ordening waar we momenteel mee te maken hebben. Ik geef een voorbeeld.

Nederland was in 2008 enige maanden in de ban van de film *Fitna* van politicus Geert Wilders. Sterker nog, heel Europa hield even de adem in. De ambassades werden geïnstrueerd over het Nederlandse standpunt en in islamitische landen maakten Nederlandse *expats* zich grote zorgen over de gevolgen van de vertoning ervan. Voordat hij werd vertoond, vertelde spraakmakend Nederland aan de rest hoe idioot het was dat we ons druk maakten over nog niet vertoonde beelden. Maar zo gek was dat niet, gezien de reacties van fanatieke moslims op eerder verschenen Deense cartoons. Zo vrolijk zien de demonstraties tegen westerse blasfemie er niet uit.

Wilders speelde met vuur in olierijke landen, en het was in die zin logisch dat daarover gepraat werd. Hij kreeg daarmee exact wat hij beoogde. Hij wist maximale aandacht te genereren voor wat hij als het grootste gevaar van deze tijd ziet. En dat was meer dan een electorale stunt. De islam is in het Westen de enige geloofsovertuiging die zoveel haat weet te zaaien dat zij angst creëert onder andersdenkenden.[11] Islamofobie is geen totaal ongerijmde paranoia, maar verwijst naar de reële mogelijkheid van haat, blind geweld of weldoordachte terreur tegen de westerse 'decadentie'. Maar zijn succes reikte nog verder. Wilders bracht de gespletenheid van het westerse relativisme tot spreken. Deze mentale splijting toonde zich in verschillende varianten. Men verdedigde het recht op zijn film, maar niemand wilde hem uitzenden. Velen veroordeelden de toon, maar onderkenden tegelijkertijd de risico's van een politieke islam. Men verweet Wilders de provocatie, maar verdedigde zijn recht op vrije meningsuiting. Het liberalisme omarmt de tolerantie, maar kan daardoor radicalisme moeilijk bestrijden. We zien de noodzaak van verdediging van onze waarden, maar deze verhinderen ons die in absolute termen te voeren. Het westerse relativisme – een historisch hoogtepunt van beschaving – ontbreekt het aan een idioom om het te beschermen tegen de fundamentalistische ondermijning ervan.

Wilders legde deze essentiële zwakte bloot, en noemt dat lafheid. Maar wat het westerse liberalisme te verdedigen heeft, is nu juist de verworvenheid om zwak te kunnen zijn (zie in dat verband Pels, 2005). Het Westen gelooft in de twijfel, in het pragmatisme, in de kracht van de scepsis. Deze diepgewortelde gespletenheid verdraagt geen kostewat-het-kost-waarheden. Zij ligt ten grondslag aan de ontwikkeling van de wetenschap, aan de democratie en aan de emancipatie van individuen en gemeenschappen onder de conditie dat zij zich voegen naar de gespleten ziel van de vrijheid. We realiseren ons de zwakte van deze positie, maar zijn ten principale niet in staat om deze te overstijgen. Er bestaat in een sociaalliberale context geen collectief laatste woord, zelfs niet als het heilig is.

De soep werd uiteindelijk overigens minder heet gegeten dan hij werd opgediend. De vertoonde film leek op de 'agitprop'[12] van een terroristische cel; de generalisatie naar de islam was zo ongeloofwaardig dat niemand haar serieus nam. De moslims negeerden de film, ook al door het actief apaiseren door hun eigen organisaties. Het incident is niet alleen in materiële zin kenmerkend voor deze tijd, maar vooral in zijn symbolische betekenis. We worstelen met het integratievraagstuk, maar meer nog met de vraag wie we in een onbegrensde wereld eigenlijk nog kunnen zijn. Dat geldt voor autochtone Nederlanders en nieuwe Nederlanders, voor alle burgers die digitaal tegelijkertijd hier en elders kunnen zijn, en zich fysiek verplaatsen met minimale verschillen in tijd, energie en middelen. Menselijke netwerken vragen juist om samenhang tussen identiteiten.

Een kwestie van identiteit

Vele jaren geleden alweer typeerde Anthony Giddens (1991) het huidige tijdperk als laatmodern, dat wil zeggen als moderniteit in een posttraditionele fase. Niet langer de familiegeschiedenis bepaalt het lot van kinderen, moderne burgers zijn gedwongen eigen verhalen te ontwikkelen over de identiteit. De informatie neemt toe, de individuele keuzes nemen toe, en de afhankelijkheid van experts neemt daardoor eveneens toe (met navenante argwaan).[13] Het is een tijdperk van extreme reflexiviteit. Daarin ligt een onderscheid met het afgesloten emancipatorische tijdperk. 'While emancipatory politics is a politics of life chances, life politics is a politics of lifestyle (...) It is a politics of self-actualisation in a reflexively ordered environment, where that reflexivity links self and body to systems of global scope' (Giddens, 1991, p. 214).

Giddens schreef deze woorden toen internet nog in de kinderschoenen stond. In een digitaal onbegrensde wereld is identiteit eens temeer een kernopgave van staten, gemeenschappen, instituties en individuen. De 'power of identity' (Castells, 2000b, zie hoofdstuk 6 van dit boek) valt moeilijk te overschatten. Een saillant voorbeeld daarvan betreft een uitspraak van prinses Máxima in 2008 dat ze de Nederlandse identiteit had gezocht, maar niet gevonden. Ze deed die bij de presentatie van een rapport dat, subtiel, *Identificatie met Nederland* (WRR, 2007) is getiteld. We identificeren ons volgens dit rapport met vele posities en rollen, hetgeen het idee van een eenduidige nationale identiteit relativeert. Het leek de WRR dan ook aangewezen als overheid niet te veel te tamboereren op het vraagstuk van nationale identiteit.

Deze enigszins voor de hand liggende stelling kwamen Máxima en de WRR op buitengemeen felle reacties te staan. Publicist Paul Scheffer sprak op de tv zelfs van een belediging van de Nederlanders. Waar de natiestaat op diverse fronten onder druk staat – door de economische globalisering, door de informatiemaatschappij, door de Europese Unie, door het miljoen nieuwe Nederlanders – groeit de hoop op een nationale identiteit, die vervolgens niemand weet te definiëren. Zo werd met veel poeha in 2006 besloten tot een nationaal historisch museum, dat vervolgens (althans vooralsnog) naar de postmoderne ratsmodee is geholpen.[14]

Cultuur, integratie, identiteit, de grote sociale thema's van alle tijden, zijn dat nu, in onbegrensde vorm, des te meer. Lange tijd hoopte men dat na de verzorgingsstaat 'de markt' als vanzelf de sociale orde zou regelen. Maar de neoliberale hoop staat – onder meer door de economische crisis – onder grote druk. De commercialisering van de jaren negentig werkte eerder ontwrichtend dan ordenend voor de sociale verhoudingen. Een onbegrensde wereld wordt als onleefbaar ervaren indien aan haar alleen economische betekenis wordt toegekend – al zal de kosmopolitische elite haar als probleemloos ervaren (zie Cuperus, 2009). De hiervoor gegeven voorbeelden van culturele disputen typeren de onbegrensde, ambivalente wereld aan het begin van de 21ste eeuw. Zoals auteurs als Bauman en Giddens niet nalaten te benadrukken: onze tijd is er een van onzekerheid. En dat heeft zo zijn consequenties.

Meermaals is aangetoond dat mensen tevreden zijn met hun eigen leven, maar zich zorgen maken over de morele kwaliteit van de samenleving als geheel (SCP in het *Continu Onderzoek Burgerperspectieven*: Dekker & Steenvoorden, 2008). Het is een uiting van een verlangen naar normatieve richting, maar dan vooral voor de ander. De meesten van ons creëren voor zichzelf klaarblijkelijk een bevredigende omgeving, maar kunnen deze moeilijk plaatsen ten opzichte van het grotere geheel. De verantwoordelijkheid voor ons handelen is volledig op onze eigen schouders beland, zegt Bauman (1993, p. 31).[15] We staan voor de psychologisch gesproken niet-geringe opgave ons te identificeren met een veelvoud aan rollen, posities en verbanden.[16] Waar vanzelfsprekende identiteitsvormen ontbreken, moeten we zelf zoeken naar onderdak (zonder adres). In dat verband zouden we kunnen spreken van psychologische *bricolages*: we knutselen onze eigen coherentie in elkaar (Turkle, 1984). Dat lijkt de meeste mensen individueel aardig te lukken, maar ze kunnen zich geen voorstelling maken van de samenleving die daarbij hoort.

De ambivalenties van deze tijd stellen hoge eisen aan gemeenschappen, staten, wijken, instituties, organisaties, families en individuele personen. De gevonden oplossingen voor de identiteitsonzekerheid zijn vaak extreem verschillend. Zo zien we aan de ene kant de hedonistische verheerlijking van het lichaam in sport, mode en cosmetische chirurgie, en aan de andere kant het verschuilen onder hoofddoekjes, in lichaamsbedekkende kleding of zelfs boerka's. Het zijn voorbeelden van een caleidoscopisch beeld dat overstegen moet worden in een zekere gemeenschappelijke voorstelling. Er schuilt een enorme spanning tussen de fragmenterende krachten van de buitenwereld en het verlangen naar coherentie. We weten de eigen omgeving redelijk te organiseren, maar begrijpen nauwelijks hoe die samenhangt met de rest van de onbegrensde wereld.

Pragmatisme zonder meer
Ons tijdperk kent geen vergezichten, geen *grand designs*, geen grote verhalen. De besturing van onze samenleving staat vooral in het teken van het pragmatisme. Want als niemand het weet, kiezen we maar wat 'het beste' lijkt: *good practices*, effectieve interventies, *evidence-based policy*. We formuleren een politiek van risicobeheersing en crisismanagement, van sturingsvraagstukken en relatiebeheer, van marktwerking en keuzevrijheid. Onze politiek is procedureel, liberaal en mediageniek, of probeert dat te zijn – ze kent hoe dan ook weinig uitgesproken inhoudelijke idealen. We laten ons vooral leiden door effectiviteit en efficiency,[17] bij voorkeur aantoonbaar via prestatie-indicatoren, geleid door toezicht en controle, en begeleid door een politiek van *spindoctors* en *soundbytes*.

Deze 'pragmacratie' staat in schril contrast met de zoektocht naar normen, waarden en zingeving die tegelijkertijd gaande is. Maar het aantal opties daarin is historisch ongekend. Daarin zou wel eens het onbehagen kunnen schuilen dat zo vaak geconstateerd en onderzocht is: we zijn pragmatisch zonder méér. Dat is kenmerkend voor de ambivalente toestand waarin de westerse wereld verkeert: het besef dat we – ondanks alle successen – tekortschieten in de vormgeving van onze sociale verhoudingen. We constateren een eeuwig tekort of juist een menselijk teveel (Vuyk, 2002), maar het ontbreekt ons aan een geruststellende gedachte over wie we eigenlijk zijn of zouden kunnen worden. In welke termen kunnen we de ordening denken, waarmee we onze levensprojecten vormgeven?

Met dit boek doe ik een poging de empirische ordening van de huidige samenleving te beschrijven, of misschien beter het proces waarlangs zij zich realiseert. Daarmee maak ik ook mezelf onderdeel van het pragmatisme. Maar ik neem een speciale positie in. Ik stel niet de instrumentele vraag 'wat werkt?',[18] maar de empirisch-analytische vraag 'wat is het dat werkzaam is?' In dat verband zou ik willen spreken van metapragmatisme. Ik onderzoek de wijze waarop sociale ordening zich voordoet. Een beter begrip daarvan is een alternatief voor een politiek van de angst, of voor de alarmerende reactie daarop (Duyvendak e.a., 2008). Pogingen tot ordening zijn noodzakelijk en legitiem, en nemen soms verkrampte vormen aan. Maar hoe kunnen we ons wel een geruststellende voorstelling daarvan maken?

Ik hoop onder andere te laten zien dat er nieuwe vormen van ordening zijn, die tegelijk voortbouwen op de historiciteit van de instituties en de beschaving. Ordening kan zowel contingent als gestructureerd zijn. Soms is sprake van bewuste intenties om orde te scheppen, maar vaker beseffen we nauwelijks wat er gaande is. Daardoor is het ook moeilijk om een onderscheid te maken tussen wat wenselijk of onvermijdelijk is, en wat niet. Veranderingen doen zich voor binnen een zo turbulente context dat ze soms nauwelijks opvallen en te weinig aan het denken zetten. We zijn in een complexe samenleving al een hele piet als we een zekere ordening weten te ontdekken, de continuïteit daarvan weten te bewerkstelligen, en hier en daar een beetje weten te veranderen.

We zijn getuige van permanente pogingen om orde te realiseren binnen een schijnbaar chaotische context. Soms nemen deze pogingen de vorm aan van een ordeningsoffensief, bijvoorbeeld op het terrein van veiligheid (zie hoofdstuk 4). Dit offensief kan worden beoordeeld als 'nieuwe maakbaarheid' (zie bijvoorbeeld Van Asselt, 2009, of Frissen, 2007) of als een vorm van 'sociale hypochondrie' die leidt tot uitsluiting (bijvoorbeeld Schinkel, 2008). Maar ik acht deze beoordelingen te algemeen om relevant te zijn. Het belang van enige sociale ordening is voor de samenleving te groot. Tegelijk is het feitelijke ordeningsproces zo pluriform en complex dat niet te gauw gevreesd hoeft te worden voor totalitaire controle. Ik denk dat we er beter aan doen de ordeningsprogramma's te begrijpen, om ze daarmee enigszins bij te kunnen sturen.[19]

Sociale continuïteit

Om misverstanden te voorkomen: één enkele geruststellende gedachte zal ik met dit boek niet leveren, maar misschien wel een paar termen waarmee sociale orde kan worden gedacht. In deze conceptuele *framing* schuilt een wetenschapstheoretisch probleem.[20] Zij is namelijk zowel beschrijvend als normatief. Sterker nog: ik lever commentaar, maar ook een sprankje hoop. Met de articulatie van het actuele sociale ordeningsproces formuleer ik een perspectief dat ik vind passen in de huidige context. Ik probeer tussen het befaamde *Sein* en *Sollen* een positie te vinden die zich laat omschrijven als *Können*: 'het zou kunnen zijn'. Daarbij beoog ik bij te dragen aan, wat ik zou willen noemen, *sociale continuïteit*. Dat begrip verwijst naar een robuust samenlevingsverband dat zowel standvastig als flexibel is teneinde zijn voortbestaan in de toekomst te garanderen.

Met dit criterium leg ik een relatie met de duurzaamheid die de milieubeweging voorstaat. In het begrip continuïteit schuilt bovendien een referentie aan de economische orde, waarin continuïteit – meer dan winstmaximalisatie – als doelstelling kan worden gezien. Met het noemen van deze twee beleidsterreinen – economie en milieu – neem ik er gelijk afscheid van. Het zijn de terreinen waartoe ik me dien te verhouden, maar waar ik me niet in zal verdiepen. In dit boek gaat het om sociale orde als inrichting van de morele ruimte, vanuit een oogpunt van de continuïteit van de samenleving. De samenleving opgevat als het geheel van betrekkingen tussen mensen die formeel en informeel zijn geregeld of als vanzelfsprekend gelden.

Sociale continuïteit vormt een motief om ordening te realiseren, maar het is nog geen richtinggevend begrip. In zijn toepassing kan het defensief werken, of juist te opdringerig. Het kan libertair zijn, en ook conservatief. Maar ik wijst wel op het belang van de relatie tussen ordenende en chaotische krachten. Het gaat om de strijd tussen barbarij en beschaving, tussen lust en realiteit, tussen spontaniteit en veiligheid. Deze tweestrijd voltrekt zich steeds weer onder nieuwe condities. In een onbegrensde wereld – geografisch en mentaal – neemt deze de vorm aan van een permanent proces van improvisaties. Dat is de centrale stelling van dit boek. Improvisaties die variëren van fanatiek structureren tot hopeloos geklungel en van schitterende harmonie tot maar wat aan rotzooien.

Het begrip improvisatiemaatschappij biedt een *frame* waarmee de morele incoherentie en de institutionele complexiteit van deze tijd beter begrepen kunnen worden. In normatieve zin beschouw ik improvisatie als de belofte van *georganiseerde vrijheid*.[21] Het gaat om een dynamiek die uitstijgt boven het beeld van chaos versus ordening. In het begrip 'vrijheid' – zowel positief als negatief – herkennen we de grandioze premisse van de rechtsstaat, op basis waarvan iedere burger gelijkwaardig en zonder willekeurige overheidsinterventies zijn eigen levensproject kan realiseren, spontaan kan zijn. En het woord 'georganiseerd' herinnert aan de onvolkomenheid van diezelfde mens; deze kan niet anders leven dan in grote afhankelijkheid van medemensen en in de ordening die daarvoor nodig is: in de gemeenschap, de maatschappij of netwerksamenleving.

Nieuwe omstandigheden vragen om nieuwe vormen van ordening. Na de gemeenschap (*Gemeinschaft*) met haar mechanische orde, en de maatschappij (*Gesellschaft*) met haar organische orde zouden we kunnen spreken van een '*Netzschaft*', die haar ordening realiseert via improvisatie. In netwerkstructuren ontwikkelt zich een nieuwe vorm van samenleven, een sociale ordening van knooppunten en relaties daartussen. Deze kan elke denkbare gedaante aannemen, afhankelijk van de bewegingen van de omliggende (horizontale en verticale) knooppunten. Over de kenmerken van dit nodale universum kom ik nog uitgebreid te spreken. Voor dit moment constateer ik dat netwerken zich niet aandienen als oorzaak maar als oplossing van complexiteit, mits zij normatief richting krijgen vanuit duidelijke identiteiten.

Dit inleidende hoofdstuk heeft terloops enkele van de thema's geïntroduceerd die in de komende hoofdstukken worden uitgewerkt. Het eerste deel vervolgt met een nadere diagnose van de onbegrensde wereld. In hoofdstuk 2 beschrijf ik 'de psychologie' daarvan. Velen ervaren deze als chaotisch en sommigen gaan eraan onderdoor. Ik behandel problemen als criminaliteit, overlast en internethaat en de interpretatie daarvan. Daarmee beoog ik de rafelige randen van de samenleving op te zoeken, waar van sociale orde nauwelijks meer sprake lijkt te zijn. Het is de wereld die de beelden over de huidige samenleving sterk domineren. Ik probeer haar te begrijpen als het resultaat van een tekortschietende beschaving, in haar disciplinerende, maar vooral in haar identiteitsbevestigende betekenis.

Het tweede deel beschrijft de ordeningsprogramma's die zijn ingezet om de complexiteit zonder richting te beteugelen. Ik beschrijf daartoe in de hoofdstukken 3, 4 en 5 achtereenvolgens een beschavingsprogramma in termen van waarden en normen, een veiligheidsprogramma van risicobeheersing door de bestrijding van criminaliteit, overlast en antisociaal gedrag, en een welzijnsprogramma in termen van actief burgerschap. In hun onderlinge samenhang geven ze een beeld van het sociale ordeningsoffensief in de jaren nul van de 21ste eeuw. Een offensief met sterke en riskante kanten, met vormen van overschatting en onbenutte kansen, met aardige resultaten en hilarische trekken. Ook deze programma's ontkomen niet aan het improvisatiekarakter van de netwerkmaatschappij.

Het derde deel schetst de contouren van de improvisatiemaatschappij. Hoofdstuk 6 beoogt de condities te beschrijven die hebben geleid tot de complexe wereld zonder richting. Daartoe baseer ik mij onder andere op het werk van Manuel Castells over het informatietijdperk. In hetzelfde hoofdstuk laat ik zien hoe in ogenschijnlijke chaos ook orde kan ontstaan, of preciezer gezegd, kan worden waargenomen. Ik ga daarbij op zoek naar ideeën en begrippen uit de complexiteitswetenschappen. Hoofdstuk 7 behandelt meer in het bijzonder het probleem van de ordening van menselijke systemen. Daar sta ik stil bij de functies van controle en vertrouwen, die zijn verankerd in het recht, sociale regulering en 'het domein van de vanzelfsprekendheid'.

In hoofdstuk 8 behandel ik het begrip improvisatie en de essentiële kenmerken ervan. Improvisatie is tegelijkertijd organisatie, inhoud en proces. Het maakt zowel het fluïde karakter van de huidige samenleving als de meer robuuste organisatievormen begrijpelijk. De essentie ervan schuilt in de afstemming. De richting en organisatie daarvan worden gevonden in de kernfuncties van de instituties. Ik sluit af met een epiloog, waarin ik me wetenschappelijk verantwoord.

HOOFDSTUK 2

TUSSEN WOEDE EN IDENTITEIT

Toen Ulrich Beck in 1986 het begrip 'risicomaatschappij' lanceerde, had hij vanzelfsprekend geen idee welke vorm deze zou gaan aannemen. De oude samenleving stond in het teken van de verdeling van de schaarste. Maar de ideologisch gestuurde politiek die daarbij hoorde, was – aldus Beck – afgelost door een geheel andere dynamiek. Nieuwe technologieën leidden tot problemen die niet meer als verdelingsvraagstuk konden worden begrepen. Becks uitspraken 'smog is democratisch' en 'radioactiviteit is onzichtbaar' geven in een notendop weer voor welke opgaven de samenleving zich zag gesteld. Onzichtbare en moeilijk grijpbare risico's werden leidend in de politieke sturing.[1] Niet de gewenste richting van de samenleving, maar de beheersing van risico's werd het *Leitmotiv* van de politiek.

Sinds het verschijnen van Becks boek is er veel veranderd. Het begrip risicomaatschappij bleek van toepassing op andere relatief onbeheersbare processen: de mondialisering met bijbehorende migratiebewegingen, de individualisering waardoor sociale verbanden erodeerden. Samenleven werd steeds meer een vrije onderneming, geïnspireerd door een weinig ontziend marktdenken, en met een politiek van risicoanalyses en effectmanagement. En er ontwikkelde zich een levensstijl die daarbij paste. De sociale kaders van weleer hadden hun relevantie verloren. De risicomaatschappij werd een 'risicocultuur', heen en weer geslingerd tussen het verlangen naar een uitbundig leven en de angst dat dit uit de hand zou lopen.

De risicomaatschappij nam in de 21ste eeuw steeds tastbaarder vormen aan. De vliegtuigen in het WTC maakten in 2001 definitief een einde aan het denken over onzichtbare risico's. De opkomst van en de moord op Pim Fortuyn maakten de risicomaatschappij ook in Nederland zo concreet dat het begrip zijn betekenis verloor. En met de moord op Theo van Gogh viel het doek. De risico's van de maatschappij hadden – ook in Nederland – een werkelijkheid gevonden. De moord op Van Gogh op 2 november 2004 en alle commotie eromheen stonden bol van de ambivalentie (zie ook Buruma, 2006). De toespraak van burgemeester Cohen, zelf beschimpt door Van Gogh, werd uitgesproken voor een publiek dat hem met opgeheven middelvinger uitfloot. Van Gogh werd geadoreerd en veracht, en dat vaak door dezelfde persoon. Men genoot verontwaardigd van zijn columns.

Onder de samenvattende noemer 'het grote onbehagen' ontwikkelde zich in Nederland een ongekend ressentiment tegen 'vreemdelingen', tegen 'de politiek', tegen de instellingen en tegen elkaar. Het eerste decennium van de 21ste eeuw was dusdanig turbulent dat Nederland zijn onschuld verloor. Sterker nog, het lijkt erop of Nederland opnieuw vooroploopt in de verscherping van de verhoudingen.[2] In dit hoofdstuk onderzoek ik de mentale kant van de onbegrensde wereld. Waar complexiteit zonder richting wordt ervaren, liggen woede en frustratie op de loer. Daarbij kies ik mijn vertrekpunt in het concept van een 'vloeibare samenleving', dat door de Pools-Britse socioloog Zygmunt Bauman is uitgewerkt.[3] Vervolgens bespreek ik de culturele consequenties daarvan en ga naar aanleiding daarvan in op de relatie tussen de hedendaagse woede en de toestand van de beschaving.

Vloeibaar modern
De hedendaagse cultuur is volgens Bauman dusdanig ontregeld dat zij veel angst en onzekerheid teweegbrengt. 'The discontents of postmodernity arise from a kind of freedom of pleasure-seeking which tolerates too little individual security' (Bauman, 1997, p. 3). Het is dus een verraderlijk soort vrijheid die heerst, een vrijheid die angstig maakt.[4] Het is de vrijheid van het consumentisme, die er uiteindelijk toe leidt dat we vormen van individuele vrijheid inleveren voor individuele zekerheid. Bauman diept dit thema verder uit in zijn zogenoemde 'liquid-boeken'. Hij noemt een samenleving 'liquid modern' als de condities waaronder haar leden handelen zo snel veranderen dat hun gedrag niet kan consolideren tot gewoonten of routines (Bauman, 2005, p. 1).

We zijn in Baumans alarmerende beschrijvingen gedoemd tot een leven zonder rust of regelmaat, omdat wat vandaag nieuw is, morgen alweer achterhaald blijkt te zijn. Met het begrip *liquid* slaagt Bauman erin een nieuwe toestand onder woorden te brengen die radicaal verschilt van voorafgaande moderniteitsvormen. Hij gebruikt het woord in contrast met het begrip 'solide'.[5] Om deze nieuwe fase te kenschetsen verwijst hij naar begrippen als individualisering, globalisering en technologisering. Een nauwkeurige analyse over de samenhang daartussen hoeven we van hem echter niet te verwachten. Hij concentreert zich op de consequenties ervan voor de westerse cultuur en de wijze waarop haar inwoners vorm geven aan hun leven.

Hoge intensiteit, snelle verandering van condities en vluchtige relaties leiden tot permanente onzekerheid. De enige zekerheid bestaat uit de noodzaak om steeds weer opnieuw te beginnen. Geen behoud en continuïteit, maar vergeten, *deleten*, laten vallen en verplaatsen bepalen het vloeibaar leven (Bauman, 2003, p. 2).[6] In een vloeibare samenleving bestaan geen criteria voor hoe we ons moeten gedragen of wat kwaliteit inhoudt. Er bestaat geen streven naar een normale toestand, er is geen eindstation. Bauman geeft het voorbeeld van de *fitness*. We willen niet alleen gezond zijn, maar vooral ook fit. Maar fitheid is een subjectieve ervaring, die in feite geen objectief criterium kent (2000, p. 77). Een dergelijke redenering geldt voor het verlangen naar veiligheid. Fit en veilig zijn zo de wensdromen van vloeibare identiteiten; ze hebben beide geen eindpunt en vormen een bron van voortdurend verlangen.

Bauman beschouwt 'het *shoppen*' als het archetype van de beleving in een vloeibare samenleving. Vrijheid valt in een vloeibare samenleving samen met de 'freedom to shop' (2000, p. 88). De *drive* achter het fanatieke koopgedrag is niet de behoefte, maar het verlangen, op te vatten als wensrijke fantasie (2000, p. 73). De *shopping malls* vormen een bijna perfecte vervulling van het verlangen naar vrijheid en veiligheid (zie ook Van Steden, 2009). Afgeschermd door private beveiligers wanen we ons absoluut vrij, onder de conditie dat we kunnen spenderen. De keuzevrijheid is overweldigend, maar de doorlooptijden zijn maar kort. Wat vandaag in is, is morgen ouderwets (met de kans dat het overmorgen weer hip is, maar net weer even anders).

We hebben de neiging om zo veel mogelijk levens in dat ene lichaam te stoppen (zoals in een computerspel). In zo'n omgeving veroorzaakt loyaliteit eerder schaamte dan trots ('al twintig jaar in het onderwijs?!'). Dit is geen cultuur van leren en kennisaccumulatie, maar een van discontinuïteit, vergeten en weer opnieuw beginnen (Bauman, 2003, p. 62). Vooruitgang roept dan ook vooral angst op: voor verlies, om achtergelaten te worden, om overbodig te zijn. Het is het onbehagelijke gevoel de trein te missen. De angst om 'afval' te worden kan alleen worden gekeerd door het zelf permanent te produceren. 'Liquid life means constant self-scrutiny, self-critique and self-censure. Liquid life feeds on the self's dissatisfaction with itself' (2003, p. 10-11) – deze permanente onvrede werkt als een perpetuum mobile. De strijd om uniek te zijn is de motor van de massaproductie en massaconsumptie (2003, p. 24-25).

Identiteit en gemeenschap
Voor een goed begrip van de psychosociale gevolgen van de vloeibare westerse samenlevingen verwijst Bauman (onder andere 2000, p. 7) met enige regelmaat naar de solide structuren van weleer. De vroege moderniteit (na de verlichting) kenmerkte zich door patronen, codes en regels waaraan men zich al dan niet kon conformeren, maar die hoe dan ook een stabiel oriëntatiepunt vormden. Dergelijke vaste oriëntatiepunten zijn nauwelijks nog voorhanden. Het weven van sociale patronen is in belangrijke mate een zaak van individuen zelf geworden. De sociale context is minder gestructureerd, minder hiërarchisch en minder vanzelfsprekend.

Daarmee zijn ook de condities van de individualisering beschreven. 'To put it in a nutshell, "individualisation" consists of transforming human "identity" from a "given" into a "task" and charging the actors with the responsibility for performing the task and for the consequences (...) of their performance' (2000, p. 31 e.v.). We zijn volgens Bauman aldus getuige van 'an unprecedented freedom of experimenting (...) and coping with their consequences'. Niet omdat we het leuk vinden, maar omdat we onder vloeibare condities niet anders kunnen: 'individualisation is here to stay' (2000, p. 37). De radicale individualisering leidt tot een andere beleving van de publieke sfeer. Deze vormt een reusachtig scherm waarop het individu zijn persoonlijke beleving projecteert (2000, p. 39).

En zo groeit er een kloof tussen het individu *de jure* (de staatsburger) en het individu *de facto* (de levende mens). De empirische individualiteit is als het ware uit de jas van het juridische burgerschap gegroeid.[7] Een vloeibare samenleving geeft ruim baan aan uitingen en verlangens, die buiten de traditionele normconformiteit vallen. Dat heeft consequenties voor 'de gemeenschap', die juist conformiteit veronderstelt. De vloeibare samenleving leidt tot onthechting, ontwijking, vluchtgedrag en het najagen van individuele identiteit (2000, p. 120). Collectiviteit en gemeenschap zijn niet vanzelfsprekend, maar moeten gecreëerd worden. En omdat er geen gemeenschappelijke doelstellingen zijn, gebeurt dat rond gedeelde vijanden. Zij zijn dan een vorm van zelfbescherming.[8]

Dergelijke 'explosieve gemeenschappen' hebben vaak een geforceerd, tijdelijk of vluchtig karakter. Bauman gebruikt hier afwisselend woorden als 'carnival communities' en 'cloakroom communities' - zij imiteren 'echte' gemeenschappen die veelomvattend en duurzaam zijn. Ze bieden weinig zekerheid. Vandaar dat Bauman als centrale emotionele toestand in een vloeibare samenleving spreekt van *Unsicherheit*, een begrip waarin hij een samensmelting ziet van de Engelse woorden *insecurity*, *uncertainty* en *unsafety*.[9] Als *Unsicherheit* in een samenleving dominant is, dan voelt het leven niet als een 'lawbound and law-abiding, logical, consistent and cumulative chain of actions', maar meer als een spel waarin iedereen zijn kaarten zo dicht mogelijk tegen de borst houdt (2000, p. 137).

Het huidige communitaristische verlangen is zo beschouwd een rationele (maar illusoire) reactie op de crisis in de publieke sfeer (2000, p. 108). Dat verklaart het opkomende nationalisme, het conservatisme en het ontstaan van 'beschermde gemeenschappen'.[10] De vloeibare samenleving prefereert het individu boven de burger, en waar de gemeenschap wordt gezocht, neemt zij al gauw gemankeerde vormen aan: tijdelijk, fundamentalistisch, explosief, 'gated'. Stuk voor stuk verschijningsvormen van menselijke verbanden waarin relaties geforceerd zijn en het vertrouwen min of meer is afgedwongen. We moeten leren lopen op stuifzand, luidt Baumans wat dramatische oproep aan het slot van *Liquid life*. De opvoeding is voor Bauman de laatste strohalm om welbewuste en zelfbewuste burgers te vormen. 'We need lifelong education to give us choice' (Bauman, 2005, p. 128). Maar het blijft onduidelijk waaraan een dergelijk opvoedingsproject zich kan optrekken.

Een tweede leven
Bauman laat in zijn genadeloze beschrijvingen van de vloeibare moderniteit zien hoe sociale orde en burgerschap (gemeenschap en identiteit) langzaam zijn meegesleurd in de maalstroom van globaliserend kapitalisme. Het is een cultuur met een moordend tempo, en met een grote kans om uit het systeem geslingerd te worden ('trash'). De door Bauman geschetste vloeibare wereld kent weinig morele ankerpunten meer. De solide instituties zijn gesmolten en de commercie kent geen morele scrupules. Het lijkt gerechtvaardigd om te spreken van een cultuur die mensen ontvankelijk maakt voor normoverschrijdingen en/of voor de angst daarvoor. Criminaliteit vormt in die zin een wezenskenmerk van de hedendaagse cultuur, en dat geldt onverkort voor de obsessieve behoefte aan beveiliging ertegen.

Het geeft aanleiding om dieper in te gaan op de relatie tussen cultuur en criminaliteit. Deze is recentelijk nieuw leven ingeblazen onder de naam *cultural criminology*.[11] In een van de eerste programmatische boeken op dit terrein onderscheiden Ferrell en Sanders (1995) drie relaties tussen (sub)cultuur en criminaliteit. In de eerste plaats is er een samenhang tussen bepaalde criminele identiteiten en een daarbij behorende culturele stijl (bijvoorbeeld gewelddadige rap). Ook komt – in de tweede plaats – het omgekeerde voor: culturele uitingen worden toegeëigend door bepaalde criminele groepen. Zo worden sommige bands – zelfs tegen wil en dank – gewaardeerd door neonazi's of skinheads (Brown, 2004). In beide vormen is criminaliteit een kwestie van levensstijl: 'Much of this cultural meaning, action, identity and status is organized around style – that is, the shared aesthetic of the subculture's members' (Ferrell & Sanders, 1995, p. 5).

In de derde plaats onderscheiden Ferrell en Sanders het proces van culturele betekenisverlening (p. 11). Criminaliteit of deviant gedrag krijgt publiekelijk een bepaalde betekenis toegemeten. Dit geldt eveneens voor het tegendeel: de strijd tegen criminaliteit, zoals de politiecultuur. De media spelen een grote rol in de representatie van *crime* en *crimefighting* en de waardering daarvan door het publiek (zowel in televisieseries als in programma's van bijvoorbeeld Peter R. de Vries). Criminaliteit verschijnt hier als een 'coproductie' van gedrag en cultuur: het een valt eigenlijk niet te begrijpen zonder het ander. Toch gaat criminaliteit in een vloeibare context om iets anders dan culturele stijl of coproductie.

Een verdergaande benadering komt van Mike Presdee. Zijn boek *Cultural criminology and the carnival of crime* (2000) start vanuit de constatering dat de huidige cultuur zo verzadigd is van normoverschrijding en geweld dat het soms wel lijkt of er niets anders is (p. 3). Hij constateert dat 'excitement, even ecstasy (the abandonment of reason and rationale)' het doel van de criminele *performance* is (p. 7). Presdee benadrukt dat criminaliteit en geweld 'enjoyable' kunnen zijn, en in de huidige samenleving begrepen moeten worden als 'a valuable consumer entertainment commodity' (p. 11). In dat verband wijst hij op het carnavaleske karakter van veel van de hedendaagse criminaliteit.

Carnaval is van alle tijden, en wordt over het algemeen begrepen als een tijdelijke omkering van de sociale orde. Maar in de huidige cultuur is carnaval overal en nergens: in satires, romans en films, in lichaamsveranderingen, SM, dance parties, drugsgebruik, *gang*-rituelen en extreme sporten (p. 47). Deviantie is normaal. Presdee introduceert in dit verband het begrip 'second life', dat hij ontleent aan het werk van de literatuurwetenschapper Mikhail Bakhtin (1984). Met dit begrip duidt deze op 'that part of life that is inaccessible and untouchable to the "official" world (...) it is the realm of resentment and irrationality *par excellence* and also the realm of much crime' (Presdee, 2000, p. 8). Deze carnavaleske uitingen zijn in onze cultuur 'vrijgegeven'. Niet permanent en niet overal, maar wel in de openingen die het 'normale', eerste leven biedt.[12]

Het tweede leven heeft een zekere status gekregen in de amusementswereld, de mediawereld, het uitgaansleven en op het internet. Presdee vraagt aandacht voor de kenmerken van een cultuur die de deuren wagenwijd openzet voor individuele emoties, primaire lustbeleving en normoverschrijding. 'Learning must be fun, poverty must be fun, housework must be fun and as in *Clockwork orange* (...) violence, crime and disorder must be fun' (p. 63). De 'consumptie van criminaliteit' verschijnt hier als de genadevolle toestand van onverantwoordelijkheid. Presdee beschouwt dit verlangen naar extreme vormen van populair en persoonlijk plezier als een tegendraads effect van een toenemende rationalisering (hoofdstuk 9). Het tweede leven is niet langer een heimelijke toestand, maar een legitiem deel van de identiteit, dat regelmatig aan de openbaarheid mag worden prijsgegeven.

Consumptief narcisme

We zagen met Bauman dat identiteit en gemeenschap een individuele aangelegenheid zijn geworden. Met een tekort aan morele ankerpunten, leert Presdee vervolgens, ontstaat de ruimte voor het vormgeven van een tweede leven van permanente *fun* en normoverschrijding. Binnen zo'n context kan het gebeuren dat sommige personen zich letterlijk verliezen in de consumptieve vloeibare wereld. Een ontluisterend beeld van deze toestand wordt gegeven door Hall e.a. (2008).[13] Zij deden etnografisch onderzoek onder jongeren uit de onderklasse in de wijken Carvill in Newcastle en North River en Southfield in Sunderland (beide Noordoost-Engeland). De traditionele 'working class identity' in deze streken werd afgelost door nieuwe vormen van marginaliteit. Deze staat totaal in het teken van het verlangen om deel te kunnen nemen aan de consumptiemarkt.

De auteurs schetsen een beeld van normloos geweld en drugsgebruik van een onderklasse die verwikkeld is in een strijd 'om ertoe te doen'. Hun angst voor overbodigheid ('trash') is het aangrijpingspunt voor een hedonistische levensstijl: 'to have a box-fresh pair of Nikes meant a significant boost to self-esteem' (p. 49). Alles is erop gericht mee te tellen via kleding, luxe artikelen en hippe *gadgets*. De onderzoekers vonden geen enkele identificatie met lotgenoten, armen of andere 'losers' – het doel in hun leven is af en toe het consumentenparadijs te mogen binnentreden. Hier speelt een vorm van consumptiefetisjisme dat geworteld is in een onbereikbaar, imaginair ideaal-ik van meedoen met het hoogste goed: de consumptieve welstand.[14]

Een dergelijk identiteitsbeeld weet zich niet om te zetten in een concrete doelstelling of constructief beeld van het eigen leven – in een ik-ideaal. Het superego dwingt tot genot in plaats van tot beschaving, een argument dat we eerder bij Bauman tegenkwamen. De gevoelens van overbodigheid zijn gecombineerd met een dwangmatig hedonistisch consumentisme.[15] Het is een verlangen naar sublieme ervaringen, die alleen gefantaseerd kunnen worden, en heel af en toe bereikbaar zijn. Normloosheid gaat daarbij hand in hand met conformisme ten aanzien van de consumptiecultuur. Het tweede leven is in deze criminele onderklasse de eerste levensstijl geworden. Onder de vele citaten en beschrijvingen van deze jeugdige onderklasse schuilt een hard commentaar van de auteurs op de neoliberale wending naar het consumptiekapitalisme van de jaren negentig. Deze werd volgens hen gesteund door de Amerikaans geïnspireerde 'tegencultuur'.[16] De 'counterculture became consumer culture', aldus de auteurs in navolging van Heath en Potter (2004). Kritische meningen en deviant gedrag werden door de vertegenwoordigers van de tegencultuur ten onrechte op één hoop gegooid.[17] Maar verzet tegen dominantie is iets anders dan doen waar je zin in hebt (p. 105). De tegencultuur vormde de ideële voedingsbodem voor de 'consumerization of the means of identity' (p. 108). Het is moeilijk om zich te onttrekken aan de verleidingen van de consumptiemaatschappij, zeker als dat de enige manier is om iets te betekenen.

In de consumptiecultuur ligt volgens Hall c.s. een eigenaardige spanning besloten in de behoefte zich individueel te willen onderscheiden door zich volledig te conformeren. De traditionele psychosociale mechanismen van verbod, verdringing en schuld zijn dusdanig verstoord dat dit voor de betrokkenen het idee van een 'samenleving' heeft opgelost. Alles is geoorloofd, je hoeft je nergens meer voor te generen. In zo'n subcultuur bestaan er geen politieke noties van sociale rechtvaardigheid, solidariteit en strijd tegen sociale uitsluiting. Er is eerder sprake van een hobbesiaanse oorlog van allen tegen allen (p. 192). De criminele respondenten vertonen een eigenaardige mix van fatalisme en optimisme, hopend op dat ene *lucky shot* dat hen echt deel doet uitmaken van de consumentenelite.

De radicale analyse van Hall c.s. heeft kenmerken van overdrijving, in elk geval theoretisch en politiek. Maar de citaten en de beschrijvingen van de mentale toestand van de onderzochte jongvolwassenen zijn indringend. Ze passen bij het onstuimige beeld van de vloeibare samenleving van Bauman en ze sluiten aan bij eigen bevindingen ten aanzien van 'ontevreden burgers' (De Gruijter e.a., 2010). Zij bieden bovendien inzicht in de diepgaande gevolgen van de geglobaliseerde consumenteneconomie voor de onderkant van de samenleving, en zijn (daarmee) betekenisvol voor de samenleving als geheel. Waar

Bauman in grote gebaren de culturele contouren van de onbegrensde wereld schetst, biedt deze analyse zicht op de grensgebieden ervan.

Ressentiment en erkenning

Uit de tot nu toe ontwikkelde noties doemt een beeld op van ontheemde individuen die geen gemeenschappelijkheid meer kennen, laat staan zich daaraan ondergeschikt zouden willen maken. Dat enigszins desolate beeld roept de vraag op wat deze eenzame mens drijft, behalve de inrichting van zijn op maximaal genot gerichte leven. Voor een verklaring van hun gefrustreerde *drive* om zich te willen onderscheiden hinten Hall c.s. terloops naar Plato's notie van *thymos*, de individuele trots en de wil tot erkenning, die naast rede en verlangen het menselijk gedrag motiveert (p. 171 en 174). Deze drijfveer is in hun ogen geperverteerd door de consumptiecultuur en heeft infantiele narcistische trekken aangenomen.[18] Maar wat leert ons deze extreme vorm van de thymos over een algemenere psychologie van een onbegrensde wereld?

Voor een nadere bestudering van de wil tot erkenning doe ik een beroep op Peter Sloterdijks boek *Woede en tijd* (2006; Nederlandse vertaling 2007). Sloterdijk laat daarin zien dat de woede over gekrenkte trots de psychische motor is in de collectieve geschiedenis. Hij noemt zijn verhandeling dan ook een 'politiek-psychologisch essay'. De Grieken bezongen de woede als de drijfveer van de helden. Zij eisten hun bestaansrecht op en joegen op eenieder die hun dat ontzegde. Anders dan de deugd aarzelt de woede niet – 'die weet waar hij heen wil' (p. 18). In historische beschouwingen laat Sloterdijk zien hoe het affect 'woede' is ontmanteld door het christendom, terwijl het in het nazisme en communisme weer revolutionaire vormen aannam.

'Thymotiek' is een noemer voor eigenwaarde, trots, moed, kordaatheid, geldingsdrang, verlangen naar gerechtigheid, waardigheid, eer, verontwaardiging, strijdbaarheid, wraak, zelfrespect. Zij bevindt zich aan gene zijde van de erotiek, die gaat over het gemis en het verlangen. Maar thymotiek wijst wie de mens is (en niet wat hij mist) en woede is het resultaat van de krenking ervan. Voor het christendom is de woede het domein van de zonde, voor de psychoanalyse dat van de neurose en voor de markt dat van de consumptie. Maar het trotse egoïsme is door Nietzsche herontdekt als 'het incognito van de beste menselijke mogelijkheden' (p. 26). Hoewel de natiestaat in de negentiende eeuw leidde tot een herwaardering van thymos, is zij thans weer ondergedompeld in de erotisering van het mensbeeld – aldus Sloterdijk. Het is volgens hem zaak opnieuw een psychologie van de eigenwaarde te ontwikkelen (p. 28). Daarbij is een sleutelrol weggelegd voor 'erkenning' als 'de belangrijkste spil waar de interthymotische verhoudingen om draaien' (p. 33). De civilisatie van de thymos in natiestaten is uiteindelijk grandioos mislukt – de twintigste eeuw liet enorme catastrofen zien, een woede-economie van geplande uitbarstingen (p. 37). Na de val van de Muur is daar een einde aan gekomen, maar dit 'einde van de geschiedenis'[19] betekent het begin van 'golven van losgeslagen ontevredenheid' (een punt dat ook Fukuyama maakt en volgens Sloterdijk ten onrechte weinig is opgemerkt). 'Vooral in een wereld van dikgezaaide vrijheden kunnen mensen niet stoppen met het streven naar de specifieke erkenning, die tot uiting komt in prestige, welstand, seksuele voordelen en intellectuele superioriteit' (p. 55).

Omdat deze goederen schaars zijn, hoopt zich een reservoir op aan afgunst en misnoegen. 'Hoe meer "de maatschappij" in hoofdlijnen bevredigd is, des te uitbundiger de naijver van allen jegens allen bloeit' (p. 56). In de cultuur, de media en de sport doen zich weliswaar nieuwe mogelijkheden voor erkenning voor, maar de verliezers, zeker de 'werkelijk benadeelden', laten van zich horen. Zij keren zich niet alleen tegen de winnaars, maar ook tegen de spelregels en de politiek. Sloterdijk benadrukt dat haat en ressentiment geen nieuwe verschijnselen zijn, hoewel men ooit gedacht heeft dat het einde ervan in zicht was. Voor de menselijke trauma's, vernederingen en frustraties zijn in alle culturen 'systemen voor wondverzorging' nodig: protest, ter verantwoording roepen, genoegdoening, inkeer, verinnerlijking, gerechtelijke procedures.[20]

Maar soms hoopt het ressentiment zich zo hoog op dat een legitiem geachte uitbarsting plaatsvindt: een transformatie van acute woede in gepraktiseerde wraak (p. 74). 'We zijn in een tijd beland waarin het aan woedeverzamelplaatsen met een mondiaal perspectief ontbreekt. Noch in de hemel, noch op aarde weet men nog iets fatsoenlijks met "de gerechtvaardigde woede" van het volk aan te vangen' (p. 237). Wat rest zijn een ontevreden ruis en geïsoleerde expressieve daden. Deze huiveringwekkende toestand staat in schril contrast met 'de overal rondzingende mare van het netwerk dat de nieuwe media rond de wereld spinnen' (p. 238). Sloterdijk heeft geen hoge pet op van de mogelijkheden van de netwerkmaatschappij. Bij ontstentenis van wereldomspannende idealen is 'het weke midden' alles wat ons rest (p. 239).

'Politiek wordt dan zoiets als de haat van overtolligen: een ongerichte agressie tegen het onbeschadigde, een haat tegen wat functioneert' (Enzensberger, 1992, geciteerd door Sloterdijk, 2007, p. 274). Hier is sprake van een 'vijandigheid tegenover de wereld en het zijnde als geheel' – er ontwikkelt zich 'een internationale van zelfhaters' (p. 276/7). Sloterdijk is overigens niet bang voor de slagkracht van de politieke islam. Deze is principieel op het verleden gericht en kan hooguit tot geweldsuitbarstingen leiden. De angst hiervoor brengt wel een soort pseudosolidariteit teweeg, met veiligheid als allesoverheersend motief. De *war on terror* kan niet worden gewonnen, en hoeft daarom ook nooit te worden beëindigd. Het risico daarvan is dat men zich schikt in postdemocratische toestanden. Waar het mij hier om gaat, is dat een onbegrensde wereld te weinig resoneert om identiteit te erkennen.

Het gefrustreerde zelf
De vloeibare samenleving van Bauman creëert een culturele omgeving die het moeilijk maakt om van betekenis te zijn. Het is een wereld waarin de consumptie zich als bron van erkenning aandient – met alle frustraties van dien. De thymos biedt zicht op het belang van erkenning, zelfrespect, de mogelijkheid er te kunnen zijn. Een sociaalliberale omgeving geeft ideologisch gesproken de vrijheid om het eigen levensproject te realiseren. Maar de mogelijkheden daartoe zijn niet voor iedereen weggelegd. Toch is dat voor velen wel het geval – men is vaak gelukkig met het eigen leven. Dat roept de vraag op naar de generaliserende waarde van de geschetste analyses. Moeten we niet juist de verschillen zien, indelen in soorten en categorieën, het incidentele benadrukken, relativeren? In principe is dat juist, maar de effecten van de gefrustreerde thymos domineren onze sociale voorstellingen. We zijn als de dood voor andermans woede, en daar zijn ook steeds weer aanleidingen voor.

Terroristische aanslagen in het buitenland, twee politieke moorden in Nederland, een aanslag op het Koninklijk Huis in 2009 en bedreigingen, veel haatdragende bedreigingen – er zijn redenen genoeg om van een getroebleerde beschaving te spreken. Uit eigen onderzoek is bekend dat het aantal aangiften van politici in de honderden loopt (Verwey-Jonker Instituut, 2010). Daarbij gaat het om heel veel bedreigingen tegen enkele politici, maar ook om enkele bedreigingen tegen heel veel. In de meeste gevallen gaat het om 'gewone' haatmail, maar soms is het bloedlink. Ook buschauffeurs worden bespuwd en ambulancebroeders bedreigd – een relatief nieuw fenomeen. Het zijn stuk voor stuk incidenten, maar met een zodanige frequentie dat we met Rosenthal (1988) van 'structurele incidenten' kunnen spreken.

De cijfers geven een enigszins ambivalent beeld te zien. Volgens bevolkingsonderzoek is de criminaliteit in het algemeen afgenomen, geweld iets minder, terwijl het aantal gewelddadige roofovervallen dan weer wat toeneemt.[21] Maar geweld, criminaliteit in het algemeen en antisociaal gedrag zijn allang geen zaak meer van cijfers en een nuchtere reactie daarop. De reacties zijn al net zo heftig als de incidenten. Een kwart van de slachtoffers van uitgaansgeweld kwam eerder zelf in aanraking met de politie (Bervoets e.a., 2008). In toenemende mate gebruiken burgers internet om zelf tot veroordeling over te gaan (Hammer, 2009). Het gaat dan om bedreiging van 'misdadige' politici, *naming and shaming* van veroordeelde pedoseksuelen en beschuldigingen aan het adres van concrete personen.

Het zoeken naar lineaire verklaringen voor deze spiraal van actie, verontwaardiging en reactie heeft iets naïefs; het analyseren van de feitelijke trends iets machteloos. De situatie is complexer. Op grond van vorenstaande beschouwing over de woede in een vloeibare samenleving waag ik me aan de volgende stelling. Onze obsessie met criminaliteit, overlast, geweld, haat, onveiligheid en bedreigingen heeft te maken met erkenning en zelfrespect – de leer van de thymos. Van de kant van de daders is er de gefrustreerde wil om mee te tellen; aan de kant van de wetsconformen is er de erkenning dat het goed is zoals ze zijn. We behoeven de prikkel van de onveiligheid om niet weg te zakken in de geglobaliseerde vergetelheid. Als niemand ons aanspreekt op wie we zijn – God de Vader, Joop den Uyl, de onderwijzer of welke andere overtuigende ideoloog ook – dan moeten we het zelf doen. We bevestigen onszelf rond de normloosheid, door het te zijn of door het verzet ertegen. De kunstenares Tinkebell (& Vogelaar, circa 2009) publiceerde een boek c.q. kunstwerk met van internet geplukte gegevens en foto's van personen die haatmails naar haar stuurden.[22] Het is fascinerend materiaal door de tegenstelling tussen de alledaagse personages (vaak jonge vrouwen) en de modder die zij uit hun toetsenborden sloegen. Aan de gegevens en foto's te zien kan er geen sprake zijn van gestoord gedrag. De haatmails kunnen van de buurvrouw of van een collega zijn; misschien staat de lezer er zelf wel tussen. In Het Parool (23 mei 2009) verscheen een brief van een geopenbaarde haatmailschrijfster. Zij claimt het recht op haar haatdragende aanklacht. Hier speelt de lust van het eigen gelijk. De juistheid van het eigen oordeel rechtvaardigt de haat, het geweld, het korte lontje en de reacties daar dan weer op.

Het laagje beschaving mag historisch gesproken dun zijn, op internet is het gewoon weg. Daar heeft zich een drievoudige erosie voorgedaan. Technisch is het mogelijk anoniem ieder ander alle hoeken van het beeldscherm te laten zien: 'ik zeg wat ik denk omdat het kán'. Maar het is ook geaccepteerd om een ander onderuit te halen, verschillen te benadrukken, te lachen om handicaps of een rare neus: 'ik zeg wat ik denk omdat het mág'. Dat is begonnen met Freek de Jonge, massaal gemaakt door Paul de Leeuw en cultuurgoed geworden door internet. Maar de erosie gaat nog verder: 'ik zeg wat ik denk omdat het móét'. Weg met de hypocriete, politiek correcte toedekkers. Geen stijl hebben is het ware leven. Het vrije woord kent geen enkel voorbehoud omdat het uiten ervan kan, mag en moet. Internet is bij uitstek de amorele ruimte van de onbegrensde wereld waarin individuen vrijelijk ronddolen. Zoekende moslimjongeren vinden er hun jihadisten, mannen hun portie porno, en de woedende massa haar haatobjecten.

Alsof de menselijke geest zich veruitwendigd heeft in al zijn polymorfe perversiteit (Freud), vormt internet de proeftuin voor het echte leven, waar we met enige regelmaat de bom zien ontploffen. Arie Kruglanski c.s. (2009), die onderzoek deed naar motieven voor zelfmoordterrorisme, beschouwt de 'quest for personal significance' als het doorslaggevende motief van terroristen. Om het ik aan betekenis te laten winnen is de zelfmoordterrorist bereid het te offeren.

Incidenten, zeker, maar betekenisvolle incidenten. Een gebrek aan morele begrenzing – waarden, normen, omgangsvormen – verklaart veel van onze obsessie met geweld, haat en overlast.

Een zekere beschavingsbuffer van formaliteiten en omgangsvormen is nodig om onze reacties op elkaar enigszins onder controle te houden. Dat is het gelijk van de conservatieve analyse (zie hoofdstuk 3). Maar er is iets veel wezenlijkers aan de hand. Grenzeloosheid creëert uiteindelijk ook een gebrek aan erkenning. Om identiteit te ervaren moeten we worden aangesproken. We willen gezien worden, aangehaald of gecorrigeerd. Daarin schuilt het wezen van de actuele woede: de overbodigheid, het onopgemerkt blijven, het voorbijgelopen worden.

En zo zijn we tot in verre uithoeken gekomen van de onbegrensde wereld. We zien daar een extreem consumptief narcisme, dat ik heb beschreven als een symptoom van een vloeibare samenleving zonder morele ankerpunten. Hier is niet slechts sprake van tekortschietende discipline, maar vooral van een gebrek aan een bevestigende functie. De kern van beschaving is ieders aanspreking tot identiteit. Het is niet het kwaad als zodanig dat zich hier toont, maar de miskende wil er te zijn. De inrichting van de morele ruimte schiet in een onbegrensde wereld al gauw tekort bij bepaalde groepen, op sommige momenten en op diverse plaatsen. Toch schuilt er een risico in de meeslepende analyses van Bauman, Hall c.s. en Sloterdijk. Ze bieden weinig zicht op nieuwe vormen van ordening en identificatie. Het is van belang deze nauwkeurig te onderzoeken teneinde zicht te krijgen op de stabiliteit die klaarblijkelijk ook in de samenleving besloten ligt.

Cultuurkritiek neemt al gauw het karakter aan van een verlammend cultuurpessimisme, waarin nauwelijks aanknopingspunten te vinden zijn voor constructief handelen. Er is hoe dan ook de pragmatische noodzaak om te handelen. Het is bijvoorbeeld voor ouders weinig aantrekkelijk om kinderen op te voeden in permanente onzekerheid. Het is in die zin de vraag of het begrip 'vloeibaar' de huidige maatschappelijke toestand wel voldoende dekt. Het is onmogelijk vol te houden dat alles wat 'solid' was thans is opgelost. Dit geldt niet alleen voor de wijze waarop vele gemeenschappen vorm geven aan hun leven, maar eveneens voor de instituties, van het onderwijs tot de rechtsstaat, die zich weten te handhaven tegen de stroom van het vloeibare leven in. Tegen deze achtergrond onderzoek ik in het tweede deel drie pogingen om de complexiteit zonder richting te bezweren.

DEEL II DRIE ORDENINGS- PROGRAMMA'S

Waar complexiteit het probleem is, is ordening het antwoord. In dit deel beschrijf ik drie pogingen om deze te organiseren. Ik onderscheid programma's rond beschaving, veiligheid en burgerparticipatie. Deze thema's zijn vanzelfsprekend niet uniek voor deze tijd, maar ze hebben het sociale beleid in de afgelopen decennia wel sterk gedomineerd. Soms is sprake van desperate, tot mislukken gedoemde pogingen, maar regelmatig is er ook succes. In de beschrijvingen gaat veel aandacht uit naar de betekenisverschuivingen die zich voordoen.

In de discussie over beschaving klinkt de nostalgie door naar de tijden van weleer, tot aan de klassieken aan toe. Dit verlangen betreft 'de goede oude tijd', maar vooral het idee dat er een omvattend moreel appèl mogelijk is. Het heeft zich vertaald in een normen-en-waardendebat dat uiteindelijk krachteloos bleef. Het is typerend voor de conservatieve wending in het afgelopen decennium. Het 'beschavingsdefensief' vertegenwoordigt de hoop op grote morele motieven (waarden, normen en deugden) en houdt als zodanig een spiegel voor. Maar in zijn onmacht voedt het vooral het ressentiment.

In het streven naar veiligheid wordt wél een richtinggevend perspectief gevonden. Het heeft zijn morele vertrekpunt in de verboden van het strafrecht. Daar zijn we het ongeveer wel over eens. Maar de waardering voor het apparaat is ambivalent: men koestert de functie van het strafrecht en wantrouwt de organisatie. Het strafrechtelijk systeem schiet als ordeningsfunctie eenvoudigweg tekort. Via het preventieve denken kon het veiligheidsbeleid de sociale orde echter toch in toenemende mate bezetten.

Ten slotte is er de oproep tot actief burgerschap. De overheid ziet de burger als probleem, maar tegelijkertijd als oplossing. Deze tweeslachtige houding dwingt de burger vaak in een instrumenteel keurslijf. Men raakt verstrikt in de vraag wat men van burgers mag verwachten en wat zij van de overheid verlangen. Maar het ontbreekt vooral aan een gemeenschappelijk verhaal van bestuurders, professionals en burgers. Er is behoefte aan een moreel appel dat burgers uitdaagt om het zelf te ontwikkelen.

HOOFDSTUK 3

HET NATIONALE
BESCHAVINGSDEFENSIEF

In het eerste decennium van de 21ste eeuw ging het opeens weer over 'beschaving', dat wil zeggen over het verval daarvan en de pogingen om haar te herstellen. Zo is de politieke verrijzenis van premier Balkenende in 2002 onherroepelijk verbonden met het thema 'waarden en normen'. Hoewel het onderwerp eerder vanuit het CDA werd gelanceerd,[1] was Balkenende de eerste premier die zich in 2002 *unverfroren* uitsprak voor een politiek vanuit een moreel perspectief. Er zijn diverse pogingen ondernomen om het door hem aangezwengelde debat daarover vorm te geven. Er kwam een rapport van de WRR (2004), er waren Europese waardendebatten (*Nexus* 40, 2004) en er was de vele malen naar voren gebrachte slogan: 'fatsoen moet je doen'. Maar geen ervan heeft, zoals we nog zullen zien, geleid tot substantiële beleidsdaden.

Het waarden-en-normenproject als zodanig lijkt met andere woorden mislukt. Tenzij we het vierde kabinet-Balkenende opvatten als apotheose van de morele agenda. Publicist Max Pam sprak in elk geval over het vierde kabinet-Balkenende als een 'betuttelkabinet'.[2] Een kwalificatie die geïllustreerd kan worden met een nummer van het tijdschrift *Revu* (december 2008). Onder de kop 'Je mag ook niks meer tegenwoordig!' volgt een waslijst aan verboden die door de overheid recent zijn aan- of afgekondigd, zoals het boerkaverbod, het vissenkomverbod en het rookverbod. Rijp en groen, nationaal en lokaal, slechts geopperd of daadwerkelijk vastgesteld – men komt voor 2008 op een totaal van zestig verboden.

Erg zorgvuldig is deze telling niet, maar het geeft een aardige indicatie van 'de stemming' in het land aan het eind van het eerste 2000-decennium. Er waait een moraliserende wind, die vanzelfsprekend ook een tegenreactie oproept. Ik zou deze poging tot moralisering willen scharen onder een breder beschavingsdefensief.

Gedwongen opvoedingsondersteuning, vermindering van coffeeshops, terugdringing van alcoholmisbruik, een rookverbod, een blaastest voor kinderen onder de zestien, huwelijkscursussen, serieuze kanttekeningen bij pornoparty's en geweldsgames. Wat gedurende decennia ondenkbaar leek – de staat als zedenmeester – bleek toch niet helemaal onmogelijk (en vaak ook niet onredelijk).

Genoemde voorbeelden lijken wellicht lukrake normatieve interventies, maar in feite zijn ze het resultaat van jarenlange mentale verandering. Gedurende de afgelopen decennia is rechts en links gepleit van 'lof der dwang' (Vuysje, 1989) tot 'een beschavingsoffensief' (Van den Brink, 2004a). Hoewel het waarden-en-normendebat politiek lijkt mislukt, komt de 'betutteling' niet zomaar uit de lucht vallen.[3] De sterke moraliseringstendens is niet uniek voor dit land (vergelijk de *cultural wars* in de Verenigde Staten), maar heeft wel Nederlandse trekken. In dit hoofdstuk zal ik een analyse maken van het communitarisme van Balkenende (en Etzioni) en de cultuurkritiek van Dalrymple. Ik zal deze vervolgens beoordelen in het licht van de internationale discussie over conservatisme.

Last van gedrag

Gedurende de paarse jaren negentig van de vorige eeuw legde het wetenschappelijk bureau van het CDA zich toe op de ontwikkeling van een nieuwe agenda voor Nederland. Het zogenoemde communitarisme speelde daarin een grote rol. Meer in het bijzonder werd het gedachtegoed van de Amerikaanse socioloog Amitai Etzioni omarmd. Zijn boek *De nieuwe gulden regel* werd in 1996 gepubliceerd, en in 2005 in het Nederlands uitgegeven, met een voorwoord van Balkenende. Volgens de premier schreef Etzioni 'een communitaristisch standaardwerk'. Hij onderschrijft diens 'gulden regel' dat men de morele orde van de samenleving dient te ondersteunen en te respecteren, 'net zoals je zou willen dat de samenleving jouw autonomie respecteert en ondersteunt' (p. ix).

Het is een wat abstracte 'voor wat hoort wat'-formulering, die in het boek meer reliëf krijgt. Etzioni zet zijn gulden regel af tegen de libertaire opvatting dat ruim baan voor de individuele vrijheid uiteindelijk de beste samenleving creëert. Maar hij wil ook wegblijven bij het conservatieve uitgangspunt dat het individu zich dient te onderschikken aan de gemeenschap (bijvoorbeeld MacIntyre, 1981). Het gaat Etzioni om 'het primaat van de sociale orde' (p. 27). Etzioni probeert het midden te zoeken en definieert communitarisme als de opvatting dat individuele vrijheid alleen beleefd kan worden binnen een sociale samenhang. Zo bezien zou in feite elk kabinetsbeleid langs de lijnen van Etzioni's communitarisme zijn te begrijpen (ook Tony Blair had Etzioni bijvoorbeeld omarmd). Een sterke gemeenschap tussen individuele rechten en een regulerende staat – dat is Etzioni's ideale samenleving. Hij constateert dat de balans in het Westen is doorgeslagen naar de autonomie, maar hij acht 'regeneratie van de morele orde' mogelijk. Maar moraliteit is een zaak van de gemeenschappen en kan niet worden opgelegd. Dit veronderstelt derhalve dialoog, heel veel dialoog. Wet- en regelgeving leveren niet meer dan een uitgangspunt of een kader; zij moet de uitdrukking zijn van een gedeeld gedachtegoed, waarmee men vrijwillig instemt. Er dient met andere woorden een nauwe relatie te zijn tussen recht en moraal. Zo dient de grondwettelijk vastgelegde vrijheid van meningsuiting volgens Etzioni te beantwoorden aan normen van beschaving en fatsoen.

Balkenendes inleiding op het boek van Etzioni (en hun persoonlijke relatie) geeft alle reden om te denken dat Balkenende een communitaristisch programma heeft willen uitvoeren, maar dat het hem niet gelukt is om dit voor het voetlicht te krijgen. Waarom is dat niet gelukt, terwijl er toch sprake is van een sterk restauratieve tendens? In theorie zijn daar drie redenen voor te geven. De liberale weerstand van VVD-zijde in de eerste drie kabinetten was te groot. Het project werd ondergesneeuwd door grote hervormingsprojecten als de privatisering van de gezondheidszorg, de hervorming van de WAO, de deelname aan de oorlog in Irak en Afghanistan, integratie en inburgering en de aanpak van de veiligheid. En het lukte de weinig charismatische Balkenende niet om het project 'smoel' te geven.

Vooralsnog lijken alle drie de redenen plausibel. Voor een nadere beoordeling van wat er is gebeurd, is het zinvol een centraal onderdeel van dat project nog eens nader te bekijken: het WRR-rapport *Waarden, normen en de last van gedrag* (2003). Op 9 juni 2004 organiseerde de Wetenschappelijke Raad voor het Regeringsbeleid in Den Haag een bijeenkomst ter afsluiting van het 'waarden-en-normenproject'. Als ik projectleider Schuyt toen goed begrepen heb, moest het daarna ook maar afgelopen zijn met het moraaldebat. Het project was geboren op de CDA-burelen ten tijde van de paarse kabinetten ('als initiatief van buitengeslotenen'). Met behulp van de LPF[4] kon het worden doorgedrukt. Onder Balkenende II maakte het een vliegende start, maar het droeg nog duidelijk de historische 'geurvlag' van CDA en LPF. Een vervolg leek Schuyt dan ook niet voor de hand te liggen. Het heeft er alle schijn van dat hier sprake was van een *selffulfilling prophecy*. De WRR koos zijn uitgangspunt in het waardenpluralisme, en daar was eigenlijk de kous mee af.[5] In het rapport wordt de stelling betrokken dat waarden niet bepalend zijn voor gedrag. Waarden zijn abstract en scheppen de ruimte voor gedrag. En normen perken weliswaar in, maar aan gedrag liggen nog talloze andere factoren ten grondslag. Waarden en normen zijn dus niet zo belangrijk. De raad onderscheidt wel een oplopende reeks van afkeurenswaardige gedragingen (onprettige, onbehoorlijke, onduldbare en onwettige). Waarden en normen dienen daarom gedragsmatig te worden onderhouden, vooral in de opvoeding en het onderwijs, aldus de WRR. Als pluriformiteit het ideaal is, kan een gebrek aan overeenstemming geen probleem zijn. En voor zover dat wel het geval is, dan ziet de WRR dat niet als een morele kwestie, maar als een gedragsprobleem. Met de wat moeizame titel *Waarden, normen en de last van gedrag* wordt deze visie onderstreept.

Er is volgens de WRR dus geen probleem met de waarden en normen, maar met de navolging daarvan. Het schort aan de overdracht van gedragsvoorschriften en aan de handhaving van de wet. Om die reden bepleit de raad voor een stringentere rechtshandhaving van de overheid. Voor het overige hoopt hij op de normatieve krachten van de instituties. De raad doet daarbij geen uitspraken over de mobilisatie daarvan. De overheid hoede zich echter voor het uitdragen van een moraal; dat is immers strijdig met haar rol als bewaker van het waardenpluralisme. Zo gesteld was daarmee de kous van Balkenende af. 'Waarden en normen passen niet op een spandoek' – met deze eerste zin in het WRR-rapport had hij het nakijken. Op 5 maart 2004 volgt de kabinetsreactie (Ministerie van Algemene Zaken, 2004).

Naast de pluriformiteit wordt het belang van *gemeenschappelijke waarden* benadrukt: deze kunnen niet los worden gezien van de

Nederlandse geschiedenis en cultuur. Ze zijn verankerd in de Grondwet; er vallen woorden als respect, empathie, verdraagzaamheid, gelijkwaardigheid, integriteit en verantwoordelijkheidszin. Over normen stelt de kabinetsreactie dat het moet gaan over 'de grenzen die wij onszelf stellen'. Meer in het bijzonder wordt de positie van het gezin – naast die van de scholen – benadrukt. Ten slotte wordt de *rol van de overheid* uitgeschreven in termen van handhaving, integriteit en het actief uitdragen van de democratische rechtsstaat en de deugden van actief burgerschap. De reactie gaat als een nachtkaars uit en eindigt zonder één enkel nieuw beleidsvoornemen.

De onmacht van Balkenende

Was er een andere afloop van het waarden-en-normendebat denkbaar geweest? Het WRR-rapport heeft een neutraliserende rol gespeeld door het gedrag centraal te stellen, en de multicausale bepaling daarvan te benadrukken. Populair gezegd komt de WRR-analyse hierop neer: sommige burgers trekken zich nergens wat van aan, omdat de overheid te weinig handhaaft, terwijl dat het enige is wat ze kan doen. Dat moet beter, en voor het overige moeten we het aan de instituties overlaten. Maar in de rechtshandhaving signaleert men nu juist het probleem dat er een tekort is aan naleving (zie bijvoorbeeld Barkhuysen e.a., 2005). En wat moet er gebeuren met de 'last van gedrag' waar geen rechtstitel voor interventie aanwezig is? En waaraan dienen de instituties zich dan in morele zin op te trekken?

Voor een effectief functionerend rechtssysteem dient er enige samenhang te zijn tussen 'wat ik goed vind, wat ik niet mag, hoe ik me moet gedragen en wat relevante anderen daarvan vinden'. Het waardenpluralisme wordt een probleem indien er geen morele basis is voor de naleving van de rechtsregels. Gabriël van den Brink schreef een achtergrondstudie bij het WRR-rapport onder de gedurfde titel *Schets van een beschavingsoffensief* (2004a), en gaat daarin heel wat verder. Zijn uitgangspunt is dat een pluralistische, dynamische maatschappij behoefte heeft aan een zekere mate van 'normaliteit'. En die hoeft volgens hem niet van bovenaf te worden opgelegd; zij kan eenvoudigweg worden afgeleid uit wat burgers *grosso modo* normaal vinden.[6]

Aan de bioloog Canquilhem ontleent hij de visie dat normen uiteindelijk voortvloeien uit het leven zelf. In elke vitale activiteit is een normatieve standaard ingebouwd. Dat wil niet zeggen dat normaliteit statisch is; menselijke normativiteit divergeert en convergeert rond een gemiddelde. Volgens Van den Brink bestaat een beschavingsoffensief uit de inspanning om 'het vermogen en de bereidheid om op verschillende levensgebieden rekening te houden met anderen' te vergroten. Om deze eis van modern burgerschap te adstrueren neemt hij zijn toevlucht tot de metafoor van de snelweg. Op de snelweg wordt de geïndividualiseerde vrijheid van de auto genoten, maar dient men zich ook te conformeren aan de regels en de gemiddelde snelheid (en de files, zou ik daaraan toe willen voegen). De steeds omvangrijker hogere middenklasse is de aangewezen motor voor het beschavingsoffensief. Van den Brink is een systemenbouwer – en daar slaagt hij op onnavolgbare wijze in.[7] Aan alles is gedacht. Zelfs voor het koningshuis gloort hoop: 'Waarom zouden we de zaak niet over een heel andere boeg gooien en het koningshuis een centrale rol geven bij de bevordering van burgerschap!' Van den Brink bepleit een soort planmoraal, waarbij aandacht wordt gevraagd voor het collectief. Daarbij wordt de individuele vrijheid wel erg ingeperkt tot een geatomiseerde autorace. Inmiddels is het dilemma van het beschavingsdefensief echter wel glashelder geworden, en daarmee ook de onmacht van Balkenende.

De WRR omarmt het waardenpluralisme en neemt eventuele negatieve consequenties van de daaruit voortvloeiende individualisering op de koop toe. Handhaving van de rechtsnormen en correctie van de uitwassen zijn afdoende; meer zit er voor de overheid niet in. De rest doen de instituties wel. Van den Brink pleit daarentegen voor een rem op de individualisering door substantiële normatieve eisen aan burgers te stellen die 'het collectief' kunnen schragen. Waar de WRR de angel uit de discussie heeft gehaald, duwt Van den Brink deze er nog wat dieper in. Dat de overheid louter een procedurele rol heeft te vervullen, zoals de WRR stelt, kan niet de positie van Balkenende zijn geweest.

Maar Balkenende kon niet zover gaan als Van den Brink voorstelt. Het krachtdadig uitdragen van normatieve beginselen was waarschijnlijk te veel gevraagd van zijn liberale coalitiegenoten. Het is gemakkelijker – maar toch ook al heel wat – als de overheid haar normatieve positie weet te vestigen op het niveau van de rechtsorde:

veiligheid (het onderwerp van het volgende hoofdstuk). Balkenende I heeft zegge en schrijve één beleidsnota opgeleverd: *Naar een veiliger samenleving*.[8] Balkenende was met andere woorden politiek en conceptueel niet in staat het morele offensief verder vorm te geven. Etzioni's uitgangspunten blijven te algemeen voor een politiek geprofileerde positie, de WRR leverde onvoldoende richting en munitie voor overheidsbeleid, en een positie als die van Van den Brink is onhaalbaar binnen een moderne sociaalliberale samenleving. Van de voorgenomen morele versterking van de *civil society* bleef op dat moment niet veel over. Pas in zijn betuttelkabinet kreeg hij voldoende politieke steun, maar toen werd het broddelwerk.

De plaaggeest Dalrymple
Naast het communitaire moralisme van Balkenende zagen we in het afgelopen decennium de opkomst van het beschavingsconservatisme van de cultuurcriticus Theodore Dalrymple en zijn filosofische pendant Roger Scruton (bijvoorbeeld 2007). Met name Dalrymple kon de afgelopen jaren in Nederland rekenen op een warm onthaal. Hij mocht spreken op prestigieuze conferenties, bezocht diverse departementen en hij staat met grote regelmaat in de dagbladkaternen en weekbladen. Als een plaaggeest waarde hij door Nederland[9] en bracht hij zijn *inconvenient truth*. Dat wil zeggen, hij heet eigenlijk Anthony Daniels en op zijn waarheid is ook wel wat af te dingen. Maar Dalrymple was desalniettemin een hit in het Nederland van Balkenende. Hoewel hij in eigen land, volgens zijn zeggen, geen poot aan de grond krijgt, kunnen we hier geen genoeg van hem krijgen.[10]

Dalrymples visie is inmiddels een veelgehoord verhaal geworden: de beschaving is te grabbel gegooid door de jarenzestiggeneratie. Deze brak alles van waarde af, behalve voor zichzelf. In zijn boek *Leven aan de onderkant* laat Dalrymple zien hoe deze mentaliteit een onderklasse in stand hield of zelfs creëerde. In plaats van aansporingen om wat van het leven te maken, wordt hun voorgespiegeld dat zij slachtoffer zijn van hun omstandigheden. We zijn te *soft* geweest voor deze onderklasse en hebben daarmee de beschaving ondermijnd. Of beter omgekeerd: we hebben onze beschaving afgebroken, en daarmee een onderklasse gecreëerd! 'In feite heeft het grootste deel van de sociale pathologie die de onderklasse vertoont, zijn oorsprong in ideeën die vanuit de intelligentsia naar beneden zijn doorgesijpeld' (2004, p. 18).

Dalrymple ontleent zijn recht van spreken aan zijn werk onder junks, alcoholisten, hoeren en criminelen. Hij claimt in tien jaar tijd maar liefst 50.000 personen te hebben leren kennen, 'die bijna zonder uitzondering worden gedomineerd door geweld, misdaad en vernedering' (p. 15). Dat zijn – de weekenden niet meegerekend – twintig unieke gevallen per dag. Het moet flink aanpoten zijn geweest in zijn praktijk (in een ziekenhuis en een gevangenis). Maar Dalrymple houdt van de overdrijving en dat geeft zijn werk een enorme *power*: 'In negentiende van de gevallen (is mijn ervaring) is de ellende zelf veroorzaakt of in elk geval de consequentie van de onmacht om te leven' (over drugsgebruikers, p. 45).

Nu zit in voorgaand citaat tussen 'zelf veroorzaakt' en 'onmacht om te leven' nogal een verschil. Dalrymple overbrugt dat door te wijzen op de leegte van de samenleving. In *Beschaving, of wat ervan over is* (2005) fileert hij in opgewonden opstellen de verschijningsvormen van een verloren beschaving. Het verval heeft diepe wortels. Virginia Woolf en D.H. Lawrence behoorden tot de vroege doodgravers.

Huxley's *Brave new world* (uit 1932) en Orwell's *1984* (uit 1949) waren de klaroenstoten: beide anti-utopieën zijn profetisch gebleken, 'bijna in bijbelse zin' (2005, p. 130). De beschaving bleek kwetsbaar en de laatste decennia voltrok zich de definitieve kaalslag. Punkmuziek en tatoeages groeiden – met dank aan de cultuurrelativisten – uit tot hoogtepunten van cultuur.

Zonder echte culturele uitdaging zijn amusement en relaties nog het enige dat ertoe doet. Het amusement is dan ook nog eens verloederd en persoonlijke relaties (zonder verplichtingen) zijn in deze tijd 'zuiver instrumenteel'. Er loopt een directe lijn tussen de afbouw van beschaving en de creatie van een onderklasse: het ontbreekt aan de prikkel om zelf aan de slag te gaan. Beschavingsrelativisme leidt tot degeneratie en zelfverkozen slachtofferschap. Dat is de boodschap die op vrijwel elke bladzijde van zijn werk doorklinkt. Het is verleidelijk om citaat op citaat te stapelen. Dalrymple schrijft als een bezetene en zijn schetsen van de onderkant van de samenleving zijn hartverscheurend, venijnig én wraakzuchtig, maar zijn analyses zijn uiteindelijk te dun om te kunnen blijven boeien.

Zijn belangrijkste voorstel voor hoe het anders kan, schuilt in de morele aanspreking van mensen op hun eigen daden en hun eigen leven. Dat is een belangrijke, maar beperkte vingerwijzing. De culturele veranderingen zijn te groot om met een eenvoudige morele handgreep terug te draaien. Voor wie kennisneemt van het normatieve geworstel van veel professionals (zie bijvoorbeeld Tonkens e.a., 2006b) begrijpt het tekort van de stellingname van Dalrymple. Het antwoord van Dalrymple is politiek gesproken uiteindelijk dat van Hayek en neoliberale denkers. 'De Britten zijn (...) nog steeds gehecht aan hun staat als kalveren aan de uier' (2005, p. 224).[11] Zijn kritiek leidt logischerwijze tot terugdringing van de overheid en de daaraan gelieerde instituties. Minder staat en meer eigen verantwoordelijkheid van burgers is het credo. 'Social responsibility, no state control', zo luidt de leus van de Britse Conservative Party. Daarin verschilt Dalrymple van Etzioni. Maar minder staat leidt onherroepelijk ook tot meer markt, die – ook door Dalrymple – voor een belangrijk deel verantwoordelijk kan worden gehouden voor de beschreven ondermijning van de beschaving. De jaren onder Balkenende hebben laten zien dat morele herbewapening (normen en waarden) het aflegt tegen de onstuimige krachten van een globaliserende economie. Het gehamer op de verloren beschaving is irrelevant indien de nieuwe context niet wordt begrepen en verdisconteerd.[12]

De conservatieve wending

De mislukte expeditie van Balkenende en het succes van Dalrymple waren onderdeel van wat als een rechts-conservatieve wending gezien kan worden. Het conservatieve moment is aangebroken, juicht historicus Bart Jan Spruyt[13] in de epiloog van *Lof van het conservatisme* (2003, p. 204). Gezien de Nederlandse politieke geschiedenis is dat een gedurfde uitspraak, omdat in de gehele twintigste eeuw slechts een enkeling zich voorstond op dit predicaat. Spruyt noemt NRC-columnist Heldring en de historici Huizinga, Van Deursen en Kossmann. Zij waren de Nederlandse Mohikanen van het conservatieve denken (opgevolgd door het Leidse trio rechtsfilosofen Paul Cliteur, Andreas Kinneging en Ashfin Ellian). Maar waaruit bestaat dat conservatieve moment?

Het is geen grote opgave te wijzen op tegenstrijdigheden en inconsequenties die onder het affiche 'conservatief' schuilgaan. Een verhelderend onderscheid komt van Tanenhaus (2009), die voor de Verenigde Staten het traditionele prudente conservatisme van Edmund Burke (1730-1797) onderscheidt van het agressieve 'radicaal revanchisme' of 'movement conservatism' van voormalig president Bush en de 'tea party'. Naar zijn idee is het klassieke conservatisme in de jaren zeventig kopje-onder gegaan (vandaar de titel van zijn boek *The death of conservatism*). Voor dit moment concentreer ik me op dat traditionele conservatisme.[14]

Dit traditionele denken vindt, zoals het socialisme en het liberalisme, zijn oorsprong in de verlichting. Meer in het bijzonder in de afkeer van de politieke vertaling ervan in de Franse Revolutie van 1789. Kort gezegd betekent deze revolutie voor de socialisten het gloren van nog verdergaande hervormingen, voor de liberalen het eindresultaat van de geschiedenis en voor de conservatieven de gruwel van de volksmacht. Het verval van de aristocratie, de overschatting van de rationaliteit en de afwending van de tradities worden door bijvoorbeeld Edmund Burke en Alexis de Tocqueville (1805-1859) gezien als grote vergissingen ten opzichte van wat door hen als natuurlijke orde wordt beschouwd.

Natuurlijke orde verwijst dan eerst en vooral naar de strijd – en de historische resultaten daarvan – tussen het menselijke kwaad en de disciplinering door de instituties van het gezin, de kerk en, in laatste instantie, de staat. Het morele tekortschieten van de mens kan worden beschouwd als de fundamentele doctrine van het conservatisme. Voor zover sprake kan zijn van 'het goede', dient dit met veel moeite, inspanning en aandacht te worden verworven. Gewetensvorming, karakteropbouw, opvoeding tot deugdzaamheid vertegenwoordigen de hoop van de – over het algemeen nogal somber gestemde – conservatieven.

Zelfcontrole – als resultaat van dwang, externe druk en oefening – is een basisthema in het conservatieve denken. Vandaar het belang dat het hecht aan gemeenschap en familieverbanden. Repressie, sociale controle en gewetensvorming vormen een drie-eenheid die als noodzakelijk wordt beschouwd voor beschaafd samenleven. Het conservatisme is in zijn kern een cultureel-pedagogisch ideaal – aldus

Spruyt (2003, p. 11) - en pas in tweede instantie een staatkundige en politieke opvatting. Als politieke beweging is het conservatisme gericht op de stabiliteit van de gemeenschap en de behoefte aan culturele continuïteit. Het zoekt dit vooral in de instituties die de mens - van nature - gegeven zijn: het gezin, het Godsgeloof, de stamverbanden, de gemeenschap en de tradities waarbinnen deze vorm krijgen. Het zijn uitgerekend deze instituties die in de moderniteit een flinke opdoffer hebben gekregen. De emancipatie van het individu en de oppermacht van de (verzorgings)staat - voortgestuwd door respectievelijk liberalisme en socialisme - hebben juist deze 'vanzelfsprekende' verworvenheden van de menselijke geschiedenis ondermijnd. Het individu werd op de troon gezet en de morele deugdenleer werd omgevormd tot een procedurele ethiek, die geen immanente richting kent. Als er geen hogere orde - God, Natuur, Gemeenschap - wordt erkend, is in principe alles mogelijk, en daardoor eigenlijk niets. 'Wat overblijft als de rede zich niet langer aan de oude moraal verbindt, zijn puur natuurlijke idealen die de holbewoner al koesterde: welstand, macht, veiligheid', aldus Van Deursen in zijn Huizinga-lezing van 1994 (geciteerd door Spruyt, 2003, p. 184).

Welstand, macht en veiligheid: het zijn de sleuteltermen van de doorontwikkelde moderne samenleving. In de epiloog van zijn boek wijst Spruyt (p. 199) erop dat aan het conservatisme geen politieke blauwdrukken kunnen worden ontleend. Voor zover sprake is van een beweging heeft deze eerst en vooral een cultureel programma, waarmee 'een einde moet komen aan de cultivering van de naïeve onschuld. Volwassen waarden moeten in ere worden hersteld: realisme, verantwoordelijkheid en een gebrek aan illusies.' Het lijkt erop dat de politieke vertaling van dit culturele ideaal de ondergang heeft betekend van de Edmund Burke Stichting en daarmee van de conservatieve beweging in Nederland.[15]

De relevantie van het conservatisme
Met het conservatieve criterium 'geen illusies' wordt Spruyt op zijn wenken bediend. Onder andere Bauman definieert de postmoderne tijd als 'moderniteit zonder illusies' (1993, p. 3). De twintigste eeuw had in het teken gestaan van ideologische strijd, waarvan de pacificatie tot grote bloei had geleid. Met de Tweede Wereldoorlog als moreel ijkpunt

en de Sovjet-Unie als afschrikwekkend contrapunt ontwikkelde zich een relatieve consensus in het streven naar vrijheid, gelijkheid en broederschap. Met 9/11 kwam een definitief einde aan de relatief geslaagde tweede helft van de twintigste eeuw. Het 'sociale perspectief', te definiëren als het geloof in het goede van de mens onder de juiste maatschappelijke condities, was in de naoorlogse periode gemeengoed. Het kon dienen als antwoord op Auschwitz en de Goelag Archipel. Dit ideële perspectief lag ten grondslag aan de ontwikkeling van de welvaartsstaten in de westerse wereld. In Nederland waren de wisselende coalities van sociaaldemocratische solidariteit, christendemocratische naastenliefde en liberaal marktdenken ongekend succesvol. Zij gaven ruim baan aan de emancipatie van het individu, leidden tot groei van de middenklasse en boden zelfs mogelijkheden tot internationale solidariteit. Er was eenvoudigweg weinig ruimte voor kritiek op de verlichting, de idealen van de Franse Revolutie en net zomin voor waardering van traditen. Het conservatieve denken – voor zover daar nog sprake van was – kon worden beschouwd als iets van zure oude mannen.

Inmiddels heeft deze situatie zich drastisch gewijzigd. Er doet zich een scala van problemen voor waarop genoemd sociaal perspectief nauwelijks een antwoord heeft. Migratiebewegingen, terrorisme, criminaliteit, moreel onbehagen en het klimaatprobleem is het even fantasieloze als dramatische rijtje vraagstukken waarover we ons inderdaad niet te veel illusies kunnen maken. Het is filosofisch dan ook *bon ton* om te waarschuwen voor overspannen idealen (Gray, 2007; Achterhuis, 1998, 2008). Genoemde wending lijkt vooral een *afwen*ding, een wegkijken van een sociaal ideaal dat lang, en in diverse varianten, de boventoon voerde.

Hoewel het sociale perspectief zich breed genesteld had, vormt de sociaaldemocratie het favoriete doelwit van de conservatieve denkers. De christendemocratie kan immers bogen op het christelijke morele gedachtegoed en het liberalisme staat zich voor op zijn 'volwassen waarden' van realisme, verantwoordelijkheid en gebrek aan illusies. Waar de neiging tot het kwade door conservatieven in de menselijke existentie wordt geprojecteerd, gaat het socialisme in zijn kern uit van het maatschappelijke kwaad. Uitingen van individuele slechtheid vormen keer op keer een slag in het gezicht van de goedgelovige socialist. Misbruik van sociale voorzieningen, leugenachtige verhalen van asielzoekers, ongerichte vormen van geweld zijn voor het sociale mens- en maatschappijbeeld onverteerbaar en in zekere zin ondenkbaar.

Conservatieven wijzen daarentegen op de tegenstrijdigheid van individuele emancipatie en de neiging tot het kwade – aldus Andreas Kinneging (2000). Het eerste versterkt het tweede. Het sociale denken is volgens hem maatschappelijk dominant en hij acht de sociale wetenschappen daarvoor verantwoordelijk. Die vervagen de inzichten over wijsheid, verstandigheid en deugdzaamheid.[16] Niet de gemeenschap maar de staat krijgt nu de rol toebedeeld om de negatieve passies te keren. 'Het verlichtingsdenken heeft de mens met andere woorden tot een zwaarbewapende barbaar gemaakt, een wezen dat alles beheerst behalve zichzelf.' Het 'conservatieve moment' brak zo bezien aan toen de individuele emancipatie zich van haar slechtste zijde liet zien. Met de dreiging van terrorisme op de achtergrond, niet in staat de immigratiestroom een halt toe te roepen en 'de kleine burgeroorlog' (Enzensberger, 1992) te keren.

In zo een wereld zonder illusies verschijnt het conservatisme als een van de weinige min of meer coherente visies op mens en samenleving. Niet omdat het een nieuwe illusie formuleert, maar juist omdat het de bestaande verhoudingen, de culturele tradities en 'datgene wat normaal is' definieert of herdefinieert. Het conservatisme vormt als 'cultureel-pedagogisch' ideaal een uitnodiging tot reflectie op innerlijke drijfveren en omgangsvormen. Het plaatst een begrijpelijke kanttekening bij de ongewenste gevolgen van de emancipatie van het individu. Ook het bepleite realisme in de benadering van burgers (niet als slachtoffer) kan zijn vruchten afwerpen. Maar wat betekent dit voor de huidige tijd?

Een achterhaald gelijk

In een onbegrensde wereld ligt een voedingsbodem voor conservatief gedachtegoed, daar waar het gaat om een herijking van tradities en functies binnen een nieuwe maatschappelijke context. Maar in het conservatieve denken schuilt een inherente weerzin tegen een sociale functie van de overheid. Spruyt (2003) pleit bijvoorbeeld in de epiloog van zijn boek voor de afbraak van de zorg- en welzijnstaken van de overheid. Deze zouden de vormende functie van de gemeenschap in de weg staan. 'Hoe langer de staat de zorgtaken onder zich houdt, hoe kleiner de kans dat het weefsel van de gemeenschap zich herstelt', aldus Spruyt (p. 209). Dit veronderstelt echter een vorm van vitaliteit van de gemeenschap, die vooralsnog illusoir moet worden geacht. Voor de sociale vitaliteit van de actuele, dynamische samenleving lijkt een prominente rol van de overheid onontbeerlijk. Het geloof in herstel van verdwenen gemeenschapsbanden is naïef en illusoir. In elk geval in de Nederlandse verhoudingen heeft het beschreven beschavingsdefensief juist geleid tot een sterke overheidsbemoeienis met het sociale leven. De precaire sociale verbanden van de netwerksamenleving worden in toenemende mate ondersteund door de overheid (bijvoorbeeld met sociale interventieteams). Deze vorm van overheidsbemoeienis vormt de vertaling van het conservatieve moment, dat binnen de Nederlandse traditie geen politiek-culturele beweging kon worden.

De morele politiek van de overheid in de twintigste eeuw was in Nederland altijd het resultaat van een verzuilde samenleving. Wet- en regelgeving konden bogen op een via de zuilen georganiseerde sociale orde. Het heeft geleid tot een diepgewortelde overtuiging dat de staat zich niet zelfstandig met morele kwesties moet inlaten. Het WRR-rapport (2004) over dit onderwerp pleitte wel voor een institutionele benadering: de scholen, het welzijnswerk en de jeugdzorg zouden 'de last van gedrag' moeten dragen. Maar deze instituties ontberen de vanzelfsprekende voeding van hun levensbeschouwing. De hoop is gevestigd op de instituties, maar waaraan ontlenen zíj hun hoop?

Bij ontstentenis van een gemeenschappelijke traditie trok de overheid 'de moraal' naar zich toe. Het is een restauratieve politiek, die afwisselend 'betuttelende' en autoritaire trekken heeft, zonder uitgesproken ideologische inbedding. In het volgende hoofdstuk zal blijken dat zij zich invoegde in het preventieve veiligheidsbeleid. Bij ontstentenis van een gemeenschappelijke conservatieve traditie nam de Nederlandse overheid op pragmatische wijze de handschoen op. Deze werd daarin gesteund door een belangrijk deel van de Nederlandse bevolking. In het spraakmakende boek *What's the matter with Kansas?* laat publicist Thomas Frank (2004)[17] zien hoe de republikeinen de inwoners van deze arme staat voor zich weten te winnen

door systematisch morele troefkaarten uit te spelen: abortus, homohuwelijk en gezamenlijk bidden in de klas. De *cultural war* domineerde boven de sociaaleconomische belangen.[18]
Franks analyse van het belang van morele thema's is overigens niet onweersproken gebleven.[19] De kritiek komt erop neer dat economische belangen er wel degelijk toe doen. In een precieze analyse van speeches en campagnemateriaal laat Smith (2007) zien hoe ook het *jobs and growth*-verhaal werd verteld, en dat het succes van de republikeinen uiteindelijk voortkwam uit een retorische *reframing* van economische belangen.[20] Hoe dat ook zij, het lijkt gerechtvaardigd om ook het Nederlandse beschavingsdefensief te begrijpen uit de combinatie van conservatief sociaal-culturele sentimenten en liberaal sociaaleconomisch beleid. Daarbij kon worden verwezen naar de hoge kosten van de welvaartsstaat en naar de instroom van vreemdelingen in de volkswijken. Het conservatisme werd zo een verzamelplaats voor de in het vorige hoofdstuk beschreven woede.

Maar de culturele veranderingen in de onbegrensde wereld zijn niet eenvoudig terug te draaien. We hebben economisch en sociaal te maken met een totaal andere wereld. Het geloof in herstel van een overzichtelijke wereld is achterhaald indien de nieuwe condities niet worden begrepen en verdisconteerd. Hoe kan een cultuur, die door globalisering en individualisering flink is opgeschud, op een aansprekende wijze ordening realiseren? Dat is de uitdagende politieke vraag voor de komende jaren. De conservatieve cultuurkritiek houdt daarbij een belangrijke inhoudelijke spiegel voor. Maar ze neemt onder nieuwe condities ook al gauw de trekken aan van autoritaire politiek. Ze voedt de in het vorige hoofdstuk beschreven woede van de gefrustreerde thymos en is zo de drager van het populisme.

Het feitelijke normatieve beleid is in het teken van een restrictieve aanpak komen te staan. Het beschavingsdefensief voegde zich in het veiligheidsbeleid dat vanaf het midden van de jaren negentig vorm kreeg.[21] Vooruitlopend op het volgende hoofdstuk constateer ik dat het onderscheid tussen repressief en preventief beleid daarin steeds minder betekenisvol is. Repressief beleid heeft steeds meer preventieve ambities en wordt veelal 'proactief' ingezet. Aan de andere kant zijn preventieve acties vaak zo vergaand restrictief dat feitelijk van repressie gesproken kan worden. In het volgende hoofdstuk vraag ik de aandacht voor het tweede ordeningsprogramma, dat op het terrein van rechtshandhaving en veiligheid. Het is een terrein waar de staat van oudsher wel een legitieme titel heeft.

HOOFDSTUK 4

SAFE NEW WORLD

Bij tijd en wijle klok ik het aantal minuten dat het televisiejournaal aan veiligheidsgerelateerde onderwerpen besteedt. Dat is vaak de helft of meer van de beschikbare tijd. Het gaat dan om een aanslag in het buitenland, een ontsnapte tbs'er of de uitlevering van een verdachte kinderpornohandelaar. Maar ik raak in dit soort impressionistisch onderzoek al gauw verstrikt in definitiekwesties. Moet ik ook ongelukken meetellen – misschien bij nalatig handelen? – of rampen – er is al gauw een schuldige aan te wijzen, of de hulpverlening kwam laat op gang? Of neem de discussie over normen en waarden; het valt goed te verdedigen dat ook die veiligheidsgerelateerd is. En dan heb ik het nog niet over voedselveiligheid of – weer heel iets anders – sociale zekerheid.

Veiligheid gaat met andere woorden over van alles en nog wat. En dus over niets, aldus de gangbare opvatting. Maar dat laatste waag ik nu juist te betwijfelen. Het feit dat al deze onderwerpen in het raamwerk van veiligheid kunnen worden geplaatst, zegt heel veel over onze samenleving. Veiligheid dient zich op een of andere wijze aan als oplossing. We dekken er een hoop problemen mee af en we gebruiken het graag als argument: camera's, kinddossiers, kentekenherkenning, bodyscans. Een semantisch sleepnet heb ik het begrip veiligheid genoemd, in een vloeibare samenleving (Boutellier, 2005). Het gaat van hondenpoep tot terrorisme, en van kinderlokkers tot vuil op straat. En dat is dan nog alleen de zogenoemde 'sociale veiligheid'.[1]

Als het over criminaliteit gaat, klinken woorden als 'misdaad en straf' al bijna ouderwets. Zoals het motto 'recht en orde' in de jaren zeventig achterhaald leek, en 'schuld en boete' iets lijkt uit het Moskou van de negentiende eeuw. Ouderwets en toch van alle tijden. Misdaad, straf, recht, orde, schuld en boete zijn vanzelfsprekend niet van het conceptuele toneel verdwenen. Maar deze woorden zijn niet langer bepalend voor het denken en het handelen op het terrein van 'wat niet deugt en wat je eraan kunt doen'. In de loop van de jaren negentig werd criminaliteit een risico en straf een optie in een veel groter arsenaal van controle-instrumenten. Het discours rond criminaliteit is verschoven van 'misdaad en straf' naar 'risico en controle', en soms nog vager naar 'onzekerheid en voorzorg'. Veiligheid nam conceptueel bezit van de morele ruimte en kreeg daarmee een ordenende kwaliteit.[2]

Een nieuwe strafrechtelijke missie

Ik vang mijn conceptuele verkenning aan bij de straf. Het hoeft weinig betoog dat het strafrechtelijk systeem zich in een grote aandacht mag verheugen. Er bestaat zelfs een heel conglomeraat van kritische wetenschappers, programmamakers en journalisten dat het Openbaar Ministerie en de zittende magistratuur het vuur aan de schenen legt. Deze aandacht heeft een paradoxale oorzaak: de verwachtingen zijn hooggespannen, hetgeen het wantrouwen doet groeien. Men twijfelt zowel aan de effectiviteit van het strafrecht (veel burgers willen vaker en strenger straffen) als aan de betrouwbaarheid van de veroordelingen. Verontwaardiging over vormfouten wordt afgewisseld met protest tegen veroordelingen in dubieuze zaken. Het strafrecht is een maatschappelijke halszaak geworden. Ik kom daar in hoofdstuk 7 op terug. Hier gaat het mij om de betekenis die aan het straffen wordt toegekend.

Onder andere de criminoloog David Garland (2001) beschouwt de hernieuwde waardering voor de (gevangenis)straf als een van de kenmerken van de huidige 'controlecultuur'. Wat is de aard van dit 'nieuwe geloof' in het strafrechtelijk systeem, dat niet wordt bepaald door zijn prestaties, maar eerder door zijn pretenties? De functie van het strafrecht wordt over het algemeen gezien als het kanaliseren van de wraak tot een proportionele mate van vergelding van de daad. Daarbovenop worden utilitaire doeleinden aan de straf verbonden, zoals onschadelijkmaking, afschrikking, speciale preventie en resocialisatie. Terughoudend straffen en proberen er dan nog wat van te maken, zo zou de formele beschavingsmissie van het strafrecht kunnen worden omschreven.

Maar er bestaat ook een psychologische neiging tot straffen: 'de punitieve behoefte komt (...) voort uit een spontane opwelling die kan worden gekalmeerd door sancties', schrijft Van Ruller (1993, p. 346) hierover. Adam Smith spreekt van spontane verbolgenheid, Nietzsche van een oeroude menselijke impuls, Durkheim van spontane verontwaardiging en Garland van *penality* (een wat moeilijker te duiden begrip dat in elk geval de emotionele kant van het straffen omvat). Van Ruller beschouwt deze punitieve opwelling als emotioneel en daarmee irrationeel. Deze punitieve impuls is in de afgelopen decennia herontdekt, of misschien zou ik beter kunnen zeggen opnieuw gewaardeerd.

Voor een goed begrip van deze herwaardering acht ik het echter van belang niet te spreken van een 'irrationele impuls'. In feite is sprake van een welbewuste keuze voor de straf, die ik zou willen omschrijven als het tegengaan van de lankmoedigheid ten opzichte van crimineel gedrag. Hier is eerder de in hoofdstuk 2 besproken wrekende thymos in het geding. Het gaat hier om een nadrukkelijke afwijzing van het strafbaar gestelde gedrag en de expressieve wil om aan de dader leed toe te voegen. Het gaat daarbij niet alleen om een vergeldingsbehoefte, maar ook om het geloof dat de samenleving een dergelijke 'normatieve gerechtigheid' nodig heeft.

Ik zal deze stelling adstrueren met een citaat uit de roman *De vitalist* van Gerrit Krol.[3] Naar aanleiding van een moord ontspint zich in het boek een dialoog over de straf, waaruit een kort citaat: *"'De kwestie is: wij brave burgers zijn niet meer tot vergelden in staat, technisch niet en moreel niet. Niet op persoonlijk initiatief." "Wat zeg je?" "Gotver, luister dan. Ik zeg: schaam je desnoods voor wat je doet. Maar doe het. Straf. Durf te straffen. Beter dan dat je er maar van afziet. En de moordenaars laat lopen."'* (Krol, 2000, p. 114 e.v.). Wat Krol hier door laat klinken, is niet een behoefte aan straf, maar juist de afkeer daarvan, om deze vervolgens af te wijzen: 'durf te straffen'. Hij wijst op de noodzaak om kwaad met kwaad te vergelden en de moed die daarvoor nodig is.

Deze 'rationaliteit' in het strafmotief komt op als reactie op een lange periode waarin het wrekende motief sterk was teruggedrongen. De dader kon gedurende enkele eeuwen rekenen op groeiend mededogen. Herman Franke verklaart dit in zijn grote studie over tweehonderd jaar gevangeniswezen uit de groeiende macht van het lijden.[4] 'Van zwaar geminachte, haast dierlijk bevonden schepselen die van honger en ellende stierven in slecht verwarmde en onhygiënische hokken of onderaardse holen, werden zij tot goed gehuisveste gedetineerden' (Franke, 1990, p. 10). Hij wijst op een groeiende afkeer van fysiek geweld en wreedheid, en beschrijft deze tendens, geïnspireerd door het werk van Norbert Elias, als het resultaat van een historisch beschavingsproces. De opkomst van de natiestaten en de groei van de onderlinge afhankelijkheid leidden tot een andere psychische gesteldheid. Daarin kwam aan fysiek geweld een steeds marginalere rol toe.[5] Tot het begin van de negentiende eeuw werden misdadigers geradbraakt en gevierendeeld, onder luide aanmoediging van de bevolking. Maar de straf werd ontdaan van zijn scherpe kanten, er werden alternatieven verzonnen, er kwamen re-integratieprogramma's, er werd gedoogd en er werd verontschuldigd. De macht van het lijden werd zo sterk dat het andere motief klaarblijkelijk in het gedrang kwam: de wil tot straffen. De strafrechtspleging laveert zo bezien tussen twee impulsen: wraak en mededogen. Zij dient proportioneel te zijn ten opzichte van de punitieve impuls, maar ook ten opzichte van een te lankmoedige houding. Het hoeft weinig betoog dat momenteel de tweede missie domineert, en wel in instrumentele zin: we straffen om de samenleving op orde te houden. In de afgelopen decennia is aan de 'emancipatie der gevangenen' een einde gekomen.[6] Hoewel de kentering in het mededogen met de dader reeds eerder inzette,[7] lijkt de nota *Naar een veiliger samenleving* (2002) de definitieve breuk te markeren met de emancipatie der gevangenen. De nota bestaat uit een rijstebrijberg van maatregelen in een toonzetting van meer, harder en effectiever.[8] Hier spreekt een daadwerkelijk geloof in de wrekende normativiteit. De missie bestaat eruit dat het onbestraft laten van misdaad uiteindelijk een inflatie betekent van het beschavingspeil van de moderne samenleving - een betekenisverschuiving die veel weerklank heeft gevonden in de samenleving.

Van criminaliteit naar onveiligheid
In de reconstructie van het proces waarin veiligheid uitgroeide tot een ordeningsprogramma is het ontstaan van een hernieuwd geloof in de straf een cruciale stap. In een pluriforme cultuur wordt een delict steeds meer gezien als een keuze, waarvoor verantwoording dient te worden afgelegd. Het strafrecht is gaan fungeren als oriëntatiepunt in een complexe wereld zonder richting en dat veranderde de betekenis

van de straf. Het deed het aantal veroordelingen groeien, de straffen hoger worden, en in het algemeen de aanpak van criminaliteit, overlast en antisociaal gedrag verharden. Maar het is slechts een deel van het verhaal. Daarnaast groeide immers ook de aandacht voor de preventie van criminaliteit. Deze ontwikkeling is al vaak verteld en zal ik hier niet opnieuw doen (zie bijvoorbeeld Van Dijk & De Waard, 2009). Het gaat mij hier om de relatie tussen de nieuwe strafrechtelijke missie en preventie.

Bij de aanpak van problemen bestaan twee strategieën: corrigeren of voorkomen. Dit geldt onverkort voor criminaliteitsproblemen. In het eerste geval vindt een strafrechtelijke reactie plaats (repressie); in het tweede geval worden maatregelen genomen om het delictgedrag voor te zijn (preventie). Toch is de tegenstelling tussen repressie en preventie in de praktijk niet zo scherp als vaak wordt gedacht. In het bestraffen gaan verschillende doelen schuil, waaronder het doel toekomstig delictgedrag te voorkomen. En zo kent omgekeerd preventief beleid meestal enigerlei vorm van correctie. De poging om beide onder één noemer te brengen heeft er naar mijn mening toe bijgedragen dat het begrip veiligheid in zwang raakte.

Het begrip veiligheid maakte de relatie mogelijk tussen de 'repressieve' reactie en het 'preventieve' voorveld. Het gebruik van het begrip veiligheid is in Nederland van betrekkelijk recente datum. In 1993 publiceert het ministerie van Binnenlandse Zaken voor het eerst een *Integrale veiligheidsrapportage*. Het is achteraf gezien een betekenisvol moment in de geschiedenis van de criminaliteitsbestrijding (Cachet & Ringeling, 2005). Met het herdefiniëren van criminaliteit tot onveiligheid worden in feite drie bruggen geslagen: van feitelijk delict naar het risico daarop; van strafrechtelijke handhaving naar andere maatregelen; van objectieve gebeurtenissen naar de subjectieve beleving ervan.[9] En met deze overbruggingen werd een koppeling mogelijk van de strategieën van repressie en preventie.

Van feit naar risico
Door de eerste brug wordt criminaliteit beschreven als een risico naast vele andere, zoals branden, rampen, terreur en transportongevallen. Men hoopte met het zogenoemde integrale veiligheidsbeleid meer samenhang te krijgen in de lokale aanpak van veiligheidsproblemen.

Dat is nooit een groot succes geworden (Cachet & Ringeling, 2005). Waarschijnlijk verkeken de beleidsmakers zich op de complexiteit van het domein. Bovendien heeft criminaliteit een morele angel die het publiek en de politiek extra prikkelt tot verontwaardiging en actie. Belangrijker dan de feitelijke koppeling van verschillende vormen van veiligheid is dat men ging denken in termen van risicoanalyse en risicobeheersing. Criminaliteit wordt een kans op een negatief effect. En daarmee kwam criminaliteit in het register van de risicomaatschappij te staan.

Dat is een belangrijk gegeven. Risico wordt door diverse auteurs zelfs beschouwd als het sleutelwoord van de 21ste eeuw. De term risicomaatschappij werd in 1986 door Ulrich Beck gemunt in relatie tot technologische ontwikkelingen (zoals kernenergie en gentechnologie). Maar de doorwerking van het risicodenken op andere domeinen is veel belangrijker geweest. Furedi (1997, p. xii) laat bijvoorbeeld zien dat het gebruik van het woord 'risico' in Engelse kranten steeg van 2037 in 1994 tot 18.003 in 2000. In hetzelfde jaar beschrijft verzekeringswetenschapper Ewald risico als 'the single point upon which contemporary societies question themselves, analyse themselves, seek their values and perhaps recognize their limits' (geciteerd door Ericson, 2007, p. 6). Risico is volgens toezichtsdeskundige Michael Power (2007) hét organiserende begrip in een onzekere wereld.

Eerder schreef Power (2004) over 'the risk management of everything'. En zo werd ook criminaliteit 'een risico'. Die betekenisverschuiving past perfect bij de neiging om criminaliteit te willen voorkomen (en niet te wachten tot het leed al is geschied). Al in 1985 werd immers geconstateerd dat politie en justitie tekortschoten in hun capaciteit en bevoegdheden om de groeiende criminaliteit een halt toe te roepen (*Samenleving en criminaliteit*, 1985). Door de herdefiniëring tot risico werden allerlei nieuwe technieken mogelijk, die onder andere ontwikkeld waren in het verzekeringswezen. Om die reden spreken Feeley en Simon van 'actuarial justice' (1994) en Van Swaaningen van 'risicojustitie' (1996). Deze typeringen missen echter net de clou: niet zozeer justitie, maar andere organisaties zijn verantwoordelijk voor risicobeheersing.

Thans moet worden geconstateerd dat het preventieve denken nog een stuk verder is doorgevoerd in het opkomende begrip 'voorzorg' (*precaution*). Dit begrip, overgewaaid uit het milieurecht, houdt in dat een overheid in geval van mogelijke serieuze schade niet moet wachten met ingrijpen tot er wetenschappelijke zekerheid is (Fischer, 2001, geciteerd in Ericson, 2007, p. 21). De káns op schade is genoeg, ook zonder calculeerbaar risico.[10] Het is verleidelijk om het veiligheidsdenken langs deze weg te typeren als voorzorgpolitiek (Ericson, 2007, neigt daartoe; zie voor Nederland: Pieterman, 2008). Ik kom hier later in dit hoofdstuk nog op terug. Nu volstaat het te wijzen op de semantische verschuiving van crimineel feit naar risico op schade.

Van reactie naar regulering
Met de tweede brug, die tussen strafrecht en bestuurlijke regulering, werden gemeenten en andere organisaties medeverantwoordelijk gemaakt voor de veiligheidsproblematiek. Criminaliteit is gedefinieerd in het Wetboek van Strafrecht en de overheid, politie en justitie hebben de wettelijke taak om ertegen op te treden. Voor de politie is deze justitiële taak aangevuld met lokale ordehandhaving en crisishulp. Maar gedefinieerd als veiligheidsprobleem – met een nadruk op risicoanalyse en risicobeheersing – blijken veel meer partijen van belang voor de criminaliteit, zowel preventief, repressief als curatief. Garland (1996, 2001) heeft dit proces beschreven als responsibilisering, het verantwoordelijk maken van andere partijen voor de veiligheidsproblematiek.

Nu is het de vraag of deze 'opdringerige' typering helemaal accuraat is. Gemeenten, scholen, woningcorporaties trekken zich de veiligheidsproblematiek ook eigener beweging aan. Het veiligheidsveld ondervond daardoor een enorme ontwikkeling, waarbij een nieuw probleem ontstond, namelijk de noodzaak tot afstemming en samenwerking tussen al deze partijen. Men ging spreken van veiligheidsnetwerken (Terpstra & Kouwenhoven, 2004; Boutellier, 2005). Het is in dit verband dat ik een liniemodel voorstelde, waarin de verschillende maatschappelijke functies van de samenleving worden voorgesteld in termen van verdediging (repressie), middenveld (normering) en voorhoede (vitaliteit) (o.a. Boutellier, 2005; Boutellier & Van Steden, 2010).

Justitie en politie hebben van oudsher een perifere rol gespeeld in de handhaving van de sociale orde. Kenmerkend voor hun huidige positie is dat hun functie in normatieve zin richtinggevend is voor andere maatschappelijke instituties. Onder andere om die reden spreekt bijvoorbeeld Simon (2007) van 'governing through crime'. Daarbij zijn volgens hem (p. 4 e.v.) drie strategieën in het geding: de aanpak van criminaliteit op zichzelf (3 procent van de volwassenen is in de Verenigde Staten in een of andere vorm in detentie of staat onder toezicht); het gebruik van criminaliteit ter legitimatie van andere doeleinden (zoals de aanpak van 'asociale gezinnen'); de invloed van technologieën, verhalen en metaforen rond criminaliteit in andere instituties (bijvoorbeeld schoolveiligheid).

Hoewel bijvoorbeeld slechts een op de tien scholen te maken heeft met geweld, zijn er op alle Amerikaanse scholen preventieprogramma's en disciplinaire praktijken (p. 213). Simon spreekt zelfs van een strafpedagogiek (p. 220) van uniformen, *zero tolerance*-beleid en binnenschoolse detentie. Het dramatische beeld dat Simon schetst, is niet van toepassing op de Nederlandse situatie.[11] Disciplinerende technieken als schooluniformen en binnenschoolse detentie zijn in Nederlandse verhoudingen min of meer ondenkbaar. Wel kan worden gewezen op het Nederlandse schoolveiligheidsbeleid en de groeiende praktijk van gezinsinterventie. Ik zie deze initiatieven echter meer als poging tot 'remoralisering', in lijn met het in het vorige hoofdstuk besproken beschavingsdefensief, dan als 'governing through crime'.

Van ervaring naar gevoel
De derde overbrugging vindt plaats tussen de objectieve criminaliteit en de subjectieve beleving van de situatie. Bij een criminele gebeurtenis is iets gebeurd. Er is een concrete ervaring, waarop men reageert. Maar veilig of onveilig verwijst naar een gevoel, dat relatief losstaat van de werkelijkheid. Het begrip veiligheid is alleen al om die reden niet in objectieve zin te definiëren (bijvoorbeeld Roels, 2005; Zedner, 2009): wanneer kan men nu spreken van daadwerkelijke veiligheid? Toch geeft het begrip veiligheid legitimiteit aan 'het gevoel van de burger'. Ook al was deze nooit slachtoffer van een delict, hij kan zich toch onveilig voelen. En ook al wordt er – omgekeerd – geen boef gevangen, het kan toch veiliger lijken, bijvoorbeeld omdat er meer wordt gesurveilleerd.

Nu is de subjectieve beleving van veiligheid een buitengewoon gecompliceerde zaak. Elffers en De Jong (2004) hebben bijvoorbeeld in een kwalitatief onderzoek laten zien dat voor bewoners in probleembuurten onveiligheid in feite een ander woord is voor sociale problemen. Onbetamelijkheden, onfatsoen, vervuiling, lawaai, verkeerswangedrag en 'de buitenlanders' zijn de hoofdklachten van bewoners. In de beleving van onveiligheid zijn op basis van de literatuur wel vier lagen te onderscheiden: de angst om daadwerkelijk slachtoffer te worden van criminaliteit; de onrust over criminaliteit als maatschappelijk probleem; de onvrede over andere sociale problemen; het algemene onbehagen in de huidige maatschappij.[12]

Deze negatieve factoren kunnen trouwens ook van de positieve kant worden benaderd. In Amsterdam werd door de dienst Onderzoek en Statistiek (in samenwerking met de leerstoel Veiligheid & burgerschap) een onderzoek gedaan naar 'vertrouwen in de buurt' en 'sociale cohesie' als determinanten van veiligheidsbeleving. Zij bleken in een vergelijkbare mate van invloed te zijn als ervaringen van slachtofferschap (Boers e.a., 2008). In het begrip veiligheid liggen etymologisch ook betekenissen besloten als geborgenheid, vertrouwdheid, zekerheid en 'op je gemak zijn' (Van Zuijlen, 2004). Het streven naar veiligheid wordt zo bezien een synoniem voor sociaal beleid – breder kan het niet worden.

De morele inversie
Via het veiligheidsbegrip wordt het criminaliteitsprobleem dus in materiële zin breder, in bestuurlijke zin diverser en in psychologische zin dieper. Dit resulteerde in een grotere beweging met meer middelen, meer strategieën en technieken en meer relevante partijen. Het CBS becijferde dat de uitgaven voor veiligheidsbeleid ook van 2002 tot 2009 met gemiddeld 6 procent per jaar zijn blijven groeien.[13] De nieuwe beschavingsmissie van het strafrechtelijk systeem – geen lankmoedigheid ten opzichte van antisociaal gedrag – is via het veiligheidsbegrip verbreed naar andere beleidsterreinen. Dat heeft grote consequenties voor de aard van de overheidsinterventie.

In het klassieke paradigma vormt de strafrechtelijke interventie ín laatste instantie dé laatste instantie. Deze opvatting veronderstelt een sterke civiele gemeenschap die langs de lijnen van socialisatie, overdracht van waarden en normen, en via sociale controle sociale ordening realiseert. Indien de civiele disciplinering tekortschiet, verschuift het sanctionerende systeem van de periferie naar het centrum van de samenleving. Het bezet de morele ruimte, maar het heeft niet de mogelijkheden om die te vullen. Het concept 'veiligheid' biedt uitkomst en realiseert een omkering van de verhouding tussen de sociale orde en het strafrechtelijk systeem. Het bewaakt niet langer de grenzen van de morele ruimte, maar claimt ook de inrichting ervan. Hier is geen sprake van een normatieve verbreding, maar van een omkering. Ik zou willen spreken van een morele inversie.[14]

Een verhelderende illustratie hiervan is de aanpak van antisociaal gedrag in Engeland en Wales. Onder de huiveringwekkende titel *Neighbours from hell* (2003) beschrijft Frank Field, parlementslid voor Labour, de noodzaak van 'the politics of behaviour' (de ondertitel van zijn boek). Field is van mening dat een zekere mate van respect en beschaving nodig is voor een goed functionerende samenleving. Daartoe dient goed gedrag bekrachtigd en slecht gedrag afgekeurd te worden. Maar de oude structuren daarvoor zijn geërodeerd. Geloof (in casu religie) veranderde in permanente twijfel en een allesoverheersend relativisme nam bezit van de instituties, zoals het gezin en de school: 'mijn kijk op de wereld is net zo goed als die van jou' (Field, 2003, p. 3). Tot zover klinkt Fields verhaal bekend in de oren – we horen een echo van Dalrymple.

Maar Field wil – in tegenstelling tot Dalrymple – optreden van de overheid zien: 'the use of the law has to be backed up by a strategy to teach again all of those social virtues' (p. 23). De belangrijkste deugden zijn naar zijn idee beleefdheid, consideratie en bedachtzaamheid. De aanpak van antisociaal gedrag is daarvoor van belang, waarbij hij benadrukt dat de frequentie van de overlast de doorslag geeft – die maakt de wrok begrijpelijk.[15] Het strafrecht schiet tekort: er is te veel vertraging, te weinig budget en 'het recht bevoordeelt de dader' (p. 35 e.v.). Field acht een strenge aanpak door de staat gelegitimeerd omdat politiek meer is dan het managen van de markt. Ook de vraag 'welk soort mensen we willen zijn' is politiek (p. 50). Vanuit deze overtuiging ziet hij de politie als een surrogaatouder voor jongeren met wie het mis is gegaan en moet de sociale sector meer als 'leraar' functioneren voor de jonge gezinnen.

Deze politieke boutade heeft volgens de criminoloog Crawford een grote impact gehad op het veiligheidsbeleid van Engeland en Wales.[16] Met name de Anti-Social Behaviour Act van 2003 ziet Crawford (2009a, 2009b) als een nieuwe vorm van gedragsregulering. Een zogenoemde 'ASBO' kan worden opgelegd door lokale autoriteiten, waarbij de overtreding strafrechtelijk gesanctioneerd kan worden. Dus als iemand het verbod om zich in een bepaalde straat te vertonen overtreedt, kan dit leiden tot een vrijheidsstraf. Met de ASBO verlaagt men de interventiedrempel, worden informele reacties geformaliseerd en zijn de mogelijke sancties geïntensiveerd, aldus Crawford (2009a, p. 813). Hij is dan ook van mening dat de ASBO traditionele vormen van rechtsbescherming ondermijnt: een billijk proces, proportionaliteit en jeugdrechtsbescherming.

Omdat algemeen sociaal beleid minder succesvol is, bestaat er volgens Crawford een neiging tot individugerichte interventies: 'prevention in a context of uncertainty' leidt tot 'steering, monitoring and correcting people's lifestyles' (2009a, p. 815). In totaal telt Crawford in Engeland en Wales maar liefst achttien reguleringsinstrumenten, die variëren van de Drug Intervention Order, het Parenting Contract en Housing Benefit Sanctions tot Drinking Banning Orders en Crack House Closure (p. 8). Waar de vervaging van de grens tussen een straf en maatregel voor lokale autoriteiten een oplossing lijkt te zijn, is zij voor veel juristen een gruwel (Ashworth & Zedner, 2008). Elementen van willekeur zitten in de omschrijvingen, de bevoegdheden en de sanctionering.[17]

Het strafrecht schiet tekort om een maatschappelijk probleem aan te pakken, waardoor men zijn toevlucht neemt tot wat we 'quasistrafrecht' kunnen noemen; vandaar morele inversie. Een verschil met de Nederlandse situatie lijkt te zijn dat hier veel minder sprake is van een nationaal gestuurde 'politics of behaviour'. Daar staat tegenover dat in Nederland lokaal steeds meer strafrechtelijke verboden van toepassing zijn. Zo was er in 2008 in 25 gemeenten sprake van een actief samenscholingsverbod; er zijn alcohol- en drugsverboden, gedragsverboden (zoals het FF Kappen-project in Rotterdam), wapenverboden en dergelijke (Brouwer & Schilder, 2008). Deze auteurs concluderen dat sprake is van een verharding van lokale normenstelsels, de APV's, naar aard, inhoud en sancties, op basis van vage termen en zonder directe democratische controle op de toepassing.

Hoe dit verschil tussen Engeland en Nederland verder ook zit, met het verschil van inzicht tussen Field en Crawford zitten we in het hart van de politiek-morele discussie rond veiligheid die in vrijwel alle westerse landen speelt: proactief gedragsmatig aanpakken of alleen terughoudend strafrechtelijk reageren. Het is zonneklaar dat 'neighbours from hell' en intimiderende overlast geen pretje zijn voor degenen die erbij in de buurt wonen. Het is, zeker politiek gesproken, dan zeer problematisch als de overheid hierop geen antwoord zou weten te vinden. Daar staat tegenover dat de gedurende eeuwen zorgvuldig opgebouwde rechtsbescherming van burgers tegen de overheid soms wel heel terloops wordt tenietgedaan.[18]

De veiligheid van alles

Op grond van de hier beschreven morele inversie wordt in de literatuur steeds vaker gesproken van de 'securisatie van de samenleving' (oorspronkelijk Wæver, 1995). In overheidsgebouwen zijn de receptionisten van weleer vervangen door beveiligers. Voor een voetbalwedstrijd worden we gefouilleerd en op een perron kun je zomaar om je identiteitsbewijs worden gevraagd. Diverse auteurs zien deze 'verveiliging' als resultaat van het 'utopisch verlangen in een wereld die niet langer utopisch is' (Loader, 2008, p. 404; zie ook Boutellier, 2002). Veiligheid functioneert in toenemende mate als lens om sociale problemen te bekijken. Criminaliteit is normaal, evenals de preventieve aanpak ervan. In de criminologie vertaalde zich dat bijvoorbeeld in de *routine activity approach*, die stelt dat een delict het resultaat is van het samenkomen van 'a likely offender, a suitable target and the absence of a capable guardian' (Felson, 1998, p. 3).

Dit tekent de bijzondere consequenties van de morele inversie. Het recht gaat als vorm van gestolde moraliteit steeds meer functioneren als een normatieve set van coördinaten. Het geeft richting aan de publieke moraal, waarbij vervolgens de mate van naleving 'het goede leven' gaat definiëren. Niet de inhoud van de norm, maar zijn effectiviteit, of nog beter zijn handhaafbaarheid wordt inzet van de veiligheidsaanpak. Publieke moraal wordt een kwestie van handhaving, naleving, toezicht en controle. De norm wordt een (te verzekeren) risico, de overschrijding ervan een kans, en het voorkomen ervan een kwestie van controle. Zedner (2007) spreekt in dit verband van een 'pre-crime'-logica, die zich vertaalt in tal van nieuwe technieken en maatregelen.

Zo zien we de ontwikkeling van surveillancetechnologie (van camera's tot bodyscans; Lyon, 2007), situationele criminaliteitspreventie (maatregelen rond risicosituaties en risicoburgers; Reiner, 2006), *community safety* (tal van wijkveiligheidsinitiatieven; Crawford, 2003), individuele risicotaxatie (het feminisme speelt hierin een interessante rol; bijvoorbeeld Lünnemann, 2007), verzekeringstechnieken (Feeley & Simon, 1994), daderregisters en andere vormen van preventieve monitoring, preventieve maatregelen (het hiervoor besproken systeem van quasistrafrecht),[19] preventieve detentie, stuk voor stuk nieuwe benaderingen die volgens Zedner (2007) haaks staan op procedurele waarborgen van het strafproces.

De 'pre-crime'-logica kent geen grens. Voordat zelfs nog maar sprake is van een te omschrijven of calculeerbaar risico is er de mogelijkheid dat er een risico gaat ontstaan. Power spreekt van 'an increasing demand for governance of the unknowable' (geciteerd door Zedner, 2007, p. 85). In dat verband valt het eerdergenoemde woord 'voorzorg', dat toegepast op het terrein van criminaliteit verder gaat dan risicojustitie. Hier ontstaat een relatie met strategieën uit de internationale veiligheid, zoals *pre-emptive strikes, anticipatory self-defence* en *rapid-fire justice*. Een citaat van minister van Defensie Rumsfeld spreekt in dit verband boekdelen: 'There are known knowns. These are things we know that we know. There are known unknowns. That is to say, there are things that we know we don't know. But there are also unknown unknowns. These are things we don't know we don't know' (citaat in Zedner, 2009, p. 126).

We stuiten hier op een paradoxale ontwikkeling. We zien criminaliteit als 'een routineactiviteit' (Felson, 1998), als een vanzelfsprekend facet van de 'high crime culture' (Garland, 1996). Maar deze normalisering leidt tot een permanent gevoel van bedreiging. Want juist normale personen kunnen altijd en overal toeslaan. Zo leidt juist de normalisering van 'het kwaad' tot de angst dat het overal en altijd de kop kan opsteken. Dit basale wantrouwen zet de deur open voor een ongebreideld veiligheidsoffensief, ondersteund door de technologische mogelijkheden. De moderne burger is volgens Koops e.a. (2009) steeds meer als een moderne peilzender met een digitale informatiewolk om zich heen. Zo ontwikkelden zich tal van gepersonaliseerde volgsystemen, zoals het elektronisch patiëntendossier, het kinddossier, het leerlingvolgsysteem, het burgerservicenummer, kentekenregistratie op snelwegen, camera's, opslag internetgebruik, de OV-kaart, opslag gsm-verkeer, het centraal krediet informatiesysteem BKR en het rekeningrijden.

Deze hebben eigen doelstellingen, maar hebben veelal ook een meer of minder expliciete veiligheidscomponent, zeker voor het geval het 'erop aankomt'. Bij zware misdrijven zal niemand zich ertegen verzetten indien gegevens gebruikt worden voor de opsporing. Dat is dan ook al gauw het geval bij minder ernstige misdrijven. Illustratief in dat verband is het gebruik van DNA. Dit werd achtereenvolgens toegestaan op vrijwillige basis bij ernstige misdrijven, daarna ook bij minder ernstige misdrijven, toen ook zonder toestemming en naderhand ook met de mogelijkheid tot opslag in een databank. Het begrip salamitactiek lijkt hierop van toepassing: met kleine stapjes het totaal realiseren.

Het woord tactiek veronderstelt echter een welbewuste strategie, terwijl dit proces van securisatie waarschijnlijk veel onschuldiger verloopt: de kleine stap is op dat moment het meest rationeel, en bovendien in proportie ten opzichte van het concrete doel. Wie kan daar op dat moment tegen zijn? Nieuwe technologische hoogstandjes met chipsimplantaten zijn in aantocht, waarbij het zelfs denkbaar is dat de kennisname van gedachten kan leiden tot het stopzetten van het gedrag (effectiever dan een knieslot). Maar naast de toename van de angst zijn er nog meer keerzijdes in termen van rechtsgelijkheid, rechtsbescherming, vertrouwen, vrijheid en vitaliteit.[20]

'Stop de securisatie' is voor vele burgerrechtenactivisten, politici en intellectuelen het devies. Diverse wetenschappelijke auteurs hebben zich uitgesproken tegen de krampachtige risicosamenleving. Bernstein (1998) viert in zijn boek het leven met onzekerheid en De Lint en Kirta (2004) pleiten voor de acceptatie van de ambiguïteit die bij de huidige samenleving past. Toch lijkt deze hoop enigszins ijdel. Zedner (2009, hoofdstuk 7) pleit onder andere om die reden voor een overkoepelende 'autoriteit voor de veiligheid' die het publieke debat, het ethisch toezicht en de aansprakelijkheid in de uitvoering dient te bevorderen. Het proces van securisatie lijkt niet te stoppen, maar het is wel te begrenzen.

Een bange samenleving?!

In dit hoofdstuk schetste ik een serie betekenisverschuivingen in de sfeer van het strafrecht, criminaliteit, veiligheid, voorzorg en securisatie. Deze beschrijving is vanzelfsprekend voor discussie vatbaar, met name waar het gaat om de empirische referenties. Het is een conceptuele geschiedenis, die zich voltrekt tegen de achtergrond van het in deel I uitgewerkte probleem van complexiteit zonder richting. Naast het beschavingsdefensief (hoofdstuk 3) beschouw ik het veiligheidsoffensief als een tweede poging om deze op orde te krijgen. In de Nederlandse context zijn ze verstrengeld geraakt. Veiligheid geeft normatieve richting vanuit het strafrecht en reduceert de complexiteit. Men kan zich er maar moeilijk aan onttrekken, hetgeen nog een aanvullend effect kan hebben: angst.

Het is onder sociologen en criminologen vrij gebruikelijk om de huidige samenleving te zien als 'fear-driven' (bijvoorbeeld Furedi, 1997; Duyvendak e.a., 2008). Daarbij wordt veelal verwezen naar de politiek. Deze zou angst zaaien onder de bevolking of daarvan gebruikmaken om de macht van de staat en elitebelangen te bevestigen. We zijn deze benadering in diverse varianten tegengekomen als 'governing through crime, risk, punishment, uncertainty, antisocial behaviour' en 'through security' (respectievelijk Simon, 2007; O'Malley, 2004; Wacquant, 2009; Ericson, 2007; Crawford, 2009a, 2009b; Zedner, 2009). Ook wordt gesteld dat crisissituaties worden misbruikt of zelfs gecreëerd om beslissingen door te drukken (Wolf, 2007). Er bestaat grote sociologische consensus over de onwenselijkheid van de beschreven ontwikkeling.

Ik wil in deze paragraaf iets preciezer kijken naar de politieke betekenis van het veiligheidsoffensief. In de eerste plaats constateer ik met vele rechtsgeleerden dat van oudsher sprake is geweest van een instrumentele functie van het recht. Van Plato tot Thomas van Aquino was sprake van een ordeningsdenken dat was gericht op ontplooiing binnen het goddelijk recht. In de liberale verlichtingsperiode voltrok zich de scheiding van kerk en staat, waarmee het ordenend vermogen van het recht nadrukkelijk bij de staat kwam te liggen (Hobbes, Kant, Bentham). In de moderne rechtsscholen wordt de functie van het recht verder geïnstrumentaliseerd tot principe van sociale ordening (driedeling van Letwin, besproken door Witteveen, 2008; hierover ook Ericson, 2007, p. 16 e.v.).

Toch gaat de beschreven ontwikkeling verder. Publieke moraal valt steeds meer samen met het (straf)recht en de naleving en handhaving daarvan. Dit kan in combinatie met de groeiende technologische mogelijkheden totalitaire trekken aannemen. Aan deze ontwikkeling zou ik – in de tweede plaats – de volgende observatie willen toevoegen. De betekenis van *privacy* is voor burgers sterk veranderd. Veel van de controlemaatregelen worden niet ervaren als ondermijning van *privacy*, maar als een soort geruststelling. In het tijdperk van *reality shows* en internet brengt 'het tweede leven' (zie hoofdstuk 2) minder schaamte met zich mee dan in de jaren zeventig. De pas verworven vrijheden maakten dat privacy toen een heel gevoelig thema was. De technologische transparantie heeft ze genormaliseerd.

Het maatschappelijk onbehagen waardoor de securisatie wordt gevoed, schuilt eerder in een gevoel van onbeschermd zijn dan van overmatig te worden gecontroleerd.[21] Gedurende vele decennia heeft de Tweede Wereldoorlog als ijkpunt voor morele deliberatie gefunctioneerd. Dit mentale zwaartepunt is sinds 9/11 verschoven naar een ander zwaartepunt, namelijk dat van de terreur. Het betekent een verschuiving van schuld naar angst; van het verleden naar de toekomst; van argwaan ten opzichte van de staat naar wantrouwen jegens andere burgers (Beck, 2002). Een daadwerkelijke controlestaat zou zich dus zomaar kunnen ontwikkelen, zonder al te veel protest en met alleen nog wat tegenstribbelende juristen en activisten. In dit verband zou, naar het beroemde woord van Adam Smith, ook in het geval van veiligheid kunnen worden gesproken van een 'invisible hand'.

Opvallend is dat veel van de veiligheidsmaatregelen worden ingezet op grond van concrete aanleidingen, maatschappelijke onrust erover en een gevoelde noodzaak om er iets aan te doen. Er is meestal sprake van een direct gevoel van urgentie: een uit de hand gelopen dancefeest, een terugkerende pedoseksueel, een verijdelde aanslag. Er ontstaat het gevoel dat zulke zaken koste wat het kost moeten worden voorkomen. Dat geeft richting, maar dan is er nog die complexiteit. Deze is zonder meer ook van toepassing op de veiligheidspraktijken.

De eerste interventieteams in Rotterdam bestonden uit vertegenwoordigers van een tiental instanties, die de samenwerking pas konden realiseren in de huiskamer van concrete probleemgevallen: 'Tja, we komen eigenlijk voor alles ...' (Ombudsman van Rotterdam, 2007).

In de praktijk bestaat de securisatie uit gecompliceerde samenwerkingsverbanden van professionals.[22] Om die reden ben ik geneigd te spreken van veiligheid die zich organiseert. Niet omdat daar totalitaire behoeften of politieke belangen achter schuilgaan, maar omdat zij zich als vanzelf verspreidt over de samenleving. De securisatie van de samenleving voltrekt zich zonder dat daar totalitaire intenties achter zitten. Dat maakt de ontwikkeling onschuldiger, maar wel verraderlijker. Veiligheid is in normatieve zin richtinggevend ter preventie van criminaliteit, antisociaal gedrag en serieuze bedreigingen, maar heeft zich doorontwikkeld tot een grootschalig offensief voor sociale orde. Bijsturing ervan vereist meer intelligentie dan er gewoon tegen te zijn.

Van de drie ordeningsprogramma's is dat rond veiligheid het grootst en het meest succesvol. Daarbij speelt in de Nederlandse verhoudingen (en ook in Engeland) dat er sprake is van een samenvloeiing met het eerder beschreven beschavingsprogramma. Van belang is dat het strafrecht als institutie een prominente rol speelt in de richting die het ordeningsprogramma aannam. Vanuit de kernfunctie strafrechtelijke handhaving is de morele ruimte bezet met preventief disciplinerend beleid. Toch acht ik alarmerende berichten hierover beperkt van toepassing. Daarvoor zijn de problemen te reëel en is tegelijkertijd de complexiteit te groot. De vraag naar veiligheid is in een onbegrensde wereld legitiem, maar te ingewikkeld om totalitair te worden.

Bovendien zijn er andere vormen van gezochte ordening. Als derde programma behandel ik de pogingen tot burgerparticipatie. De overheid hoopt de veronderstelde kloof tussen overheid en burgers onder andere te overbruggen door de burger te activeren. Gedeeld en actief burgerschap was in het afgelopen decennium het grote streven, gemotiveerd door sociale en economische motieven. Daarbij gaat het om de arbeidsmarkt, maar ook om vrijwilligerswerk, mantelzorg en actieve participatie in het beleidsproces. En de integratieproblematiek speelt een rol. De relatie met de burger werd zelfs een thema in de wereld van veiligheid en recht. Maar wat valt er van de burger te verwachten?

HOOFDSTUK 5

PARTICIPATIE ALS PANACEE

'De Burger' staat in het brandpunt van de belangstelling. Hij wordt op veel verschillende wijzen aangesproken, maar hij moet in elk geval actief zijn. 'Actief burgerschap' is in de mode. De Burger is niet langer onderdaan (zoals in de jaren vijftig) of individu (zoals in de jaren zeventig) of consument (zoals in de jaren negentig). Nee, de ideale burger participeert en is bij voorkeur zelfredzaam. Dit enthousiaste spreken over de rol van burgers is in feite op te vatten als een *commentaar*. De samenleving, in elk geval de overheid en vaak ook de medeburgers, heeft twee klachten over burgers. Zij vindt ze te mondig én te passief. Men heeft genoeg van de luie consument, de ongewilde creatie van de naoorlogse verzorgingsstaat.

Weg met de calculerende homo economicus, die zich ook nog eens door niemand wat in de weg laat leggen (bijvoorbeeld Van der Lans, 2005). De Burger is consumptief[1] en heeft een kort lontje – zo luidt de populaire (politieke) diagnose. En het moet gezegd: De Burger is ook vaak een lastpost. Niet alleen medeburgers, maar ook overheidsfunctionarissen hebben het soms zwaar te verduren. Het gezag van de politie heeft bijvoorbeeld ernstig geleden onder de brutaliteit van De Burger, dat wil zeggen, van sommige burgers. De Burger verschijnt in het huidige politieke discours dus als probleem én als oplossing. Hij is zowel bedreiger als reddende engel van de sociale orde. 'Samen leven, samen werken' luidde het vermanende motto van het vierde kabinet-Balkenende.

De actieve burger is bijvoorbeeld nadrukkelijk aanwezig in de Wet maatschappelijke ondersteuning (Wmo), het wettelijk kader voor zorg en welzijn. Het verantwoordelijke ministerie van VWS draagt deze wet uit als 'participatiewet'. Iedereen moet meedoen: jong, gehandicapt, zwervend of verslaafd. Met 'sociale cohesie' als eerste doelstelling (in de wet 'prestatieveld' genoemd) worden gemeenten, maatschappelijke organisaties en burgers opgeroepen vorm te geven aan 'het nieuwe welzijn' van de Nederlander. Bijzonder is dat deze wet de verantwoordelijkheid daarvoor volledig decentraliseert naar het lokale niveau.[2]

Ik beschouw de oproep aan burgers om actief te zijn als een derde ordeningsprogramma in de rij, naast beschaving en veiligheid: participatie. Het beschavingsdefensief schreeuwt om behoud, het veiligheidsoffensief belooft bescherming, en het burgerappèl vraagt om meedoen. Daarbij klinkt ook de oproep tot gedeeld burgerschap nadrukkelijk door, dat wil zeggen de hoop op een multi-etnische overlap. In een globaliserende wereld zijn – zoals we hebben gezien – identiteit en burgerschap nauw met elkaar verbonden. De discussie over dubbele paspoorten, de herwaardering van de nationale geschiedenis en het hameren op inburgering zijn pogingen om de nationale identiteit te versterken en de identificatie daarmee te bevorderen. Waar komt deze roep om actief burgerschap vandaan en hoe succesvol kan hij zijn? En wat mag men vanuit een democratisch perspectief eigenlijk van burgers verwachten?

Twee vormen van burgerschap
Tot in de jaren zestig werd aan Haarlemse jongeren die de stemgerechtigde leeftijd van 23 jaar (sic) bereikten het boekje *Burgerschap en burgerzin* verstrekt. Er staat een foto van Hare Majesteit Juliana voorin en het heeft een voorwoord van de burgemeester. Het boekje opent met een tekst over 'de sterke vrijheidswil' van het Nederlandse volk. En het vervolgt met de mededeling dat die ook grenzen kent: 'Zij houdt daar op, waar zij in botsing komt met de regelen, die in een geordende samenleving behoren te gelden.' En even verderop gecursiveerd: 'Democratie is niet maar alleen een staatsvorm, democratie is een gezindheid (...) en die laat zich niet in voorschriften vastleggen.' Een zekere actualiteit kan deze opvatting niet worden ontzegd. Toch is in de decennia na de jaren zestig het woord burgerschap angstvallig vermeden, omdat het niet meer paste bij de individuele emancipatie.

Maar burgerschap is terug van weggeweest. Het is in het eerste decennium van de 21ste eeuw zelfs een lievelingswoord van politici en commentatoren. Nu is burgerschap een ingewikkeld begrip, waarvan de betekenis verschilt afhankelijk van de historische context.

De eerste uitgewerkte opvatting vinden we in de vijfde eeuw voor Christus bij Aristoteles, die de politieke vrijheid van burgers beschouwde als de essentie van het mens-zijn (Faulks, 2000, p. 14). Het legde de basis voor het klassieke republicanisme. Faulks onderscheidt in een overzichtswerk drie aspecten. De *reikwijdte* bepaalt wie er wel en wie er niet tot het burgerschap wordt toegelaten. De *inhoud* vertelt welke rechten en welke plichten eraan zijn verbonden. De *dikte* omvat de activiteiten die van burgers worden verwacht. De opvattingen daarover willen nogal eens verschuiven.

In de zeventiende en achttiende eeuw was volgens Dekker en De Hart (2005) burgerschap vooral een cultureel statuut: het hing bijvoorbeeld samen met lidmaatschap van gilden en deelname aan burgerwachten. Deze 'civiele' betekenis bleef nog lang doorklinken in het idee van burgerschapsdeugden, die later als 'burgerlijk' op de hak werden genomen, en die in de afgelopen jaren weer zijn herontdekt (zie ook hoofdstuk 4). Het idee van staatsburgerschap – een geheel van rechten ontleend aan het lidmaatschap van het staatsverband – komt pas op rond 1800, wanneer de natiestaten tot ontwikkeling komen. Dan gaat het erom wie wel en niet onder het staatsgezag valt, en daar bescherming aan kan ontlenen. Burgerschap heeft dus een staatsrechtelijke en een civiele kant: het gaat om de relatie tussen burgers en staat en tussen burgers en de gemeenschap.

Voor de actuele discussie over actief burgerschap is dit onderscheid van groot belang – die gaat met name om het civiele burgerschap. Ook spreekt men tegenwoordig wel van democratisch burgerschap (zie Stewart, 1995, en in Nederland De Winter, 2005). Vanwege de taalkundige relatie met de *civil society* kies ik voor het begrip civiel burgerschap. Marshall benadrukte in 1963 als een van de eersten dit communitaire aspect: 'based on loyalty to a civilisation which is a common possession' (geciteerd in Stewart, 1995, p. 68). Ik ga hier verder voorbij aan de meer precieze discussie over de politieke aard van burgerschap.[3] Ik houd het bij het staatsburgerschap dat de wettelijke rechten en plichten van burgers regelt en het civiele burgerschap dat gaat over de 'gezindheid' om actief bij te willen dragen aan de kwaliteit van de samenleving.

In de jaren zestig vond men klaarblijkelijk – getuige het Haarlemse boekje – dat het verkrijgen van het staatsrechtelijk burgerschap (het kiesrecht) diende te worden onderstreept door op het belang van 'burgerzin' te wijzen. De opkomende individualisering zal daaraan debet zijn geweest. Tot die tijd kon de overheid de ontwikkeling van het civiele burgerschap met een gerust hart overlaten aan de disciplinerende werken van dominees, pastoors en politieke voorlieden. Met de ontzuiling ontstaat een geheel andere context voor burgerschap. Het civiele burgerschap wordt als het ware vrijgegeven (en het boekje verdween in de kast) – ik heb over de gevolgen en de interpretatie daarvan in de voorgaande hoofdstukken voldoende geschreven.

Juist op het moment dat Nederland ontzuilt, stromen – aanvankelijk op uitnodiging – grote groepen vreemdelingen binnen die totaal niet zijn ingeleid in de normatieve geheimtaal van de geïndividualiseerde samenleving. Een deel van de tweede generatie migranten heeft moeite zijn draai te vinden in de relatief ongedisciplineerde instituties van de Nederlandse verzorgingsstaat. En veel oorspronkelijke bewoners ondergingen met groeiende woede het verlies van de hun vertrouwde omgeving (De Gruijter e.a., 2010). 'Citizens are still citizens, but they are uncertain of which city and of whose city', merkt Castells ergens terloops op (2004, p. 414). Staatsburgerschap is geen vanzelfsprekendheid meer[4] en civiel burgerschap moet opnieuw worden uitgevonden. Tegen deze achtergrond ontstaat de roep om actief burgerschap.

Volk gezocht
De zoektocht naar actief burgerschap vertrekt vaak vanuit de veronderstelling dat er sprake is van een kloof tussen overheidsinstituties en burgers. Nu is deze kloof niet zo eenvoudig te duiden. Zij houdt immers verband met eerder besproken zaken als individualisering, globalisering en technologisering, maar evengoed met de commercialisering van de media, de ontwikkeling van de welvaart en de veranderde samenstelling van de bevolking. De kloof is met andere woorden multicausaal gevormd. Het is om die reden verstandig 'de kloof' te benaderen vanuit een wat pragmatischer gezichtspunt: gaat het nog wel goed tussen burgers en instituties? Het tweeledige karakter van De Burger als probleem en oplossing roept de vraag op of ze nog wel bij elkaar passen. In wezen is dit de vraag naar de legitimiteit van de democratie en de relaties tussen burgers en instituties die haar moeten schragen.

Een partijpolitiek systeem veronderstelt bijvoorbeeld dat burgers zich informeren en bereid zijn af en toe te gaan stemmen. Daarenboven vraagt het een zekere participatiegraad in de actieve politiek. Boven alles moet de massa van de burgers zich willen laten representeren. In de woorden van Van Gunsteren: burgerschap is meer dan een status – zij veronderstelt autonomie en beoordelingsvermogen, zodanig dat de burger in staat is tot 'both ruling and being ruled' (1988, p. 732). Het hoeft weinig betoog dat het politieke systeem het op dit punt moeilijk heeft. De Beus (2003) spreekt bijvoorbeeld van een toeschouwersdemocratie. De politiek is wanhopig op zoek naar de burger, hetgeen in elk geval aansluit bij zijn rol in een democratische samenleving, en soms populistische vormen aanneemt.

Maar ook voor andere instituties lijkt sprake te zijn van een 'kloof'. Het vanzelfsprekende vertrouwen van burgers in de politie, de rechtspraak, het onderwijs, de gezondheidszorg is tanende – niet dramatisch, maar toch ook niet onproblematisch. Meer precies raakte het vertrouwen in een aantal politieke democratische instituties van 2001 tot 2004 in een vrije val, daarna was weer sprake van herstel. Over het algemeen is de waardering voor het democratisch systeem in Nederland groot ten opzichte van andere Europese landen (ontleend aan Verhoeven, 2009, p. 27 e.v.). Toch lijken burgers en instituties van elkaar te zijn vervreemd. Pim Fortuyn sprak van een 'verweesde samenleving' (2002).

Burgers zijn veeleisend en professionals vaak onzeker (Tonkens, 2008). Het lijkt erop alsof de verhouding tussen functionaris of professional en de burger enigszins 'onbemiddeld' is geraakt. Dat wil zeggen: het ontbreekt aan een vanzelfsprekend en gedeeld referentiekader: een coherent geheel van werkwijzen, opvattingen en gedragsvormen waarover niet gepraat hoeft te worden omdat het nagenoeg onbetwist is. We weten, bij wijze van voorbeeld, wat we van de dokter en de onderwijzer mogen verwachten en dezen weten zo ongeveer wat hen te doen staat. Zonder zo'n soort impliciete overeenstemming weet de burger niet waar hij aan toe is (en gaat hij geregeld over de schreef), wordt de professional onzeker over zijn status (en ziet zijn patiënt als bedreigend) en ontbeert de overheid een legitieme sturingsmogelijkheid (en improviseert erop los).

'De kloof' verwijst dan vooral naar *een gebrek aan een gemeenschappelijk verhaal*, waarin bestuurders, professionals en burgers elkaar kunnen vinden. Daarmee ontstaat een situatie waarin men wanhopig op zoek gaat naar de burger: burger gezocht, goedschiks dan wel kwaadschiks. Nu hoeft het weinig betoog dat De Burger niet bestaat. In dat verband zijn in het afgelopen decennium diverse typologieën burgers voorgesteld. Van den Brink (2002, p. 76-86) onderscheidt de bedrijvige, de berustende en de bedreigde burger, Motivaction c.q. Spangenberg e.a. (2001) de inactieve, de afhankelijke, de pragmatische en de verantwoordelijke burger, Becker en Dekker (2005) de onverschillige, ontevreden, gezagsgetrouwe en geïnvolveerde burger, en Verhoeven (2004) de actieve, afhankelijke, afwachtende en afzijdige burger. Dat zijn dus heel wat soorten waar de overheid naar op zoek moet. Veel soorten volk gezocht dus.

Er is echter niet alleen sprake van een overheidsbehoefte. Naarmate politieke representatie steeds moeilijker is te realiseren, ontstaat ook onder burgers de behoefte aan directe invloed. Fung en Wright (2001) spreken in dat verband van 'empowered deliberative democracy', een onderhandelingsdemocratie met een aantal kenmerken: het gaat om specifieke problemen, die met een praktische oriëntatie van onderop worden aangepakt, waarbij actieve burgers ook formele relaties met professionals en gezagsdragers onderhouden. Bang en Sørenson (1999) noemen dergelijke nieuwe actieve burgers 'everyday makers'. Eventueel kunnen er zelfs nieuwe instituties uit ontstaan. Een Nederlands voorbeeld hiervan lijkt mij de buurtbemiddeling, dat is vrijwillige conflictbeslechting in woonbuurten. Het gaat om een nieuwe organisatie, ontstaan uit initiatief van onderop (Peper, 1998), die relaties onderhoudt met gemeente en politie en praktische oplossingen biedt (beschreven in Fiers & Jansen, 2004).

Tonkens e.a. (2006a) hebben meer van dit soort initiatieven onderzocht, die los van overheid en professionals van de grond komen. De aanleiding is meestal een acuut probleem. Het succes is vaak afhankelijk van de mate van contact, zowel onderling als naar buiten toe. Zij onderscheiden vier categorieën naar de mate van interne en externe contacten. De ontwikkeling van succesvolle initiatieven gaat vaak van 'lichte' projecten (weinig contacten) naar 'federatieve projecten' (veel contacten). In deze projecten verwacht men ook daadwerkelijk serieus genomen te worden en als gesprekspartner van de overheid te worden erkend. En dat is lang niet altijd het geval.

De auteurs wijzen erop dat in deze initiatieven weinig sprake is van 'verbinding' tussen bevolkingsgroepen, tenzij dit expliciet de doelstelling is. Actieve burgers zijn overwegend blank, hoogopgeleid en ouder vanwege de vereiste competenties. Lager opgeleiden zijn wel belangstellend, maar hebben volgens de auteurs vaak niet voldoende zelfvertrouwen (Tonkens e.a., 2006a, p. 59). Burgers worden met andere woorden niet alleen gezocht, ze bieden zich ook aan – zij het op selectieve wijze. Op deze manier ontwikkelt zich 'een markt voor burgerschap'. Toch constateert Verhoeven (2009) in de epiloog van zijn proefschrift over dit onderwerp dat de overheid uiteindelijk weinig openstaat voor tegenspraak en slecht om kan gaan met de daarmee gepaard gaande emoties. Maar soms worden zij gevonden – de bedrijvige, de geïnvolveerde, de verantwoordelijke en de actieve welteverstaan.

Burgers in veiligheid
Gegeven het eerder beschreven veiligheidsoffensief beschouw ik burgerparticipatie op het terrein van veiligheid als een interessante casus voor de betekenis van actief burgerschap. Hier speelt bij uitstek de tweeledige benadering van de burger als probleem en als oplossing. De burger is een probleem als veiligheidsconsument, als verdachte of als gezagsondermijnende hufter (Van Stokkom, 2010). Maar hij wordt als oplossing ook op diverse manieren betrokken bij het beleid of in de uitvoering (zie Terpstra & Kouwenhoven, 2004; Terpstra, 2008; Scholte, 2008; Van Caem, 2008). Daarbij gaat het allang niet meer alleen om het doen van aangifte of het optreden als getuige (de traditionele rollen van de burger voor de politie). En het gaat ook om meer dan het aanbrengen van hang- en sluitwerk aan de eigen woning of ambulante bezittingen (volgens Van Dijk, 2008b, de belangrijkste oorzaak van afnemende criminaliteit).

Op zichzelf leent het veiligheidsprobleem zich buitengewoon goed voor burgerparticipatie door de ervaren urgentie (bijvoorbeeld overlast), maar ook door het gemeenschappelijke referentiekader. De norm wordt over het algemeen gedeeld en het doel is helder. Burgers zijn dan ook behoorlijk actief in de veiligheid. Scholte (2008) maakte op basis van twee jaar krantenberichten een categorisering van verschillende vormen van burgerparticipatie op het terrein van veiligheid.[5] Hij onderscheidt *toezicht*, zowel passief als actief (bijvoorbeeld SMS-Alert), *relationele controle* (bijvoorbeeld buurtvaders) en *conflictbemiddeling* (zoals de eerdergenoemde buurtbemiddeling). Verdergaande vormen van participatie zijn *beleidsvorming*[6] en *beleidsadvisering* (die verschillende vormen aan kan nemen). Ten slotte komt het voor dat bewoners veiligheid in *eigen beheer* organiseren. In winkelcentra is dat al gebruikelijk, maar er zijn ook bewonersinitiatieven in bijvoorbeeld Bilthoven en Wassenaar (Scholte, 2008) of verdergaande 'gated communities'.[7] 'Met name concrete inbraken en vernielingen lijken burgers te mobiliseren', zo constateert Scholte op basis van zijn onderzoek (p. 229). Met Terpstra en Kouwenhoven (2004) constateert hij ook op dit terrein weinig representativiteit. Toch wijst hij ook op initiatieven van en voor minder gerepresenteerde groepen (jongeren en migrantengroepen).

De 'burger in veiligheid' doet dus dienst in vele gedaanten, van 'oog en oor' of 'verlengde arm' van de politie tot adviseur en meedenker over beleid. Van Caem (2008, p. 15) inventariseerde op basis van Scholtes indeling in Amsterdam een totaal aantal van 475 projecten waar naar schatting gemiddeld tien bewoners bij zijn betrokken (totaal dus bijna vijfduizend). De meeste deelnemers hielden zich bezig met zogenoemde buurtschouwen, het groepsgewijze signaleren van probleempunten in de buurt waar wat aan gedaan moet worden. In alle gevallen was sprake van een relatie tussen de bewoners en de politie en/of gemeente. In de samenwerking constateerde Van Caem echter twee problemen: een professionele barrière en een bestuurlijk plafond. Als het erop aankomt, draaien beroepskrachten het probleem hun kant op of stuiten de bewoners op onwil of onbegrip bij het bestuur (c.q. de stadsdelen) (zie ook Van Caem e.a., 2010).

Dit roept de vraag op naar het (veronderstelde) belang van burgerparticipatie. Over het algemeen gaat men ervan uit dat actieve burgers bijdragen aan de sociale kwaliteit van hun omgeving, en daarmee de veiligheidsproblemen beperkt houden. Men spreekt wel van *collective efficacy*, door Terpstra vertaald als collectieve werkzaamheid of kracht (Terpstra, 2008, p. 246). Deze term krijgt een interessante betekenis in het werk van Carr (2005). Deze onderscheidt verschillende vormen van controle: in de private sfeer (gezin en vrienden), in de publieke sfeer (gemeentelijke diensten en politie), maar ook in wat hij noemt de 'parochiale' sfeer (verenigingsleven, vrijwilligersorganisaties, scholen en kerken).

Volgens Carr ontwikkelt zich een nieuwe vorm van 'parochialisme': 'a set of practices that creates solutions at the parochial level but owes its existence and its efficacy to the intervention of institutions and groups from outside the neighbourhood' (geciteerd door Terpstra, 2008, p. 248). Het gaat hier om relaties tussen (overheids)organisaties en burgers, die een nieuw soort collectieve kracht bewerkstelligen. Nederlandse netwerken voldoen hier volgens Terpstra nauwelijks aan: er wordt te veel gedacht vanuit de instantie, en burgers worden vaak als lastig ervaren – we zagen het al eerder. Terpstra spreekt zelfs van 'institutioneel imperialisme' (p. 264): men dwingt burgers in het institutionele keurslijf.

Van Stokkom (2008, 2010) spreekt al even kritisch van 'de retoriek van zelfredzaamheid' in het veiligheidsbeleid. Het gaat volgens hem meer om sociologische hoop dan om realiteit: burgers blijven meestal afzijdig en voelen zich bij echte veiligheidsproblemen onmachtig. Toch wijst hij er ook op dat door burgerparticipatie 'het vertrouwen in de politie, andere professionals en het lokale veiligheidsbeleid toeneemt' (p. 275). Er is een kleine groep die daadwerkelijk wil bijdragen; 'de kunst is deze groep te identificeren' (p. 278). Tussen verantwoordelijk maken en verantwoordelijkheid nemen bestaat een behoorlijke spanning. De relatie tussen een proactieve overheid en participerende burgers is klaarblijkelijk precair. Misschien kloppen de wederzijdse verwachtingen wel niet.

Tegendemocratie
Het ordeningsprogramma actief burgerschap zoekt een gemeenschappelijk verhaal. Het komt met veel vallen en opstaan van de grond. We zien een selectieve interesse onder burgers (qua deelname en qua onderwerpen), een grote kans op mislukking zonder professionele steun, een gelijktijdige weerstand onder professionals en een terughoudende overheid als het erop aankomt. Men schrikt van de emoties en hikt aan tegen incorporatie van tegenspraak (o.a. Verhoeven, 2009). In termen van Van Stokkom is hier eerder sprake van ijdele hoop dan

van een reële ontwikkeling. Ik zou deze bevindingen op twee manieren willen relativeren. In de eerste plaats zijn er wel degelijk resultaten met burgerparticipatie te boeken. Ik noemde het voorbeeld van buurtbemiddeling, maar er zijn veel meer voorbeelden van succesvol vrijwilligerswerk en maatschappelijke inzet (bijvoorbeeld in sport of patiëntenorganisaties: Overbeek e.a., 2008).

Maar er zijn ook theoretische gronden om een negatieve beoordeling van burgerparticipatie te relativeren. Ik zou met Rosanvallon en Goldhammer (2008) willen wijzen op de betekenis van tegendemocratie. De rol van burgers moet niet alleen worden gedacht in termen van participatie, maar ook in de rol van tegenkracht, oftewel van georganiseerd wantrouwen. De auteurs wijzen erop dat er altijd een zekere spanning bestaat tussen de legitimiteit van democratische instituties en de mate van vertrouwen daarin. Populair gezegd: men hoeft ze niet per se te vertrouwen om ze toch te accepteren (en omgekeerd). Een democratie kan de gespannen relatie tussen beide versterken, verdonkeremanen of juist expliciteren.

Historisch gesproken zijn voor het expliciteren drie vormen ontwikkeld: waakzaamheid, burgerlijke ongehoorzaamheid en burgerrecht (Rosanvallon & Goldhammer, 2008). De eerste nam de vorm aan van de publieke opinie, die met name via de media zichtbaar wordt. Deze hebben in de afgelopen tijd een enorme proliferatie te zien gegeven. Burgerlijke ongehoorzaamheid kan allerlei vormen aannemen: van de weigering om belasting te betalen tot krakersrellen en milieuactivisme. De derde vorm betreft vormen van juryrechtspraak, maar kan ook andere vormen aannemen waarin burgers het pleit beslechten. In feite is de parlementaire democratie ook volgens Van Gunsteren (2006) een vorm van georganiseerd wantrouwen. Het huidige tijdperk laat echter vormen zien die genoemde auteurs beschrijven als onpolitieke tegendemocratie.

Tegendemocratie kan de vorm aannemen van positief activisme, maar ook van gedesillusioneerd nihilisme. Deze laatste vorm is sterk in opkomst tegen de achtergrond van de veranderde positie van de overheid. Rosanvallon en Goldhammer beschouwen het huidige populisme als een acute manifestatie van de huidige politieke onoverzichtelijkheid en pleiten voor een 'modern mixed regime' (2008, p. 290 e.v.). In de eerste plaats een politiek van deliberatieve democratie, gericht op maximale deelname van burgers aan besluitvorming. In de tweede plaats een betere organisatie van het tegendemocratisch proces, in de vorm van 'citizen evaluation boards' en 'citizen watch dog groups' (de Amsterdamse buurtschouwen acht ik hiervan een voorbeeld). In de laatste plaats pleiten de auteurs (p. 306) voor 'restoring a vision of a common world'.

Het probleem van de onpolitieke tegendemocratie is immers niet een gebrek aan wil, maar aan betekenis. Deze moet volgens de auteurs zichtbaar worden in de prestaties van de democratie: een overzichtelijke wereld op basis van heldere interpretaties, een symbolisering van collectieve kracht, waar mensen bij willen horen en waarin ze geloven, en vormen om met verschil en conflict om te gaan. Geplaatst in deze grotere context van het belang van tegendemocratie komt burgerparticipatie in een wat ander perspectief te staan. Dan domineert niet het beeld van maximale participatie en integratie van deelnemers. Hier prevaleert het beeld van constructieve tegenkracht, onder erkenning van de strubbelingen en het gedoe waar dat mee gepaard gaat.

Er is een sterke tendens onder politici en beleidsmakers om participatie, sociale netwerken en sociaal kapitaal als een gezamenlijk groot goed te zien: 'an urban policy fix (...) a magic bullit', volgens Blokland en Savage (2008, p. 3). Maar de stad is altijd een plaats geweest van zowel cohesie als protest, van samenhang en van strijd. Deze auteurs verzetten zich tegen het romantische beeld van een vernetwerkte stedelijke omgeving, waarin sociaal kapitaal en creativiteit bloeien, en waarin de bestaande machtsverschillen en ongelijkheid kunnen worden vergeten. Het gaat uiteindelijk ook om middelen en mogelijkheden om sociaal kapitaal te ontwikkelen binnen een web van relaties. En de strijd daarover.

Het ordeningsprogramma dat zich richt op actief burgerschap komt zichzelf tegen in selectieve deelname van burgers en overspannen verwachtingen. Als het erop aankomt, zien we afhoudende professionals en onwelwillende bestuurders. Maar participatie betreft ook de machtsverschillen, tegenstellingen en conflicten tussen burgers en met burgers. Het belang van burgerparticipatie is groot omdat de representatieve democratie aan betekenis heeft ingeboet. Tegelijk komt ze slechts moeizaam van de grond. Het perspectief van een tegendemocratie is dan ook meer van toepassing. Een gemeenschappelijk verhaal kan alleen groeien op basis van wederzijds respect en heldere posities. Wat mogen overheid, instituties en burgers uiteindelijk van elkaar verwachten?

Morele uitdaging

Voor een precisering van het morele appèl op de actieve burger lijkt het zinvol een onderscheid te maken tussen normen die negatief gedrag afwijzen en normen die positief gedrag voorschrijven. In het eerste geval kan men terugvallen op een basale liberale notie, die van het schadebeginsel. Dit beginsel gaat terug tot John Stuart Mill (1859), die het toepaste op de legitimiteit van staatsinterventies. De staat mag ingrijpen indien de ene burger de andere burger schade toebrengt: 'uw vrijheid gaat niet zo ver dat ik daaronder te lijden heb'. In het tweede geval vertrekt men vanuit een positieve opvatting over het goede leven en de samenleving. Het zou betekenen dat de overheid ook mag voorschrijven wat goed is voor de bevolking (zie ook hoofdstuk 3).

We zien dit verschil terug in Berlins beroemde onderscheid tussen negatieve en positieve vrijheid (1969). Negatieve vrijheid verwijst naar het domein waarbinnen iemand ongestoord door anderen kan doen of zijn wat in zijn vermogen ligt. Positieve vrijheid heeft betrekking op de waarde van gemeenschap, culturele identiteit en culturele zelfbeschikking. Staatsopvattingen over het tweede kunnen de eerste vorm van vrijheid ondermijnen. Maar een uitgeklede liberale negatieve vrijheid draagt weinig bij aan de gemeenschappelijkheid. In onze tijd en cultuur is het goede leven bij uitstek een individuele aangelegenheid. Onder liberale condities is er geen legitimering voor een staatsopvatting over het goede leven.

Het schadebeginsel is in de afgelopen decennia steeds meer realiteit geworden. 'Slachtofferschap' groeide uit tot richtinggevende categorie voor de morele praktijk van alledag. Niet alleen de overheid, maar ook de civiele samenleving werd zeer terughoudend met opvattingen over wat goed is. We laten ons vooral leiden door datgene wat we afwijzen; vernedering, wreedheid en discriminatie bepalen de morele keuzes in een tijdperk zonder illusies (Boutellier, 1993). Er zijn naar mijn mening goede gronden erop te wijzen dat deze 'slachtoffermoraal' uiteindelijk tekortschiet voor de onbegrensde wereld van complexiteit zonder richting. Ze is te dun, te smal en te relatief.

Zij is te *dun* in de zin dat ze uiteindelijk onvoldoende in staat is de verhoudingen tussen burgers te reguleren. Het gelijk van Dalrymple (zie hoofdstuk 3) en Field (zie hoofdstuk 4) is dat een zekere 'beschavingsbuffer' nodig is voor een geruststellende voorspelbaarheid van het gedrag van anderen. De toename van criminaliteit, overlast, antisociaal gedrag en onbetamelijk gedrag in de afgelopen decennia, veelal samengevat als hufterigheid (Van Stokkom, 2010), wijst op een tekort aan het empathisch vermogen – bij uitstek de psychologische categorie van een 'gevictimaliseerde moraal' (Boutellier, 1993). Soms lijkt het tarten van deze deugd juist onderdeel van de jeugdcultuur geworden (hoofdstuk 2). Empathie heeft klaarblijkelijk een bredere inbedding nodig wil zij niet voorwerp worden van de provocatie. Empathie behoeft scholing vanuit een grotere gedachte.

Voor geordend samenleven in een onbegrensde wereld is een gevictimaliseerde moraal ook te *smal*. Ze past bij een geïndividualiseerde samenleving, maar heeft te weinig betekenis voor de beleving van gemeenschappelijkheid. Maar het gaat in een onbegrensde wereld om een ander soort gemeenschappelijkheid dan voorheen. Hier geldt geen opgelegde solidariteit, maar een innerlijke bereidheid om zich positief te willen verhouden tot anderen. We kunnen ons als persoon verplaatsen in een ander en we hopen dat deze ander dat doet in ons. Deze wederkerigheid, opgevat als wederzijdse uitwisseling van alles wat maar uitwisselbaar is (informatie, diensten, cadeaus, steun), ligt volgens Komter (2003, Engelse vertaling 2005) ten grondslag aan elke vorm van gemeenschappelijkheid en is onverkort van toepassing op relaties in een onbegrensde wereld. Zij veronderstelt erkenning van de ander en de bereidheid om (terug) te geven (ook op een later moment), en gaat in die zin verder dan een gevictimaliseerde moraal.

Ten slotte dient een derde reden te worden genoemd: een slachtoffermoraal is te relatief. De Nederlandse samenleving met haar dunne en smalle moraal wordt geconfronteerd met nieuwkomers die er minder zuinige normatieve posities op nahouden. Veel moslimgemeenschappen delen een absoluut godsgeloof dat in de naoorlogse geschiedenis in Nederland juist werd afgezworen. De liberale moraal steekt enigszins schraal af tegen de coherente politiek-religieuze levensbeschouwing die de islam voor veel moslims betekent. De islam drukt de Nederlandse samenleving met de neus op het feit dat westerse verworvenheden als non-discriminatie van vrouwen en homo's veel fundamentelere wortels hebben dan de afwijzing van slachtofferschap. Dat argument volstaat binnen een liberale context, maar schiet tekort ten opzichte van absolute geloofsaanspraken. Hier verschijnt ook het belang van wederkerigheid (Komter, 2003).[8]

Het appèl op actief burgerschap schiet tekort als daarin geen opvatting besloten ligt over de vraag waar dit appèl uit zou kunnen bestaan. Ik zou het als volgt willen concretiseren. Empathie veronderstelt verplaatsing in de ander en wederkerigheid vraagt om erkenning van de ander. Maar deze dienen wel te worden geoefend en geschoold, willen zij effectief zijn. Hierin schuilt de legitimiteit van het ordeningsprogramma burgerschap. Maar ik zou nog een stap verder willen gaan. Opvattingen over 'het goede leven' (de klassieke filosofische kwestie) zijn in een liberale context geprivatiseerd. En we bepalen zelf wat we positief vinden. Maar om iets 'te vinden', moeten we ons wel ontwikkelen.

Wat we goed vinden, moeten we leren, niet door idealen opgelegd te krijgen, maar wel door mogelijkheden voorgelegd te krijgen. Idealen veronderstellen uitdaging. Daarin kunnen ook de conservatieve tradities weer relevant zijn. Niet als natuurlijk goed, maar als een interessante opvatting. Het vrijelijk kunnen kiezen van 'een bepaald goed leven' veronderstelt hoe dan ook het kunnen afwegen van mogelijkheden. Een 'slachtoffermoraal' prikkelt niet tot reflectie over het goede. Het goede moet worden uitgedaagd, zonder te worden voorgeschreven. Dat het ontbreekt aan de morele coherentie van weleer, betekent nog niet dat we deze niet zouden willen ervaren.

Samenvattend zijn 'de verloedering' van omgangsvormen, het gemis aan uitdaging voor positieve idealen en de zwakte van het cultureel relativisme de redenen voor een herbezinning op onze morele uitgangspunten. Tegen deze achtergrond zou ik het burgerappèl ook willen herformuleren. Er klinkt de hoop in door het gemeenschappelijke verhaal terug te vinden van burgers en instituties. Het is de hoop op een herinrichting van de morele ruimte, echter niet als gegeven maar als proces. Daarin schuilt het belang van beschaving: de aanspreking tot identiteit stelt de vraag naar de afwegingen rond goed en kwaad, de voorstellingen van een goed leven, de opvattingen over de verhouding tot anderen. Als we constateren dat het beschavingstekort ook bestaat uit het 'niet gehoord worden', betekent dat vooral dat er moet worden teruggepraat. Niet vrijblijvend, maar krachtig en uitdagend. De hoop op de instituties is krachteloos als niet op enigerlei wijze burgers daar mede invulling aan geven. Het is legitiem om burgers daarin uit te dagen. Daarin ontwikkelt zich de sociale continuïteit.

Multi-etnische continuïteit
In actief burgerschap schuilt de hoop op gedeeld burgerschap – volgens Schinkel (2008) overigens meer een eis dan hoop. Een toespitsing van de roep om burgerparticipatie is dan ook te vinden in de integratieproblematiek. Het begrip integratie, door Van Dale omschreven als 'het opnemen in een geheel', is in feite te algemeen om de wederzijdse eisen en verwachtingen tussen dominante cultuur en minderheidsgroepering te kunnen omschrijven. De relaties tussen de 'nieuwe Nederlanders'[9] en de Nederlandse samenleving zijn daarvoor te divers. Chinezen spreken vaak nauwelijks de taal, maar gaan desalniettemin geruisloos op in de anonimiteit van de grote steden. De Marokkaanse raddraaiers spreken vaak perfect Nederlands (met Amsterdams of Rotterdams accent of met een zachte g), maar zijn desalniettemin de samenleving tot grote last. Gewelddadige Antilliaanse jongeren spreken vaak nauwelijks Nederlands, maar hebben wel een Nederlands paspoort. Daarenboven is het in het complexe Nederland zonder richting volstrekt onduidelijk waarin men zou moeten integreren.[10]

Het is dan ook zinvol een onderscheid te maken tussen verschillende vormen van 'invoeging', uitgaande van het belang van sociale continuïteit. Dat jaarlijks circa 50.000 jongeren de school zonder diploma verlaten (WRR, 2009), levert een te calculeren risico op voor de Nederlandse economie. Oproepen tot geweld of haat tegen vrouwen, homo's of 'het decadente Westen' staan haaks op de verworvenheden van de pluriforme westerse cultuur. Stelselmatige intimidatie van buurtbewoners door hangjongeren vormt een ontoelaatbare inbreuk op het publieke karakter van de openbare ruimte. Het zijn verschijnselen die de continuïteit direct bedreigen. Om die reden acht ik assi-

milatie, participatie en behoud van identiteit alle drie legitieme uitgangspunten voor de invoeging van minderheidsgroepen, *afhankelijk van het onderwerp waarover we spreken.*
Assimilatie kan worden verwacht ten aanzien van het rechtssysteem en de liberale pluriformiteit die daardoor wordt beschermd. Het pluriforme karakter van de Nederlandse samenleving impliceert erkenning van het recht op eigen identiteitsontwikkeling onder de conditie dat deze die van anderen niet schaadt. In culturele zin betekent dit vrijheid van meningsuiting, de bereidheid tot zelfreflectie en invoelingsvermogen (empathie) ten opzichte van anderen. Inwoners van dit land onderschrijven deze uitgangspunten, in elk geval in gedrag, en houden zich aan de uitgangspunten van de rechtsorde. Rechtsstaat en rechtsorde zijn *vrijwel* ononderhandelbare uitgangspunten van de samenleving.[11] Vrijwel, omdat we ons realiseren dat ook deze resultaat en geen begin van geschiedenis zijn – verandering is uiteindelijk altijd mogelijk.

Participatie kan worden verwacht op het terrein van onderwijs, werk en inkomen. De Nederlandse samenleving heeft belang bij een zo groot mogelijke participatie van de beroepsbevolking. Indien een te groot deel van de bevolking niet in staat is op een constructieve wijze in het eigen levensonderhoud te voorzien, levert dat een bedreiging op voor het welvaartsniveau van de samenleving. In culturele zin betekent dit dat men de Nederlandse taal spreekt en zich niet buiten de gangbare communicatie plaatst (bijvoorbeeld door het dragen van gezichtssluiers). Dit uitgangspunt heeft een tweeledig karakter. 'Het land van aankomst' (Scheffer, 2007) verplicht zich tot het scheppen van de condities tot participatie en de migranten tonen de bereidheid daartoe.

Ten slotte is er het recht op cultuur en *identiteit*. In het huidige culturele klimaat wordt te gemakkelijk voorbijgegaan aan het psychologische belang van 'het eigen'. Walzer (2004) heeft laten zien dat we ten onrechte ervan uitgaan dat relaties in een moderne samenleving 'vrijwillig' zijn, en dat we er zomaar afscheid van kunnen nemen. We hebben te maken met 'gepassioneerde identiteiten', die ook een rol spelen in de politieke en maatschappelijke arena's. Het is van belang deze te onderkennen, zonder de gevaarlijke vormen ervan te hoeven tolereren. Een pluriforme samenleving heeft ook oog voor eigen tradities, gebruiken en omgangsvormen. Deze zijn te respecteren indien zij niet strijdig zijn met de eisen van rechtsstatelijke assimilatie en sociaaleconomische participatie. De identiteit is principieel vrij.

Met deze enigszins normatieve afsluiting van dit deel heb ik een poging gedaan het burgerperspectief zo te formuleren dat het als uitgangspunt kan dienen voor het derde deel. In een globaliserende netwerksamenleving is de democratische gezindheid niet een vanzelfsprekend product van de samenleving. Het leidt tot een appèl tot actief, participerend burgerschap. Maar dat appèl is niet onproblematisch; er ontwikkelt zich een praktijk van vallen en opstaan, tegen een achtergrond van te hoge verwachtingen. Het begrip tegendemocratie geeft een reëler beeld van het belang en de mogelijkheden van burgerparticipatie. Het dwingt de overheid tot een explicietere stellingname.

In normatieve zin hebben overheid en samenleving zich gevonden in een negatieve consensus. Slachtofferschap – afwijzing van wreedheid, vernedering en discriminatie – is in een ontideologiseerde wereld het doorslaggevende morele argument. Maar deze 'slachtoffermoraal' is te dun, te smal en te relatief om de continuïteit van de samenleving van een onbegrensde wereld te garanderen. Dat leidt tot een staatsrechtelijk dilemma. In de sociale continuïteit van de samenleving schuilt het argument voor een ordenende rol van de staat. Toch kan deze zich geen expliciete morele positie permitteren, wil hij niet in conflict komen met zijn eigen rechtsstatelijke principes. Hij kan echter wel eisen stellen op het vlak van de rechtsstaat en de rechtsorde (vandaar het veiligheidsoffensief), en de sociaaleconomische participatie (in dit boek niet behandeld). Maar de identiteit is principieel vrij.

Tegen die achtergrond pleit ik voor een normatieve politiek, binnen de instituties, van empathie, wederkerigheid en uitdaging. In de empathie schuilt de basale vaardigheid zich te verhouden tot de directe omgeving. De wederkerigheid impliceert de erkenning van de ander en de bereidheid om (terug) te geven. En met uitdaging doel ik op 'het ideaal om idealen te prikkelen'. De netwerkmaatschappij kent geen geloofwaardige grote verhalen die sociale ordening kunnen realiseren. En van het opleggen daarvan kan al helemaal geen sprake zijn.

Maar we kunnen elkaar wel oproepen tot opvattingen over het goede leven. Hier schemert een publieke moraal van uitdaging en confrontatie zonder het laatste woord te hoeven hebben.

DEEL III DE ORDE DER IMPROVISATIE

De ordeningsprogramma's van het afgelopen decennium leren ons veel over het verlangen, de motieven en de pogingen om tot organisatie van een onbegrensde wereld te komen. Wat zich aandient als complexiteit zonder richting wordt bedwongen met pogingen tot beschaving, veiligheid en burgerschap. Deze programma's wijzen op het belang van morele richting in menselijke complexiteit. In het derde deel ontwikkel ik een nieuw perspectief op de centrale vraag van het boek naar de inrichting van de morele ruimte, naar organisatie, inhoud en proces.

De wereld is door al haar verbindingen – fysiek en digitaal – kleiner geworden, uithoeken zijn dichterbij gekomen. Daarmee heeft de leefomgeving van mensen zich tegelijkertijd onbegrensd vergroot. De historisch onvergelijkbare toegankelijkheid van de wereld maakt haar ook chaotischer – al is het maar in de beleving. Ik probeer achter de spanning tussen complexiteit (zonder richting) en de ordeningsprogramma's de principes van sociale ordening te vinden. Welke mechanismen spelen een rol en hoe kunnen de instituties daar vorm aan geven?

Om te beginnen ga ik in op de condities van het 'nodale universum'. We hebben volgens de socioloog Manuel Castells te maken met een nieuwe sociale vormenleer die is gebaseerd op het netwerkkarakter van het huidige informatietijdperk. Om deze vormenleer te leren kennen neem ik in het tweede deel van hoofdstuk 6 een duik in de natuurwetenschappelijke wereld van de complexiteitstheorieën. De daaropvolgende hoofdstukken 7 en 8 gaan over maatschappelijke complexiteit. Daarbij besteed ik veel aandacht aan de functie van gezag, die onontbeerlijk is voor normatieve richting. Het gaat dan om het recht, (informele) regulering en het domein van de vanzelfsprekendheid.

Het beslissende mechanisme in menselijke netwerken is uiteindelijk afstemming. In de afstemming van de ene identiteit op de andere (en omgekeerd) realiseert zich sociale orde. Om die reden spreek ik van de improvisatiemaatschappij – het geheel van processen van afstemming op de omgeving. Daartoe herneem ik in het laatste hoofdstuk de behandeling van de complexiteitstheorieën. De afstemming krijgt vorm vanuit incidenten, initiatieven en zwaartepunten. In dat laatste schuilt de kracht van de instituties die vanuit hun kernfunctie het veld kunnen definiëren. De improvisatiemaatschappij houdt het midden tussen hopeloos geklungel en schitterend samenspel.

HOOFDSTUK 6

HET NODALE UNIVERSUM

In de eerste vijf hoofdstukken heb ik me toegelegd op beschrijving en analyse van de verschijningsvormen van wat ik de onbegrensde wereld heb genoemd. Het ging over de ambivalenties, het onbehagen en de woede en over de pogingen om daar richting in te krijgen. Dit hoofdstuk gaat vooral over de complexiteit. Daartoe wil ik de formele condities van de huidige samenleving onderzoeken. Het levert de inzichten op grond waarvan ik van de improvisatiemaatschappij kan gaan spreken. De vraag naar ordening doet zich immers voor binnen een totaal nieuwe 'sociale morfologie' (vormenleer, naar Castells, 2000a, p. 500). Er zijn nieuwe globale verhoudingen, nieuwe vormen van productie en consumptie en nieuwe maatschappelijke condities, op basis van een nieuwe grondstof: informatie.

Sociologisch komen al deze vernieuwingen samen in het begrip netwerkmaatschappij. *Nodes and links*, knooppunten en de relaties daartussen, vormen de ogenschijnlijk ongrijpbare ingrediënten van de huidige samenleving. De constatering dat we leven in een *network society*, is niet bepaald nieuw, of eigenlijk zelfs alweer wat ouderwets.[1] Het woord netwerken is uitgegroeid tot een standaardbegrip in de natuurwetenschappen, de sociale wetenschappen, de economie en de politiek. Het speelt bovendien een steeds grotere rol in de alledaagse ervaring. Netwerken – als werkwoord – is uitgegroeid tot een competentie.

Hoewel het begrip modieuze trekken heeft, verwijst het naar een sociale realiteit die veel verder strekt dan recepties of golfbanen. Iedere internetgebruiker begrijpt intuïtief de betekenis ervan. Ook sociale organisaties realiseren zich steeds meer dat zij zich dienen te verhouden tot andere knooppunten. Sociale ordening – de inrichting van de morele ruimte naar organisatie, inhoud en proces – realiseert zich in dit tijdperk binnen een nodaal universum.[2] Dit hoofdstuk heeft een wat abstract karakter; het wijkt af van de rest van het boek, omdat het op zoek gaat naar de vormenleer van complexiteit.

In complexiteit schuilt namelijk meer orde dan we geneigd zijn te denken, maar deze dient op een andere wijze te worden gethematiseerd. Daartoe zal ik een beroep doen op de netwerkwetenschap en de chaostheorie, tezamen de complexiteitswetenschappen. Dat is enigszins precair omdat deze woorden staan voor een aparte bibliotheek, die voor het grootste deel natuurwetenschappelijk is. Ik heb me er naar eer en geweten een weg doorheen gekapt met het doel om de relatie tussen complexiteit en sociale orde te kunnen verwoorden. Eerst ga ik in op het informatietijdperk en het daarmee verbonden netwerkdenken; vervolgens behandel ik drie leerstukken uit de complexiteitswetenschappen.

Het informatietijdperk
Voor een verklarende beschrijving van 'de onbegrensde wereld' kies ik mijn vertrekpunt in het werk van de Catalaanse socioloog Manuel Castells. Deze schreef in de jaren negentig drie dikke delen over *The information age* (herziene versies respectievelijk 2000a, 2004, 2000b), die als een mijlpaal in de sociologie mogen worden aangemerkt. Hij analyseert daarin de veranderingen in de economie, de politiek, de cultuur en de relaties tussen staten, organisaties en burgers. En hij brengt ze op overtuigende wijze in verband met het zogenoemde informatietechnologieparadigma (ITP). Castells heeft als eerste de alomvattende betekenis van 'the information age' grondig geanalyseerd. Ik acht deze analyse nog steeds zo relevant dat ik zijn redenering hierna kort zal weergeven.

Een andere ruimte
De informatietechnologie faciliteert een proces van toenemende globalisering en individualisering, waarvan de betekenis nauwelijks overschat kan worden.[3] Het informatietijdperk opent een nieuwe ruimte, die Castells beschrijft als de *space of flows*. Deze ruimte van stromen ontstaat tussen de knooppunten die met elkaar in verbinding staan. Dit 'stromenland'[4] staat naast de *space of places*, de ruimte die is opgebouwd en wordt beleefd als een geheel van plekken. Samenlevingen organiseren zich steeds meer in stromen tussen knooppunten. Stromen van kapitaal, van informatie, van technologie, van interactie

tussen organisaties, van beelden, geluiden en symbolen en van mensen (Castells, 2000a, p. 442).

De nieuwe zijnswijzen die daar het gevolg van zijn, hebben grote gevolgen voor sociale verbanden. In feite vormen zij een bedreiging voor gemeenschappen, culturen, wijken en gezinnen,[5] de *space of places* die mensen rust, veiligheid en geborgenheid biedt. De materiële instituties zijn niet weg, maar ze zijn onderdeel geworden van een nieuwe wereld van media- en internetgebruik, mobiliteit en flexibiliteit.[6] Identiteitsvorming op basis van functies en gemeenschap is vervangen door meer fluïde vormen van identiteitsproductie. Netwerken organiseren zich rond het individuele lichaam. Denk hierbij aan de cultuur van het maakbare lichaam (zie Koops e.a., 2009) en het dominante belang van sport, of aan het absolute tegendeel ervan, de lichaamsbedekkende boerka of nikab.

De onttakeling van de oude sociale structuren gaat niet zonder slag of stoot: de netwerksamenleving creëert onbehagen en verzet. Onder de titel *The power of identity* beschrijft Castells (2004) de tegenbewegingen die de netwerksamenleving oproept. Velen organiseren zich rond 'primaire identiteiten', zoals religie, etniciteit en nationaliteit. Dat verklaart het fundamentalisme onder christenen in de Verenigde Staten en onder moslims in het Westen en de Arabische landen. Er ontstaan ook nieuwe collectieve identiteiten, zoals de milieubeweging.[7] 'Our societies are constituted by the interaction between the "net" and "the self", between the network society and the power of identity' (Castells, 2000b, p. 383).

De meest dramatische ontwikkeling doet zich volgens Castells voor rond de staat (2004, p. 133 e.v.). Netwerken creëren machtsvormen buiten de staat om: internationale netwerken van kapitaal, productie, communicatie, georganiseerde misdaad, internationale instituties, supranationale militaire machten, non-gouvernementele organisaties, transnationale religies, internationale meningsvorming, terrorisme en andere sociale bewegingen. Onder het niveau van de nationale staat zien we een vergelijkbare verschuiving naar lokale krachten, in zichzelf gekeerde gemeenschappen, nieuwe stamverbanden, *cults* en *gangs*. De staat is 'too small to handle global forces, yet too big to manage people's lives' (Castells, 2004, p. 337).[8]

De moderne staat dient zich op een of andere wijze te verhouden tot de complexiteit van de globale en lokale netwerken. Er ontwikkelt zich een netwerkstaat, die alleen kan overleven in verbinding met andere knooppunten (Castells, 2004, p. 130). De legitimatie voor zijn interventies komt daarmee in een ander teken te staan. In plaats van de representatie van de wil van het volk wordt hij aangesproken op zijn capaciteit om ordening van complexiteit te realiseren – ik heb in het vorige deel drie programma's beschreven. Maar hij slaagt daar maar zeer ten dele in. Dat ondermijnt de geloofwaardigheid van de politiek – we zijn er via de media dag in, dag uit getuige van. Het electoraat wordt onvoorspelbaarder, er ontstaat ruimte voor *single issue*-partijen en er ligt een steeds grotere druk op de onkreukbaarheid van politici.[9]

Dat betekent echter niet dat de overheid irrelevant wordt, misschien is eerder het tegendeel het geval. De staat is wellicht zijn centrale positie kwijt, maar is tegelijkertijd nog wel een van de laatste bakens in de globaliseringsstorm. Deze fundamentele contradictie bepaalt de huidige politiek: zij dient zich te bewegen tussen onmacht en handhaving, tussen ruimte geven en orde scheppen. De globaliseringsauteur Saskia Sassen[10] beschouwt de staat dan ook niet als slachtoffer van, maar als een voorwaarde voor globalisering. Territorium, wetgeving, economie, veiligheid, autoriteit en lidmaatschap zijn evenzovele nationale constructies op grond waarvan het globaliseringsproces zich kon voltrekken.

Castells ziet dat in zijn macroperspectief volgens Sassen (2006, p. 343) over het hoofd. Globalisering is in feite een vorm van denationalisering. Deze kan heel selectief zijn, bijvoorbeeld alleen voor de financieel-economische sector, terwijl sprake is van een renationalisering van de migratiepolitiek. Het nationale niveau is niet geëlimineerd, het heeft een andere betekenis gekregen. Op basis van nauwkeurige analyses laat Sassen (p. 379 e.v.) zien dat het digitale tijdperk de mogelijkheid creëert zowel globaal als lokaal te acteren. De natiestaat blijft een sleutelrol vervullen, maar is tegelijk diepgaand aan het veranderen.

Ook andere auteurs benadrukken het blijvende belang van de staat. Hij vertegenwoordigt symbolische macht en culturele autoriteit – neem de Nederlandse discussie over de historische canon. De staat heeft het recht als bron van legitimiteit; de overheid kan coördineren en informeren. En de staat beschikt als het erop aankomt over de zwaardmacht – het geweldsmonopolie van politie, justitie en het leger (argumentatie van Crawford, 2006; Loader & Walker, 2006). Castells moet niet overdrijven, zouden we met Sassen en anderen kunnen zeggen. Ontwikkelingen gaan van wijk tot wereld en weer terug. In dat verband valt ook wel het lelijke woord 'glocalisering' (Robertson, 1992), waarin de natiestaten onverkort een bemiddelende rol blijven spelen.

Samenleven in netwerken
Castells schetst in zijn driedelige werk niet alleen een wereld van radicale verandering, maar vooral ook een van lokale verslechtering. Hij schetst het beeld van machteloze staten en ontheemde burgers. Het informatietijdperk verscheurt, de netwerksamenleving is ongeordend en de reacties daarop zijn fundamentalistisch. De geglobaliseerde individualisering leidt uiteindelijk tot wanorde, hetgeen alleen hele vrolijke intellectuelen als wenkend perspectief zien. Het is echter de vraag of de onbegrensde wereld alleen in deze negatieve termen moet worden begrepen.

Een verscheurde samenleving is niet een noodzakelijke uitkomst van de ontwikkelingen. Informatietechnologie, globalisering en individualisering creëren een andere wereld, maar niet per se een wanordelijke samenleving. Het komt erop aan de nieuwe ordening te leren zien en begrijpen. Sassen wijst erop dat de natiestaten niet worden overweldigd, maar zelf deel zijn van de globalisering. Iets dergelijks geldt naar mijn mening voor de cultuur van de netwerksamenleving. Ik vervolg met een nadere analyse daarvan en beroep me op de Nederlandse communicatiewetenschapper Jan van Dijk.

Van Dijk publiceerde in 1991[11] als eerste een boek met de titel *De netwerkmaatschappij*.[12] Ook hij (1999) bekritiseert het 'eendimensionale' karakter van Castells' analyses. Deze suggereert volgens Van Dijk te veel dat de dragers van de netwerken – individuen, groep, organisaties – er minder toe gaan doen, alsof ze ophouden te bestaan. Maar een alles verzwelgende *space of flows* is naar zijn mening geen reële voorstelling van zaken. Netwerken zijn verzamelingen van verbindingen tussen elementen van een bepaalde soort. Deze doen zich in allerlei vormen voor – in materie, technologie en sociale verhoudingen. Maar ze zijn ondenkbaar zonder de elementen zelf.

De essentie van een netwerk is verbinding, maar meer in het bijzonder het feit dat 'verbinden' doet openen. Van Dijk beschouwt dat als 'the secret of networking as an organizing principle' (2006, p. 30). 'Opening' biedt enorme organisatiemogelijkheden van opzichzelfstaande eenheden. Het creëert mogelijkheden tot aanpassing van eenheden aan hun omgeving en – wat voor dit boek van belang is – tot de productie van orde. Van Dijk kiest nadrukkelijk voor een benadering vanuit de eenheden (individuen, huishoudens, organisaties), die vervolgens worden verbonden. De netwerkmaatschappij definieert hij als 'a social formation with an infrastructure of social and media networks enabling its prime mode of organization at all levels' (2006, p. 20).

In de huidige cultuur vormen de netwerken van individuen de basis van de organisatie van de samenleving, in tegenstelling tot 'mass societies', waarin het collectief het individu organiseerde. Hoewel de historische uniciteit van deze organisatievorm kan worden betwist – er waren altijd al netwerken – zijn met name de schaal en de mate van coöperatie gegroeid (2006, p. 21-23). De massamaatschappij kenmerkte zich door een grote interne verbondenheid en een beperkte mate van openheid naar de buitenwereld. De Nederlandse zuilenmaatschappij is daarvan een goed voorbeeld. De structuur van de netwerkmaatschappij kent minder intensieve collectieven, is polycentrisch en minder inclusief.

Van Dijk verzet zich tegen radicale opvattingen over de netwerkmaatschappij. Zij is geen ideale democratische samenleving, maar ook geen wereld zonder sociale cohesie. Hij vat zijn beeld van de netwerkmaatschappij in tien punten samen (2006, p. 37 e.v.), die ik hier aaneengesmeed weergeef. In de netwerkmaatschappij zijn de relaties tussen eenheden steeds belangrijker, maar deze blijven daar wel aan gebonden, zoals deze eenheden op hun beurt gebonden blijven aan hun fysieke omgeving. Het aantal directe relaties neemt toe via zowel sociale als medianetwerken. Dat creëert een nieuwe sociale infrastructuur, waarin de media, inclusief internet, ook een partij op zichzelf gaan worden.

De interacties in de netwerkmaatschappij zijn multilateraal en zeer intensief (vergelijk web 2.0), met nieuwe organisatievormen, die variëren op dimensies als centraal en decentraal, open en gesloten, schaalvergroting en schaalverkleining. Deze organisatievormen kunnen niet meer bureaucratisch worden geleid, maar zijn veeleer 'infocratisch' (de typering is van Zuurmond, 1994). Ter reductie van complexiteit zullen netwerken steeds meer moeten worden gecontroleerd en gecodeerd – het tegendeel dus van de door velen verhoopte informele besluitvorming. Dit leidt tot toenemende selectie en uitsluiting van eenheden in relatie tot de toegang tot netwerken. De relaties in een netwerkmaatschappij zijn ten slotte relatief onzeker, met een grote kans op *hypes*, politieke aardverschuivingen en sociale erupties.

De netwerkmaatschappij is een realiteit, maar zoals Sassen benadrukt dat de natiestaat een belangrijke (andere) rol blijft spelen, vraagt Van Dijk aandacht voor de blijvende relevantie voor de materiële knooppunten, of dit nu individuen, huishoudens of organisaties zijn. Ik zou daar het overstijgende niveau van de instituties – het recht, het onderwijs, de gezondheidszorg, het bedrijfsleven – aan willen toevoegen. De sociale orde in een onbegrensde wereld blijft gebaseerd op de instituties, hoewel deze in een volledig nieuwe context moeten opereren. Van Dijk relativeert overspannen verwachtingen van de netwerkmaatschappij, maar gaat ook niet mee in het beeld van een alles verscheurende globalisering.

Maatschappelijke consequenties
We moeten de onbegrensde wereld niet nieuwer doen lijken dan zij is. Toch zijn de maatschappelijke consequenties van de technologisch gedreven ontwikkeling van de netwerkmaatschappij enorm. Ik zet er met behulp van Van Dijk een aantal op een rij. Om te beginnen is sprake van een toenemende *integratie van technieken* tot een soort supertechnologie: 'a fully integrated and all-embracing infrastructure of the network society' (2006, p. 43). Daarbij gaat het om informatietechnologie, communicatietechnologie, biotechnologie en nanotechnologie. Deze supertechnologie heeft voordelen, maar draagt ook bij aan een groeiende 'surveillance society' (Lyon, 2001). De *overkill* aan data kan echter dusdanig groot zijn dat daarmee het privacyprobleem wellicht oplost in een betekenisprobleem.[13] Het gaat te ver om hier tot een serieuze afweging te komen (zie voor een genuanceerde beoordeling: Van 't Hof e.a., 2010).

In de *economie* is sprake van een nieuwe dimensie: sneller en onafhankelijk van tijd en plaats. Ook de nieuwe economie rond de grondstof informatie heeft een enorme vlucht genomen. Over de schaduwzijden ervan hoef ik niet uit te wijden. Maar ook de sociale kant is relevant. De klassieke sturingsmechanismen (bureaucratie, fysieke infrastructuur en massacommunicatie) zijn steeds minder van toepassing. Kantoorwerk was gedurende lange tijd langzamer en duurder dan productiearbeid, maar het tijdperk van het taylorisme ligt ver achter ons.[14] Het kantoor is een informatiesysteem geworden, 'generating, producing, collecting, processing, multiplying, distributing, storing, retrieving and interpreting data' (Van Dijk, 2006, p. 69).

Ook *politiek en overheid* hervormen zich steeds meer volgens de netwerklogica. Van Dijk brengt een voor mijn doel belangrijk punt naar voren als hij stelt dat de netwerkmaatschappij niet alleen horizontale, maar ook verticale relaties tussen knooppunten kent. De staat behoort tot de sterkste (combinatie van) actoren (2006, p. 101). Toch is de organisatie van de staat sterk veranderd. De centrale eigenschappen van de bureaucratie, zoals hiërarchie en centrale organisatie, staan onder druk. In principe kan het met de positie van de staat volgens Van Dijk (p. 125) twee kanten op: naar een sterke staat in het teken van veiligheid en effectiviteit of naar een zwakke staat met veel ruimte voor de markt en de civiele samenleving.

Aparte aandacht verdient *de relatie van de overheid met de individuele burger*. Deze is onder andere geregeld onder de noemer privacy, een begrip dat op vele wijzen valt te definiëren. Aan de ene kant is er de vrijheid van bemoeienis door de staat, aan de andere kant het recht op intimiteit (ook ten opzichte van medeburgers). De essentie van een netwerk is openheid. Er ontstaan steeds meer mogelijkheden om daar gebruik c.q. misbruik van te maken: *tracking technology, data mining, profiling* en dergelijke. Zo bezien zou privacy een van de grote leerstukken van de netwerkmaatschappij moeten zijn – het tegendeel is het geval.

Ten aanzien van *de sociale infrastructuur* is het van belang erop te wijzen dat de informatietechnologie niet alleen leidt tot vergroting van de wereld (of zoals Giddens, 1991, dat heeft genoemd: *time-space distantiation*). Er is ook sprake van contractie: verkleining van tijdruimtedimensies. Deze tweeledigheid is ook zichtbaar in de relatie tussen publieke ruimte en privaat domein. Er is tegelijkertijd sprake van 'privatisering' van publieke ruimtes én van 'kolonisering'[15] van individuele levens (Van Dijk, 2006, p. 161).[16] Intimiderend gedrag van jongeren op straat raakt bijvoorbeeld gekoppeld aan professionele zorgteams die achter de voordeur komen kijken.[17] Met de mobiele telefoon bezet het individu de publieke ruimte, maar met internet dringt deze door tot in de slaapkamer.

Hoewel er dus sprake is van 'blurring spheres of living' gaat het Van Dijk te ver om te spreken van het verdwijnen van de gemeenschap. Er moet eerder worden gedacht aan een nieuwe vorm van gemeenschapsleven, enigszins diffuus, virtueel en kleinschalig. In die zin vormen sociale netwerken het tegendeel van de individualisering, ze verbinden de kleinste eenheden met elkaar: 'being online may be fully social' (2006, p. 168).[18] Dit nieuwe sociaal kapitaal[19] blijkt overigens net zo opleidingsgevoelig als allerlei andere vormen daarvan: 'more active offline (...) more active online – and vice versa' (Quan-Haase, geciteerd door Van Dijk, 2006, p. 169). Er lijkt in dat verband eerder sprake te zijn van een driedeling dan van een tweedeling: een informatie-elite, de participerende meerderheid en de buitengeslotenen (p. 185).[20]

In de netwerkmaatschappij liggen resumerend tal van ambivalenties besloten: sociale uitbreiding (*world wide web*) versus inkrimping (de *peer group*), kolonisatie van het privéleven versus privatisering van de publieke ruimte, insluiting versus uitsluiting, homogeniteit van het eigen netwerk versus heterogeniteit tussen de clusters, integratie versus differentiatie, eenheid versus fragmentering. Het is van belang deze dualiteit van de netwerkmaatschappij onder ogen te zien, om overdreven nieuwe verwachtingen te temperen, maar ook om cultuurpessimisme te voorkomen. Meer informatie en meer communicatie leiden niet tot een betere of slechtere wereld. Maar wel tot een andere wereld, met een eigen sociale morfologie.[21]

De logica van netwerken
Teneinde deze andere wereld verder te exploreren, maak ik een uitstap naar de wereld van de complexiteitswetenschappen. Over de legitimiteit van een dergelijke exercitie wordt verschillend gedacht (Stewart, 2001).[22] Toch zijn er goede redenen om in de overdracht van inzichten tussen de natuurwetenschappen naar de sociale wetenschappen niet

te terughoudend te zijn (Urry, 2003, p. 16 e.v.). Om te beginnen gelden de complexiteitswetenschappen – volgens grondlegger en Nobelprijswinnaar Prirogine – voor alle populaties die statische waarschijnlijkheden laten zien, dus ook voor mensen. Vervolgens zijn er veel hybride verschijnselen waarbij een onderscheid tussen natuur en cultuur achterhaald is, zoals gezondheid, milieu, internet, verkeer en veiligheid. De complexiteitswetenschappen bieden mogelijkheden om *meer grip te krijgen op de nodale werkelijkheid*.[23]

Pieters (2010) ondernam in dit verband een indrukwekkende poging om een *lingua democratica* te ontwikkelen, dat wil zeggen een taal die interactie tussen de vocabulaires van de afzonderlijke disciplines mogelijk maakt. 'It would seem that complexity itself is becoming the banner that is uniting many islands of science' (Pieters, 2010). Hij ontwikkelt een zogenoemde *pattern-oriented approach to complexity*, waarin patronen (thema's van terugkerende gebeurtenissen of objecten), *feedback* (als het kernconcept van complexiteit) en onzekerheid (als alternatief voor chaos) centraal staan. Deze benadering sluit nauw aan bij mijn eigen verwerking van de theorie, maar is sterk wetenschapstheoretisch uitgewerkt.[24] Ik maak – in alle bescheidenheid – een eigen selectie van onderwerpen en behandel achtereenvolgens structuur, synchroniciteit en stabiliteit van netwerken.

Structuren
We zien een groeiende interesse voor de logica van netwerken in de biologie, de wis- en natuurkunde, de economie, de sociologie en de organisatie- en bestuurswetenschappen.[25] Om een voorbeeld uit de gentechnologie te geven: de C. elegans (een draadwormpje van nog geen millimeter lengte) heeft 20.000 genen, de mens 30.000. Dat scheelt niet zoveel, behalve als we ons realiseren dat het verschil niet zit in het aantal genen, maar in de mogelijke relaties daartussen. Dan blijken mensen 10 tot de macht 3000 maal complexer in elkaar te zitten dan het minuscule wormpje (Barabási, 2002, p. 197). Deze complexiteit is geen willekeurig gegeven. De relaties binnen een netwerk zijn niet *ad random* verdeeld; er is sprake van een netwerkstructuur die beslissend is. De razendsnelle verspreiding van computervirussen is bijvoorbeeld alleen te begrijpen omdat netwerken op een bepaalde manier geordend zijn.

Sommige knooppunten zijn belangrijker dan andere, eenvoudigweg omdat ze meer relaties hebben met andere knooppunten. Men spreekt dan van *hubs*, centrale knooppunten. En sommige *hubs* zijn verbonden met andere *hubs*. Men spreekt dan van *connectors*; zij verbinden het ene cluster knooppunten met het andere. De snelle verspreiding van computervirussen verloopt via *hubs* en *connectors*. Deze netwerkbouw is bijvoorbeeld ook verantwoordelijk geweest voor de snelle verspreiding van het hiv-virus onder homoseksuelen (door enkele 'hubs' met honderden seksuele contacten). En die maakt ook begrijpelijk waarom we via zes handdrukken verbonden zijn met willekeurig welke andere wereldburger – de zogenoemde *six degrees of separation*.[26]

In netwerken gaat een logica schuil die voldoet aan logarithmische wetmatigheden. Er is sprake van zogenoemde schaalvrije netwerken, dat wil zeggen er ligt geen schaalverdeling aan ten grondslag. Deze konden pas met de komst van internet goed worden bestudeerd.[27] Barabási zegt het zo: 'complexity has a strict architecture (...) networks' (2002, p. 7). Daarbij is de 'truly central position in networks reserved for those nodes that are simultaneously part of many large clusters'. En deze vinden we in allerlei systemen, variërend van de economie tot de lichaamscel (p. 55 e.v.). Op deze wijze heeft elk netwerk zijn eigen structuur.

Het ontstaan van *hubs* is alleen te begrijpen door het verschijnsel van 'preferential attachments': elk knooppunt krijgt nieuwe *links* naar rato van zijn bestaande *links*. Dus hoe meer relaties er zijn, hoe meer erbij komen. Deze logarithmische wetmatigheid verklaart hoe groeiende netwerken structuur krijgen. Daarbij zijn nog andere factoren van belang, zoals de fitheid van een knooppunt, dat wil zegen 'its ability to compete for links'. In een netwerk ontstaat concurrentie om *links*, omdat meer relaties een grotere kans op overleving geven. Dit is bijvoorbeeld een geaccepteerd uitgangspunt in het bedrijfsleven: het belang van externe relaties en zorgvuldig reputatiemanagement.

De verbindingen tussen knooppunten kunnen twee richtingen uit gaan. Maar vaak gaan ze maar één kant op: naar binnen of naar buiten. Op basis van dit eenvoudige principe ontstaan gerichte netwerken (*directed networks*) en ontwikkelen zich uiteindelijk clusters, *communities* of continenten. In de netwerkwetenschap ontwikkelt zich een toenemend begrip van netwerken als gestructureerde systemen. Er wordt gesproken over de stabiliteit als de combinatie van dynamisch gedrag en robuustheid van een netwerk, de tolerantie voor fouten in het netwerk en de effectiviteit van aanvallen erop. De robuustheid van een netwerk is gebaseerd op *hubs* en *connectors*. Maar de mogelijkheid van gerichte uitschakeling van *hubs* maakt een netwerk ook zeer kwetsbaar. Een aanval op een terreurnetwerk dient bijvoorbeeld de *hubs* te treffen totdat een kritisch punt in overleving is bereikt. Een andere manier is het doen opdrogen van de hulpbronnen, zodat een dominosteeneffect kan ontstaan als de eerste fouten optreden ('a cascade of failures'; Barabási, 2002, p. 119). Maar er is altijd weer de kans op het ontstaan van nieuwe netwerken. Het meest effectief is het bieden van concurrerende verbindingen die aantrekkelijker en constructiever zijn (p. 224). Netwerken kennen met andere woorden een immanente structuur die een nieuwe manier van ordening laat denken.

Synchroniciteit

De besproken structuren die de relatief jonge netwerkwetenschap ontdekt, bouwen voort op wat in de zogenoemde chaostheorie aan inzichten is ontwikkeld.[28] De meteoroloog Ed. Lorenz ontdekte dat voor weersvoorspellingen lineaire causale verbanden tekortschieten. Hij realiseerde zich dat toen hij op de computer (in 1961!) twee nagenoeg gelijke condities invoerde. Tot zijn verbazing kreeg hij volstrekt andere resultaten. Het leidde tot talloze publicaties en uiteindelijk tot zijn beroemde voordracht 'Predictability' over de vlinderslag in Brazilië die tot een tornado leidt in Texas (Lorenz, 1979).[29] Via veel kleine effecten van voorafgaande gebeurtenissen ontstaan grote gevolgen. Omgekeerd kunnen vele afzonderlijke elementen op een hoger niveau een verandering of een ordening teweegbrengen (vergelijk de zandkorrels van een verschuivende berg zand). Het vormde het begin van de chaostheorie.

Cruciaal voor de chaostheorie is de gedachte dat de ordening niet te verklaren valt uit het gedrag van de individuele elementen, maar alleen uit hun onderlinge gelijktijdige werkzaamheid.[30] In dat verband wordt gesproken van synchroniciteit – ook wel kortweg 'sync' genoemd (Strogatz, 2003). Waarom geven vuurvliegjes opeens licht, zowel gelijktijdig als in hetzelfde ritme? Hoe komt een zwerm spreeuwen tot één beweging? Hoe ontstaan gletsjers of wat is de dynamiek van verkeersstromen? Het verschijnsel synchroniciteit verwijst naar *oscillators* (trillingsgeneratoren), die elkaar fysiek of chemisch kunnen beïnvloeden. Dergelijke synchrone activiteit is overal, van de kosmos tot de spieren, bijvoorbeeld in de duizenden cellen die het hart doen pompen. 'At the heart of the universe is a steady, insistent beat: the sound of cycles in sync' (Strogatz, 2003, p. 1).

Bijzonder aan dergelijke systemen is dat ze zichzelf organiseren (Strogatz, 2003, p. 21) – dat gebeurt ook bij simulatie op de computer. In dat verband is het begrip *attractor* relevant, het typeert een situatie waar een dynamisch systeem in de loop van de tijd naartoe evolueert. Een chaotische toestand kan synchroniseren en overgaan in orde. Dat gebeurt op een niet-lineaire manier; er is dus geen sprake van één oorzaak met één gevolg. Het gaat om de veelvoudige verbindingen die op elkaar reageren. Dit betekent ook dat ordening in principe onvoorspelbaar is – tussen chaos en orde zit slechts een dunne lijn. Orde is het resultaat van vele interacties die op een geaggregeerd niveau een patroon laten zien: 'a glimpse of some kind of order' (Pieters, 2010, p. 19). Tussen absolute zekerheid en volstrekte chaos ligt een groot gebied van complexiteit, waar het alle kanten op kan gaan.[31] 'Synchronized chaos brings us face-to-face with a dazzling new kind of order in the universe, or at least one never recognized before' (Strogatz, 2003, p. 185).

Als een oscillator (een 'triller') een andere over een kritische drempel werkt, blijven ze synchroon bewegen. Dat is ook zichtbaar bij menselijk gedrag, bijvoorbeeld in verkeersbewegingen, op aandelenmarkten, bij rages en rellen, bij zingen en klappen. Sync is onze tweede natuur, aldus Strogatz (p. 108), we hebben de neiging om mee te bewegen, misschien ook wel bij politieke aardverschuivingen. Granovetter publiceerde hierover reeds in 1978. Hij veronderstelde dat rellen ontstaan door individuele beslissingen naar aanleiding van het gedrag van anderen. Indien de kritische drempel van de aanwezigen gelijk verdeeld is, dan is er na een eerste triller (die is altijd nodig) een persoon met een kritische drempel van 1 die mee gaat doen, gevolgd door een persoon met een kritische drempel van 2, enzovoort. Zo kan een eerste intentie tot grote gevolgen leiden (de *wave* in een voetbalstadion).

Bij voldoende connecties is er een kantelpunt,[32] waarbij een systeem snel kan omslaan. Maar bij te grote verdichting is er een tweede kantelpunt, waarbij een verschijnsel weer snel kan afnemen. Het voorbeeld hier is de rage, die even snel komt als gaat. Ook in het verkeer zijn optimale dichtheden te vinden: bij 35 auto's per baan per mijl is sprake van geordende stroom, daaronder en daarboven is het patroon chaotisch (Strogatz, 2003, p. 269). Hierbij gaat het om relatief onwillekeurig menselijk gedrag. Veel menselijk handelen is intentioneel; de vrije wil verdraagt zich slecht met geregisseerde synchroniciteit.[33] Het is niet voor niets dat totalitaire regimes daar demonstratief voor kiezen (p. 273). Maar een wetenschap van spontane orde past bij de tijdgeest, aldus Strogatz (p. 230).

'The propensity to change is the tendency of nature to produce order out of chaos' (Van Dijk, 2006, p. 30). De kerngedachte van orde uit chaos is dat op een bepaald moment – het kritieke punt – alle eenheden van een systeem handelen alsof ze met elkaar kunnen communiceren, terwijl hun interactie puur lokaal is (Watts, 2003). Dit kritieke punt ontstaat als er voldoende langeafstandsverbindingen zijn met een groot aantal lokale eenheden die op hun beurt weer georganiseerd zijn in clusters (groepen, organisaties, gemeenschappen). Kleine werelden raken zo verbonden met andere kleine werelden. Een grote transitie kan het gevolg zijn van een kleine eenheid die een bepaalde verandering in gang zet.

Stabiliteit
Vanuit de netwerktheorie hebben we afgeleid dat netwerken een structuur hebben met meer en minder belangrijke knooppunten. De chaostheorie heeft ons op het spoor gezet van grote ordeningen of veranderingen als gevolg van kleine gebeurtenissen. Doorslaggevend hierin zijn de synchronisaties met de direct omliggende buurelementen. We hebben structuur en we begrijpen hoe deze zich kan ordenen. Voor een goed begrip van sociale ordening in een netwerkmaatschappij acht ik echter nog een derde fenomeen van belang. De vraag doet zich immers voor waarom structuren niet permanent aan verandering onderhevig zijn – constant heen en weer switchen tussen toestanden van chaos en orde. Hoe kan zich 'on the edge of chaos' stabiliteit realiseren? Daarvoor is het begrip autopoiesis (zelfproductie) van belang.[34]

In 1961 publiceerde de Oostenrijkse cyberneticus Heinz von Foerster (met G. Pask) het artikel 'A predictive model for self-organizing systems'. In dit model introduceerde hij de gedachte dat storingen van buitenaf kunnen leiden tot een ordelijker structuur dan voordien aanwezig was: 'order from noise'. Dat is een contra-intuïtieve gedachte: verstoring brengt immers disbalans, zou je denken. Deze verbeterde toestand kan echter ontstaan door zogenoemde 'iteratieve loops', waarbij een vaste bewerking steeds opnieuw herhaald wordt tot een verbeterd evenwicht is bereikt. Zo is een levend organisme dat bestaat uit stervende lichaamscellen, toch in staat zichzelf te reproduceren. De Chileense biologen Maturana en Varela (oorspronkelijk 1972, Engelse vertaling 1980) beschreven dit verschijnsel als autopoiesis. Operaties van een systeem vloeien voort uit een structuur die is opgebouwd uit voorgaande operaties.

Er is hier dus sprake van relatief gesloten systemen, relatief omdat ze – in tegenstelling tot dode materie – wel reageren op de omgeving. Sterker nog, zij passen zich aan zolang het 'zelfreferentiële mechanisme' niet wordt aangetast. Zo kan interactie met de omgeving leiden tot verandering, maar zal de wijze waarop structuur bepaald wordt, onaangetast blijven. De systemen veranderen, onder invloed van externe prikkels, zichzelf. Grote systemen vormen elkaars condities. Zij prikkelen elkaar in een proces van stabiele verandering. Het gaat hier om de zogenoemde these van parallelliteit: interactie is dan een synchroon proces en geen serieel, opeenvolgend proces. Door de socioloog Niklas Luhmann en de rechtstheoreticus Gunther Teubner is deze ontdekking van autopoiesis toegepast op sociale systemen.

Volgens Luhmann (1990) zijn individuen gericht op reductie van complexiteit door af te gaan op hun verwachtingen. Deze verwachtingen selecteren en coördineren de communicatie met anderen. Goede samenwerking is de verhouding waarin een optimale uitwisseling van informatie over elkaars verwachtingen plaatsvindt. Luhmann noemt het geheel van verwachtingen op geaggregeerd niveau een sociaal systeem van de eerste orde (interactie tussen eenheden). Bij toenemende complexiteit ontstaan subsystemen van de tweede orde, zoals recht, moraal, religie en vele andere subsystemen. Deze subsystemen beschouwt hij als autopoietisch, zichzelf reproducerend. Elk subsysteem heeft zijn eigen parameter (modus operandi) op basis waarvan informatie wordt geselecteerd en gereconstrueerd.

In het politieke subsysteem is de parameter de verdeling van de macht, de economie 'denkt' in termen van kosten-batencalculaties, recht is een binair systeem dat onderscheid maakt tussen wat rechtens en niet-rechtens is. Maatschappelijke betekenissystemen zijn op deze wijze zelforganiserend op basis van hun kernfuncties. Invloeden van buitenaf worden gereconstrueerd binnen het eigen betekenissysteem. Tenzij een systeem totaal onderuitgaat door externe krachten kan het dus slechts in beperkte mate evolueren. Deze opvatting is door te redeneren naar zowel het maatschappelijke als het individuele niveau: maatschappelijke en psychische autopoiesis. We nemen waar in interactie met de reeds gegeven interne referenties. Gunther Teubner werkte deze gedachte uit voor het rechtssysteem dat een immanente logica kent, waarmee steeds opnieuw rechtsregels worden gecreëerd: de vernieuwing van het systeem is deel, of zelfs voorwaarde voor de continuïteit ervan.

Nieuwe overzichtelijkheid
Het informatietijdperk laat een wezenlijk andere vormgeving van de sociale werkelijkheid zien. De mate waarin dat het geval is, daar kan over worden getwist. Hetzelfde geldt voor de vraag hoe groot of hoe zwaar de consequenties ervan zijn. We moeten uitkijken voor overspannen beelden, maar er is naar mijn mening ook geen plaats voor cynische (in plaats van kritische) distantie. Veel verschijnselen van de hedendaagse samenleving zijn in verband te brengen met de hier beschreven netwerksamenleving. Maar om iets verder te komen in de beschrijvingen daarvan acht ik het van belang ook de formele kenmerken van de netwerklogica te bevatten. Deze inspireren tot een aantal nieuwe inzichten in de ordenende mogelijkheden van netwerken, ook van toepassing op menselijke varianten daarvan.

We realiseren ons dat netwerken geen ongeordend geheel van *ad random* verbindingen zijn tussen knooppunten, maar dat zij zijn opgebouwd in structuren waarin knooppunten met veel relaties een centrale rol spelen. In complexe systemen ontstaan deelsystemen, clusters, *communities* en continenten. Vervolgens hebben we inzicht gekregen in de wijze waarop veranderingen zich kunnen voltrekken in netwerksystemen. Een kleine trilling of situatieverandering kan zich doorzetten in een heel systeem via de relaties met de naaste buren. In combinatie levert dit het beeld op van een netwerk dat via *hubs* een snelle en volledige transformatie kan ondergaan. Deze vorm van verandering c.q. ordening bevindt zich op de rand van chaos.

Om die reden heb ik aandacht besteed aan de stabiliserende principes van systemen. Een systeem is slechts in beperkte mate aan verandering onderhevig vanwege zijn selectieve interactie met andere systemen. Prikkels van buitenaf leiden tot herordening, maar niet tot verandering van de parameters van het systeem. Het belang van deze exercitie is te laten zien dat complexe vormen ordening kunnen realiseren door de structuur van netwerken, de synchroniciteit in opereren en de stabiliteit van systemen. Ik benadruk dat het hier gaat om een eigen, beperkte selectie uit de bibliotheek van de complexiteitswetenschappen.

De inzichten zijn bovendien louter formeel zonder de morele betekenissen die er in menselijke netwerken aan worden toegevoegd. Daarin schuilt het onderscheidende kenmerk tussen natuurlijke en menselijke systemen. Ik hoed me dan ook voor een te klakkeloze toepassing op maatschappelijke systemen, maar onderken wel de mogelijkheid dat ook wanorde overzichtelijk kan zijn, als we er anders tegenaan kijken. We hebben in het vorige deel drie pogingen gezien om de complexiteit zonder richting te organiseren. Met dit hoofdstuk heb ik willen laten zien dat we mogelijkerwijze te maken hebben met een nieuwe vormenleer die een andere opvatting over ordening toelaat.

Sociale ordening is dan te beschouwen als een relatief autonoom proces, als een logica die besloten ligt in de onoverzichtelijkheid van de huidige samenleving. Zij verschijnt als gesproken wordt van 'de urgentie' van problemen, van 'de noodzaak om te handelen' of over 'de regie in de samenwerking'. De institutionele complexiteit en het gebrek aan morele richting hebben de neiging elkaar te versterken. Het eerste leidt tot organisaties die elkaar in de weg zitten, alleen de eigen belangen najagen of elkaar niet kunnen vinden.[35] Voor de realisatie van enige samenhang ontbreekt dan vaak weer de normatieve richting, hetgeen weer leidt tot een toenemende beleidsdrukte. Het komt erop aan de mogelijke ordening te begrijpen en daarop bij te sturen. Met een ander perspectief ontstaat een nieuwe werkelijkheid.

De leerstukken van structuur, synchroniciteit en stabiliteit geven vooralsnog inhoudelijk echter geen enkel inzicht in de vormgeving van menselijke complexiteit. De nieuwe vormenleer mag ons niet de ogen doen sluiten voor machtsstrijd, de rol van gezag en de politieke opvattingen over gelijkheid en rechtvaardigheid die menselijk samenleven eigen zijn. Meer in het bijzonder gaat het dan om de maatschappelijke organisatie om deze vraagstukken te regelen. In de laatste hoofdstukken onderzoek ik de ordeningsprincipes van de mensenmaatschappij. In hoofdstuk 7 vraag ik me af hoe daarin normatieve richting wordt gevonden. In hoofdstuk 8 claim ik de notie dat we improvisatie als de menselijke variant van complexiteit kunnen beschouwen.

HOOFDSTUK 7

NORMATIEVE RICHTING

Beschaving, securisatie en burgerparticipatie zijn de drie 'programma's' van het sociale ordeningsoffensief. Voor alle drie geldt dat zij de laatste twee decennia zijn opgekomen, maar ook dat zij diepe historische wortels hebben. Zo hebben er in de twintigste eeuw vaker beschavingsoffensieven plaatsgevonden (Derksen & Verplanke, 1987), hoewel die meer vanuit de zuilen dan vanuit de overheid werden geïnitieerd. Veiligheid – het tweede programma – speelt van oudsher een hoofdrol in het proces van natie- en staatsvorming ('pax et securitas'), maar werd in de moderne welvaartsstaten steeds meer gerealiseerd door het bieden van sociale zekerheid. Burgerzin ten slotte is altijd al gepredikt en georganiseerd, maar werd met de opkomst van de natiestaten geleidelijk weggedrukt door het staatsburgerschap.

De drie beschreven programma's zouden dan ook beter kunnen worden omschreven als een herordeningsoffensief. Het zijn pogingen om greep te krijgen op de nieuwe condities van de onbegrensde wereld. Deze bestaat uit globale en lokale netwerken, *flows* en *spaces*, en is opgebouwd uit *nodes* en de *links* daartussen. Dit nodale universum is overzichtelijk te maken vanuit nieuwe perspectieven: netwerkstructuren, synchroniciteit en stabiliteit door zelfreferentiële principes. Maar we zien tegelijk morele richtingloosheid, woede en een weinig tot identiteit aansprekende beschaving. Ze liggen ten grondslag aan de behoefte aan ordening en leiden tot de constatering dat sociale ordening niet te realiseren is zonder een normerende verticale functie.

De verhoudingen in netwerken zijn over het algemeen 'zwak' te noemen. De 'weak ties' van de netwerksamenleving staan tegenover – en soms naast – de 'strong ties' van de hechte gemeenschappen. Kennissen naast familie, een kerkgemeenschap naast een internet-*community*, samenwerking in een sportteam naast *speed dating*. Sterke banden spelen weliswaar een rol, maar binnen losse structuren. Deze grote variatie in de aard van relaties, zowel tussen individuen als tussen organisaties, vraagt om een zorgvuldige inrichting van de morele ruimte. Juist omdat de variatie zo groot is, ontstaat behoefte aan duidelijkheid over voorschriften, verboden, vrijheden en voorkeuren (de vier kenmerken van Merton; zie hoofdstuk 1).

In dit hoofdstuk besteed ik aandacht aan de vraag waaraan de hedendaagse sociale ordening in materiële zin haar normatieve richting kan ontlenen. Daarbij gaat het ook om het gezag dat de richting aangeeft. Gezag wordt hier gebruikt in de breedste zin van het woord: de macht om beslissingen te nemen op basis van bevoegdheden of aanzien.[1] Daarin is een belangrijke positie weggelegd voor het recht. Het recht als een legitieme bron van machtsuitoefening binnen het kader van de rechtsstaat. We hebben gezien (hoofdstuk 6) hoe het recht bij uitstek gezien kan worden als stabiel zelfreferentieel systeem (autopoiesis). En ik ben ingegaan op de richtinggevende functie die het strafrecht in het kader van het veiligheidsprogramma heeft gekregen (hoofdstuk 4). Toch is het uitgesloten dat een samenleving zich louter op het recht kan baseren. Het wordt geflankeerd door twee andere normatieve ordeningsprincipes: informele regulering en 'vanzelfsprekendheid'. Ik poog in dit hoofdstuk de verhouding tussen deze drie te beschrijven.

Recht zonder orde
Het recht mag zich verheugen in een ongekende populariteit. In de relatief chaotische tijden die we thans beleven, is het recht bij uitstek de institutie waar we ons druk om maken. Met name het strafrecht is voorwerp van politieke en culturele strijd geworden. Burgers wegen 'de producten' van het rechtssysteem steeds meer af tegen het eigen rechtsgevoel. De uitspraken van de rechter worden niet zonder meer als juist opgevat. In samenhang daarmee beperken politici zich steeds minder tot hun taak van wetgever, maar maken zij ook de rechtstoepassing tot onderwerp van debat. Deze popularisering en politisering van het recht wijzen op een steeds grotere maatschappelijke afhankelijkheid ervan.

De samenleving is steeds meer gaan leunen op haar rechtssysteem, en dreigt het daarmee te verpletteren. Het staat onder druk van hooggespannen verwachtingen, overvraging en bijbehorende teleurstellingen. Typerend voor deze situatie is de serie van in de media uitgemeten rechterlijke dwalingen. De geïnteresseerde mediavolger kan de namen inmiddels dromen: de Schiedammer parkmoord, de klusjesman, Lucia de B. en ga zo maar door. Stuk voor stuk gevallen waarin het publiek met goede redenen aan het twijfelen werd gebracht over de betrouwbaarheid van de rechtspraak. Het gaat hier niet om deze zaken op zichzelf.[2] Het gaat zelfs niet om de daardoor ontstane crisissfeer rond justitie (Garland, 2001, p. 19-20, constateert hetzelfde voor de Angelsaksische landen).

Interessant aan deze affaires is de richting van de kritiek. Justitie wordt niet geattaqueerd op te laks, te laat of te weinig krachtdadig optreden, maar op het tegendeel daarvan. Genoemde popularisering en politisering gaan in deze zaken de andere kant op: het Openbaar Ministerie wordt verweten te voortvarend op te treden en daarin de zittende rechters te hebben meegesleept. Het vertrouwen in het strafrechtelijk bedrijf kent dus twee kanten. Binnen de politieke arena klinkt meestal de roep om meer en hardere strafrechtelijke interventies. Maar met deze incidenten wordt duidelijk dat vertrouwen in het rechtssysteem ook is gebaseerd op de onafhankelijkheid van de rechter en de rechtsbescherming van de verdachte. Dat is niet louter een zaak voor strafrechtsgeleerden, maar leeft ook onder de bevolking.

Ik zou het niet te onderschatten belang hiervan willen adstrueren met onderzoek onder burgers. Lünnemann e.a. (2008b) voerden een burgerraadpleging uit over de richtlijnen voor de strafvordering[3] van het Openbaar Ministerie (2500 burgers werden via een internetenquête bevraagd en 54 via vijf panels). Aan burgers werd gevraagd de ernst aan te geven van verschillende delicten en ze daarop te rangordenen. Het onderzoek leverde wel wat verschillen op tussen de richtlijnen en de mening van burgers, maar er was grotendeels overeenstemming. Wat opvalt, is vooral dat delicten waarbij geen slachtoffers vallen voor burgers minder zwaar wegen. Lünnemann c.s. vinden ook geen aanwijzingen dat burgers punitiever zouden zijn dan professionele rechters.[4]

Lünnemann e.a. (2008a) observeerden tevens ontmoetingen tussen burgers en OM-vertegenwoordigers. Er bleek geen reëel beeld te bestaan van wat het Openbaar Ministerie doet; er kwamen veel persoonlijke ervaringen naar voren en men had waardering voor het initiatief. Er was meer sprake van onbekendheid dan van verschil van inzicht.

Burgers ervaren het recht als vreemd en neigen naar een minder dogmatische rechtspraak. Toch schrikt men terug voor de consequenties daarvan, de invoering van lekenrechtspraak. In een kwalitatieve studie naar de beleving van de rechtspraak (Boutellier & Lünnemann, 2007) waren emotie en objectiviteit de terugkerende elementen in de verhalen van de respondenten. Incidenten worden als een teleurstelling ervaren of soms zelfs als persoonlijke krenking, maar de rechtspraak dient wel boven de partijen te blijven staan.

De conclusies die burgers daaraan verbinden, zijn ambivalent. Enerzijds wordt de klassieke verticale positie van het strafrecht niet geaccepteerd, anderzijds wil men haar ook niet loslaten. In deze studie pleitte uiteindelijk slechts één persoon (van circa vijftig respondenten) voor een directe invloed van leken op de uitkomst van het strafproces. Dat feit geeft aanleiding tot een belangrijke bevinding: men vertrouwt de rechter misschien niet helemaal, maar de medeburger nog veel minder! Tegen deze achtergrond lijkt het zinvol de positie van de rechtspraak in verband te brengen met 'de wet', zoals die in de psychoanalyse wordt begrepen (Maruna e.a., 2004). De rechter vertegenwoordigt de maatschappelijke orde die van belang is voor de ervaring van het (rechts)subject als opzichzelfstaande identiteit (Cleiren, 2008).

De wet vertegenwoordigt bescherming, onkreukbaarheid en een superieur oordeelsvermogen. Men hecht veel waarde aan een dergelijke rechtspraak, maar heeft tegelijkertijd het gevoel dat deze te weinig responsief is naar de eigen behoeften en verlangens. Men wil bescherming én invoelend vermogen, een objectieve autoriteit die ook communicatief is, een superieure oordeelskracht met een goed gevoel voor wat er speelt. Men verlangt naar een menselijke, empathische rechter die toch neutraal en objectief is. Men wil in de buurt van het recht komen, maar hoeft er niet mee samen te vallen. Mensen willen het gevoel hebben dat het 'hun recht' is dat gesproken wordt. Zoals een van de respondenten zegt: 'Ik hou van de fictie dat het recht ons allemaal vertegenwoordigt, ons soort staat, de samenleving die we willen hebben' (Boutellier & Lünnemann, 2007, p. 10).

Het rechtssysteem is idealiter de geobjectiveerde uitdrukking van de morele orde in de samenleving. Recht vormt zowel articulatie als codificatie van hetgeen als noodzakelijk en wenselijk wordt ervaren.

Daaraan ontleent het zijn legitimiteit als het aankomt op handhaving ervan. Burgers zijn bereid zich te schikken naar de wet als zij zich erdoor beschermd weten. Deze virtuele contractsrelatie (beargumenteerd door de verlichtingsfilosofen) is aan het eind van de twintigste eeuw onder druk komen te staan. De tijd dat recht een rustig bezit[5] kon worden genoemd, ligt ver achter ons. Recht is voorwerp van politieke en culturele strijd geworden. Maar het rechtssysteem kan alleen vertrouwen wekken binnen een context die ook zichzelf reguleert. Het recht dient te worden gedragen door vormen van civiele ordening. Maar als de rechtsorde een onderliggende morele orde behoeft – hoe ziet die er dan uit?

Orde zonder recht
We stellen de vraag radicaal: kan orde ook zonder recht worden gerealiseerd? Volgens Robert C. Ellickson wel, als we althans afgaan op de titel van zijn boek *Order without law* (1991). Er komt volgens de auteur veel meer orde spontaan en zonder recht tot stand dan over het algemeen wordt aangenomen. Hij verzet zich dan ook tegen de hobbesiaanse gedachte dat alleen het recht, en de daarop gebaseerde staatsmacht, orde zou kunnen scheppen. Sociale orde realiseert zich door verschillende vormen van gedragsregulering, waarvan het recht er slechts een is. Sociologisch is dit min of meer vanzelfsprekend (Wrong, 1995), maar de studie van deze jurist leert ons veel over de empirische verhouding tussen formele en informele systemen.

Ellickson deed onderzoek naar conflicten rond vee in het rurale gebied Shasta County: schade veroorzaakt door vee, veediefstal, conflicten over grazen op andermans weide en dergelijke. Het zijn situaties die op het eerste gezicht nauwelijks relevant lijken voor de urbane problematiek in onze samenleving. Het gaat in zijn studie echter meer om de structuur van de conflictbeslechting dan om de inhoud van de conflicten. Het gaat in Shasta County om 'close-knit groups', dat wil zeggen hechte, enigszins gesloten, homogene gemeenschappen. Hij constateert dat de meeste problemen in deze gemeenschappen worden opgelost door het gebruik van informele normen en vormen van conflictbeslechting.

Ellickson formuleert de volgende hypothese: 'members of a close-knit group develop and maintain norms whose content serves to maximize the aggregate welfare that members obtain in their workaday affairs without one another' (p. 167). Anders gezegd: in hechte gemeenschappen heerst een sterk utilitaristisch ethos dat bepalend is voor het oplossen van alledaagse conflicten. Hij beargumenteert deze stelling over optimaal nut in relatie tot de economische en sociologische benaderingen van het recht. Hij maakt het recht onderdeel van een groter reguleringscomplex. Aan de basis daarvan liggen de bevindingen van de speltheorie van onder anderen Axelrod, die de optimale vormen van samenwerking onderzocht – bijvoorbeeld via het bekende *prisoner's dilemma*.

De meest rationele strategie in dergelijke spelsituaties blijkt 'tit-for-that' te zijn (lik op stuk indien de ander een niet-coöperatieve keuze maakt). Op basis van dit uitgangspunt ontwikkelt Ellickson een ingenieus systeem van sociale ordening. Het is gebaseerd op twee soorten sancties, vijf controlerende instanties en vijf soorten regels. Sancties zijn te onderscheiden naar positieve, belonende reacties en negatieve, straffende reacties ('carrots and sticks'). In principe wordt beloning gebruikt bij prosociaal gedrag, en straf bij antisociaal gedrag. Op 'normaal' gedrag – zowel in statistische als in normatieve zin – wordt in principe niet gereageerd. Deze terloopse constatering van Ellickson acht ik cruciaal voor mijn verkenning – zoals later zal blijken: normaal gedrag veronderstelt en voedt sociaal vertrouwen.

In principe wordt er geïntervenieerd zoals dat het beste uitkomt; sociale ordening komt voort uit nutsmaximalisatie. De keuze tussen de norm (als sociale kracht) en het recht (als overheidsinterventie) is vaak moeilijk te maken. De kenmerken van het conflict en de betrokken partijen spelen een doorslaggevende rol. Ellickson onderscheidt de sociale afstand tussen de partijen, de grootte van de inzet, de inhoud van de inzet en de mogelijkheid om de kosten af te schuiven op derden. Met elkaar vormen instanties, sancties en regels een compleet systeem dat uiteindelijk de sociale orde bepaalt. Het formele recht speelt pas een rol indien sociale krachten tekortschieten bij correctie of beslechting, en als het er echt op aankomt (dat wil zeggen als de inzet van het conflict hoog is).

Ellickson onderkent dat 'orde zonder recht' moeilijker wordt in grootschalige gemeenschappen, laat staan in natiestaten. Sterker nog, het gebrek aan samenhang in de huidige civiele gemeenschap is nu juist onderdeel van het probleem waar we hier over spreken. Behalve deze empirische relativering is er ook een politiek-normatief probleem. Het maximaliseren van het algemene nut van een groep kan immers ten koste gaan van buitenstaanders, degenen die geen deel hebben aan de groep. Er zijn immers normatieve uitgangspunten – rechtvaardigheid, gelijkheid, vrijheid – die niet (louter) in utilitaire termen kunnen worden begrepen. Nutsmaximalisatie is dus een beperkt moreel criterium – zo vindt ook de auteur: 'From both positive and normative perspectives, norms have their limits and law has its place', zo vat Ellickson de verhouding tussen het formele recht en de sociale regulering samen (p. 283).

Hoewel de titel van zijn boek anders suggereert, komt hij uiteindelijk tot de conclusie dat een rechtvaardige sociale orde niet mogelijk is zonder een geformaliseerd rechtssysteem. Maar als het belang van de informele sociale orde wordt genegeerd, creëren we een wereld met meer recht en minder orde, zo luidt de laatste zin van zijn boek. Formeel recht en informele regulering veronderstellen en versterken elkaar. Maar het is de vraag of deze volstaan. 'Normaal' gedrag is in de analyse van Ellickson van ondergeschikt belang. Hij richt zich op de beslechting van conflicten. De morele ruimte vindt inderdaad haar begrenzing in rechtsprocedures, informele conflictbeslechting, bestraffing of de handhaving die daarop vooruitloopt. Maar zij wordt toch vooral bepaald door het alledaagse gedrag waarbij interventies überhaupt niet noodzakelijk zijn. En dan hebben we het over het belang van sociaal vertrouwen.

Het domein der vanzelfsprekendheid

Men spreekt over vertrouwen in de economie, in de regering, in de politie, in de rechterlijke macht, in elkaar. Vertrouwen is een goed; er wordt een positieve waarde aan toegekend, en politieke en maatschappelijke instituties doen er alles aan om het vertrouwen te winnen (bijvoorbeeld Meurs, 2008). Ook de actuele sociaalwetenschappelijke literatuur staat bol van 'vertrouwen', waarbij opvalt dat het thema vanuit verschillende disciplines wordt bestudeerd. Het is typisch zo'n begrip dat in verschillende disciplines aanslaat: economie, sociologie, politicologie en bestuurskunde. In de literatuur komen we psychologische, communitaristische en institutionele dimensies van vertrouwen tegen, die verbonden zijn aan verschillende primaire bronnen.

De algemeen *psychologische* basishouding[6] verwijst naar de opvoeding. Het basale gevoel dat 'anderen zich zullen gedragen zoals jij zou willen dat zij jou behandelen', heeft diepe existentiële wortels en gaat volgens Rothstein (2000, 2005) vooraf aan welk civiel engagement ook. Het *communitaristische* vertrouwen, zoals dat bijvoorbeeld door Putnam (1992, 2000) wordt benadrukt, schuilt in de sociale verbanden van personen die elkaar weten te vinden in gemeenschappelijke activiteiten en dagelijkse praktijken. Het *institutionele* vertrouwen verwijst naar ervaringen met instituties die jou bejegenen op de wijze waarop jij wilt worden bejegend. Vertrouwen is dus een breed begrip, dat vele doelen kan dienen. Maar waar is vertrouwen zoal goed voor?

Fukuyama benadrukt in zijn boek *Trust* (1995) vooral de economische waarde van vertrouwen. De rationele calculator – het prototype van de economische mens – krijgt in zijn boek gezelschap van de morele mens. Vertrouwen is nauw verbonden aan gedeelde normen en waarden en cruciaal voor het functioneren van een economie. Juist in een netwerkmaatschappij is de bereidheid om samen te werken en informatie te delen cruciaal. In de organisatiesociologie wordt vertrouwen dan ook als een van de centrale factoren beschouwd voor succes (Bijlsma-Frankema & Costa, 2005). Daarbij gaat het zowel om vertrouwen binnen de organisatie als om vertrouwen tussen organisaties. Vertrouwen wordt beschouwd als een noodzakelijke tegenkracht van concurrentie voor succesvol opereren (Fukuyama, 1995).

Behalve deze economische inzet van vertrouwen bestaat in toenemende mate aandacht voor de relatie met de democratie. Deze discussie kreeg een impuls door het werk van Putnam, die vertrouwen analyseert in termen van sociaal kapitaal. Zijn boek *Bowling alone* (2000), eerder gebruikt als titel van een artikel, behandelt de erosie van sociale relaties in de Amerikaanse samenleving. In het boek toont hij uitvoerig aan dat verenigingsleven, vrijwilligerswerk en sociale activiteiten zijn teruggelopen, hetgeen de morele, sociale en politieke kwaliteit van de samenleving ondermijnt. Amerikanen staan zo gezegd steeds meer in hun eentje te kegelen. Het boek is een waarschuwing aan de civiele samenleving: een vitale democratie kan niet zonder sterke sociale gemeenschap, zoals hij eerder aantoonde in zijn analyse van Noord- en Zuid-Italië (Putnam e.a., 1992).

De redenering is inmiddels bekend. Sociale relaties bevorderen het vertrouwen, en in een onbegrensde wereld neemt het aantal betekenisvolle relaties af, met name waar het gaat om vrijwillige verbanden (clubs, verenigingen en dergelijke). Putnam wijst op het gebrek aan betrokkenheid van de jongere generaties, op de ondermijnende werking van televisie, op de toegenomen mobiliteit en de afgenomen sociale tijd. Op zijn analyse is vanzelfsprekend veel commentaar gekomen: de cijfers deugen niet, de causale relaties worden betwist, en de interpretaties ervan worden ondeugdelijk gevonden. Ook Verhoeven (2009, p. 41 e.v.) betwist voor de Nederlandse situatie de actualiteit van een terugval in sociaal contact en vertrouwen. Waar het hier om gaat, is de rol van vertrouwen in het proces van sociale ordening. En deze staat hoe dan ook buiten kijf.

Ik beschouw vertrouwen daarom als een belangrijke aanvulling op het werk van Ellickson, waar het gaat om spontane interacties die níét geregeld hoeven te worden of dat impliciet al zijn (gezinsrelaties bijvoorbeeld). Deze spontane interacties vinden plaats in, wat ik zou willen noemen, het *domein van de vanzelfsprekendheid* (zie in dit verband ook Komter, 2003). Sociale orde behoeft het recht en zijn rechtsbeginselen in relatie tot meer informele vormen van regulering op grond van nutsmaximalisatie. Maar ordening behoeft nog een derde factor – vanzelfsprekende interactie – om succesvol te kunnen zijn. Hierbij hoeven niet altijd directe ervaringen in het spel te zijn. Rothstein (2000) introduceert de term 'collective memories': wie zijn we, wie zijn de anderen en wat doen we als we elkaar vertrouwen? Vertrouwen is ook geworteld in een gedeeld verleden.

Het collectieve geheugen is meer in het bijzonder relevant voor de ontwikkeling van de postsocialistische landen, waarin het vertrouwen van burgers in de overheid en de instituties moet worden opgebouwd. Het negatieve collectieve geheugen zit het sociale vertrouwen daar als het ware in de weg. Rothstein zet deze notie van collectieve herinnering in tegen de instrumentalistisch-rationalistische benadering uit de speltheorie, die ook door Ellickson wordt gebruikt. Vertrouwen is in Rothsteins opvatting méér dan een effect van 'geven en nemen'.[7] Het is hier niet de plaats om de ontologie van vertrouwen tot in de finesses te bespreken. Ik beperk me tot de constatering dat vanzelfsprekendheid cruciaal is voor stabiele relaties tussen (overheids)instituties, netwerken en individuen.

Controle en vertrouwen

Recht, (informele) regulering en vanzelfsprekende interactie zijn drie basisvormen van maatschappelijke ordening. Zij bepalen het gezag waarmee richting kan worden gegeven in maatschappelijke complexiteit. Ik behandel ze met de nodige bescheidenheid, omdat er zoveel meer over te zeggen valt. Het gaat me er vooral om te laten zien dat de noodzakelijke gezagsfunctie in een netwerksamenleving verschillende vormen kan aannemen. In deze paragraaf wil ik me buigen over de vraag op welke wijze ze samenhangen met het in hoofdstuk 6 behandelde nodale universum. Daarin was onder andere sprake van de netwerklogica, die complexiteit een structuur geeft, van synchroniciteit die daarin gemeenschappelijkheid mogelijk maakt, en van zelforganisatie (autopoiesis) die stabiliteit realiseert. Maar deze benaderingen zeggen niets over de kwaliteit van de relaties in sociale netwerken.

In de woorden van Barabási: 'To describe society we must dress the links of the social network with actual dynamical interactions between people' (2002, p. 225). Met betrekking tot deze interacties wordt veel verwezen naar een artikel uit 1973 van Granovetter, die – lang voor de ontdekking van de netwerksamenleving – een toenemend belang zag van *weak ties*. Ik heb er hiervoor al op gewezen. Hechte gemeenschappen kennen sterke banden, zij zijn gebaseerd op traditie, vanzelfsprekend gezag en volgzaamheid. In moderne samenlevingsverbanden zijn de relaties losser, niet gebaseerd op statische maar op dynamische interacties. Dit type relaties is dominanter dan ooit – tussen individuen, maar ook tussen organisaties. De sterke band binnen de zuilen werd vervangen door de lossere functionele band tussen organisaties.

Maar hoe is betrouwbaarheid te realiseren indien de relaties niet zijn gebaseerd op traditie, gezag en volgzaamheid? Ik denk te kunnen stellen dat de betrouwbaarheid van zwakke verbanden op twee manieren wordt gerealiseerd: door controle en door vertrouwen. Controle is gebaseerd op het formele recht en in een mildere vorm op informele regulering. Relaties geregeld op basis van de wet, de regels, de contracten, de convenanten en informele normhandhaving. In de schaduw van het recht, en zo nodig daardoor afgedwongen, is een groeiende wereld gekomen van toezicht, regulering en *auditing*, die gemotiveerd wordt door het willen voorkomen van controleverlies (Power, 1994, 2007).

Naast deze vormen van controle staat de vanzelfsprekende interactie op basis van vertrouwen. Vertrouwen heeft vele bronnen: autoriteit, cultuur, religie, gedeelde ervaringen, gemeenschappelijke herinneringen, waarden en normen, het algemeen belang en gewoon persoonlijk contact. In een netwerksamenleving is vertrouwen niet gegarandeerd via de sterke verbanden van verwantschap of gesloten gemeenschappen. Wanneer men geen beroep wil doen op vormen van controle, dan resteren persoonlijk contact en sociaal kapitaal, in dit verband op te vatten als netwerkcompetenties.[8] De grootste premie op betrouwbaar gedrag is het vertrouwen dat ook anderen zich goed gedragen. Komter (2003) ziet daarom wederkerigheid als de morele sleutel van de moderne samenleving.

Het zou naïef zijn om te geloven in een wereld van louter vertrouwen. Maar een wereld van alleen maar controle is onaantrekkelijk en waarschijnlijk eenvoudigweg onmogelijk. Controle en vertrouwen zijn te beschouwen als de morele parameters van een netwerksamenleving.[9] Daaraan ontleent normatieve richting haar gezag. Voor patronen van volgzaamheid daaraan zijn in principe drie mogelijkheden gegeven.[10] Gezagsuitoefening kan zijn gelegitimeerd en geaccepteerd gegeven de vrijwillige instemming met een bepaalde normatieve setting. Hieronder vallen vrijwel alle machtsrelaties in institutioneel verband. Dit patroon is ook zichtbaar in moderne verhoudingen binnen werksituaties. In extremo valt ook te denken aan bijvoorbeeld de rituele ontgroening bij studentenverenigingen. Het gaat hier eerder om een verdeling van rollen dan om principieel ongelijke posities. Daarbij valt vanzelfsprekend af te dingen op de mate van vrijwilligheid waarmee onderliggende partijen voor hun rol kiezen. Naarmate dat minder het geval is, is de tweede vorm aan de orde.

Gezagsuitoefening kan namelijk ook zijn gebaseerd op een functionele machtsverhouding, die als zodanig duidelijk is gemarkeerd. Deze situatie geldt voor gezinnen, scholen, en voor alle relaties waarin afhankelijkheid inherent is aan de functie van de institutie. Deze vorm van volgzaamheid is ook zichtbaar in meer traditionele werkverhoudingen. Een duidelijk voorbeeld is het leger, dat in zijn functioneren afhankelijk is van de hiërarchie. Een andere extreme situatie is de gevangenis: de functie bepaalt de aard van de relatie. Kenmerkend voor deze situaties zijn mogelijkheden van machtsmisbruik, omdat er bijna geen ontsnappen aan mogelijk is.[11] Ten slotte kan gehoorzaamheid aan gezag zijn afgedwongen. Dergelijke gehoorzaamheidsrelaties zijn in principe niet legitiem en als zodanig strafbaar. Te denken valt aan mensenhandel of andere uitbuitingssituaties.

Verticale relaties zijn op deze wijzen weliswaar onderdeel van de netwerkmaatschappij, maar ze zijn niet structureel verinnerlijkt. Ze behoeven de instemming van betrokkenen of ze zijn functioneel duidelijk gemarkeerd. Zo niet, dan zijn ze strafbaar. Uiteindelijk heeft iedereen evenveel recht van spreken, en men kan daar meer dan ooit uiting aan geven. Deze situatie van gelijkheid, die kenmerkend is voor de moderniteit, heeft zich in de netwerksamenleving geradicaliseerd. Daarom zien we ook dat men vaak moeite heeft om een gezagsrelatie te vestigen of te handhaven.[12] We zien dit in de relatie tussen ouders en hun kinderen, maar ook in die van leerkrachten ten opzichte van leerlingen en van leidinggevenden ten opzichte van medewerkers. Klassieke gehoorzaamheidssituaties zijn steeds meer teruggedrongen, waarbij het nog enigszins zoeken is naar de nieuwe vormen van gezag.

Het hybride gezag van bestuurders
De continuïteit van een netwerk zit in de balans van controle en vertrouwen bij het creëren van structuur, synchroniciteit en stabiliteit. Zij bepalen uiteindelijk de mate van gezag waarmee een netwerk kan opereren, zowel naar buiten toe als naar binnen. Deze situatie roept de vraag op naar de betekenis van politiek-bestuurlijk gezag – waarop kan dat dan zijn gebaseerd? Hajer (2009) heeft deze vraag op voortreffelijke wijze onderzocht aan de hand van drie casus: de moord op Van Gogh, de herbebouwing van Ground Zero en de Britse BSE-crisis. Gezagsvolle politiek is nooit vanzelfsprekend, maar dient te worden verdiend of, in termen van Hajer, *enacted* (zowel vastgesteld als opgevoerd). Besturen gaat voor Hajer eerst en vooral om het gezagsvol vaststellen van betekenissen. Politiek draait dan om de strijd daarover. Gezag is geen eigenschap van personen, maar van communicatie: 'finding a way to

speak in meaningful terms' (2009, p. 12). In een mediawereld speelt de dramatisering daarvan een steeds grotere rol, bij voorkeur als (persoonlijk) conflict.

Klassiek besturen is gebaseerd op een territoriale orde, met genestelde instituties, een duidelijk onderscheid tussen politiek en bureaucratie, gelegitimeerd door verkiezingen, ondersteund door beleidsonderzoek, in de hoop op publieke participatie op basis van de media als boodschapper. Deze zeven eigenschappen lagen ten grondslag aan het bestuurlijk gezag van de natiestaat. Door de veranderde positie van de staat (zie hoofdstuk 3 van dit boek) schiet het klassieke besturen tekort in implementatiekracht, legitimiteit en lerend vermogen (de traditionele beleidscyclus is verstoord door permanente interactie en beïnvloeding) (p. 29 e.v.). Vandaar het nieuwe *network governance*: beleid naast, boven of onder gevestigde verbanden.

Daarin gelden geen vanzelfsprekende regels meer en moet over beleid steeds meer worden onderhandeld. Hajer noemt dit *institutional void*, die leidt tot ambiguïteit.[13] Ook de manier waarop partijen overeenstemming bereiken, draagt bij aan het resultaat: *negotiated governance* (p. 35). Gezag ontstaat uit de geloofwaardigheid die dit proces bewerkstelligt: 'network governance involves a continuous back and forth between improvised settings of negotiation and established settings of accountability'. In de praktijk is tegelijkertijd sprake van klassieke en vernetwerkte vormen van bestuur, waarin de mate van effectiviteit, legitimiteit en rechtvaardigheid een rol spelen (onder verwijzing naar Fung en Wrights *empowered participatory governance* – zie ook hoofdstuk 5 van dit boek).

Een probleem van deze 'netwerkpolitiek' is dat de media blijven redeneren vanuit het klassieke paradigma; dat past beter bij hun adagium: politiek is drama. Volgens Hajer is een nieuw begrip van gezag nodig in termen van 'the string of enactments that create and sustain authority' (p. 179). Klassiek bestuur wordt onderdeel van netwerkbestuur, waarin een meer persoonlijke stijl van politiek bedrijven gaat prevaleren. Een illustratie van deze 'nieuwe politiek' is 'de regimeverandering' in Rotterdam. Ik ontleen deze term aan Tops (2007), die hem hanteert in navolging van Clarence Stone (1989). Hij ontwikkelde een theorie van stedelijke regimes, nieuwe samenwerkingsverbanden die hij analyseerde in zijn studie van de stad Atlanta. Ook hij hanteert complexiteit als uitgangspunt en constateert dat veelal zonder traditionele 'command power'-structuren toch allerlei arrangementen tot stand komen op basis van gedeelde doelstellingen tussen belanghebbenden.

Een stedelijk regime is 'een informele, maar relatief stabiele coalitie van actoren van binnen en buiten het stedelijk bestuur, die hun krachten bundelen op basis van gedeelde perspectieven en belangen en daarmee richting kunnen geven aan de ontwikkeling van een stedelijke samenleving' (Tops, 2007, p. 23). Ze bestaan uit *een brede coalitie* die op basis van *een overkoepelende agenda*, voldoende *middelen* voor de uitvoering en *een vorm van 'alignment'* (de actoren op één lijn krijgen) stedelijke programma's kan doorvoeren. Stone maakt een onderscheid tussen sterke en zwakke regimes: de eerste kennen nog vooral een bevelstructuur, de tweede meer een netwerkstructuur.

Tops analyseert de Rotterdamse situatie na 2002 als zo'n 'regimeverandering'. *Hoe een stadsbestuur zichzelf opnieuw uitvond*, luidt de ondertitel van zijn boek. In maart 2002 behaalde de partij Leefbaar Rotterdam (met lijsttrekker Pim Fortuyn) in één klap bijna 40 procent van de stemmen. Het was de klaroenstoot voor een van de grootste ordeningsprogramma's in het teken van de veiligheid van de laatste decennia. Tops beschrijft *en detail* de actoren, de overleggen en de acties die vormgaven aan het veiligheidsbeleid. Het succes[14] daarvan zat volgens Tops in de combinatie van actieve uitvoering in de zogenoemde 'frontlinie' en een strakke sturing die gericht was op effectieve interventies.

Er was volgens hem in feite sprake van een klassiek besturingsmodel. Daarbij ging het niet zozeer om een rationele beleidsplanning, maar om de organisatie van de *power to act*: de uitvoering werd de kern van de arrangementen, en niet de bestaande structuur. Dit mag alleen al blijken uit de 'gelegenheidsdriehoek' van de burgemeester, een externe adviseur en een voortvarend hoofd van het programmabureau Veilig, die leiding gaf aan het proces. De traditionele driehoekspartners, de korpschef en de hoofdofficier, zaten in het tweede echelon. Tops (2007, p. 30) wijst erop dat de 'vernetwerking van het bestuur' een dragend verhaal of ordenende gedachte behoeft, waarin de combinatie van de gefragmenteerde netwerksamenleving en de klassieke hiërarchie gedacht kan worden.

Het Rotterdamse veiligheidsbeleid is een goed voorbeeld van de combinatie van klassiek en nodaal bestuur dat Hajer beschrijft. Bestuurlijk gezag heeft noodzakelijkerwijze een hybride karakter. Overtrokken ideeën over netwerksturing en horizontalisering miskennen de noodzaak tot ordening, die zich in de mensenmaatschappij meer of minder autoritair, gereguleerd en gecontroleerd kan voltrekken. In een complexe samenleving zonder richting organiseert men de ordening in een optimale afstemming tussen de deelnemende actoren. Een gemeenschappelijk doel of dramatisch thema (veiligheid!) is daarbij van essentieel belang, alsmede overeenstemming over de rollen van de verschillende actoren en een regeling voor de betrouwbaarheid van elk van hen, op basis van toezicht en controle of via de productie van onderling vertrouwen (wederkerigheid).

Horizontale en verticale relaties
In het denken over de onbegrensde wereld wordt vaak gerefereerd aan horizontale verhoudingen: een platte wereld volgens Friedman (2005), die daarbij vooral de globaliserende economie op het oog had. Dat past bij het beeld van eroderende verticale gezagsstructuren. Men gebruikt termen als atomisering en anomie: individuen zouden steeds meer op zichzelf komen te staan en daarom is nieuwe gemeenschapsvorming nodig. Dat was de inzet van het beschavingsdefensief van Balkenende. Maar de netwerksamenleving kent een sociale morfologie die anders is dan die van het individu versus het collectief. Het gaat hierin om relaties in netwerken, die tegelijk klein en groot, lokaal en mondiaal, benauwend en open, gecontroleerd en vertrouwenwekkend kunnen zijn.

Weliswaar kunnen we de complexiteit ervan denken in termen van netwerkstructuren, synchroniciteit en zelforganisatie, maar menselijke netwerken kenmerken zich door een morele component. Zij krijgen vorm in een morele ruimte, dat wil zeggen het geheel van regels en verwachtingen dat de relaties van mensen onder elkaar bepaalt. In dit hoofdstuk heb ik de bestanddelen van deze ruimte uiteengelegd in het recht, (informele) regulering en vertrouwen. Ook in driedimensionale netwerken zit een onder en een boven (Van Dijk, 2006), zoals een links en een rechts en een voor en een achter. Horizontaal en verticaal zijn met andere woorden niet verdwenen, maar liggen in netwerken wel minder vast dan in statische structuren.

Knooppunten en clusters daarvan zijn altijd ook weer verbonden met andere netwerken waarin ze een andere rol kunnen spelen. De aard van de verhoudingen binnen een institutioneel netwerk is onder andere bepaald door de functie waar het knooppunt zich mee bezighoudt. In het algemeen kan men stellen dat in horizontale netwerkrelaties ad hoc en in vertrouwen wordt afgestemd en geregeld. In verticale relaties zal de neiging om te reguleren en te controleren groter zijn. Hoe steiler, hoe strenger, zo zou de vuistregel kunnen luiden, en omgekeerd. Daarbij zal de inzet van het netwerk een grote rol spelen. Bij kwesties van leven of dood kunnen bevoegdheden, verantwoordelijkheden en de controle daarop van levensbelang zijn. De betrouwbaarheid van de actoren moet immers gegarandeerd zijn. De operatiekamer leent zich slecht voor onderhandeling. Dit geldt onverkort voor het optreden bij rampen, crisissituaties en misstanden. Ook politiewerk vraagt meestal om directe actie binnen wettelijke kaders, strakke protocollen en herhaalde werkafspraken.

Ook in het geval van zware belangen, financieel of maatschappelijk, zal de neiging tot regulering groot zijn. Overigens leert de kredietcrisis van 2009 dat ook bij grote belangen een tekort aan regulering kan ontstaan, vanuit de gedachte dat het systeem dat zelf kan. De markt trok de regulering naar zich toe binnen een sterk neoliberale context. In het toenmalige politieke klimaat van de jaren negentig groeide het geloof in de capaciteiten van de markt, waarbij regulering door de overheid sterk werd teruggedrongen. Dit voorbeeld laat zien dat de mate van regulering ook onderwerp is van politieke strijd, waarbij nadrukkelijk ideologische verschillen naar voren komen.

Diverse auteurs pleiten voor nuchterheid als het gaat om de aard en kwaliteit van de netwerkmaatschappij. De rechtsstaat en de instituties staan rechtovereind, ook al zijn hun posities veranderd. Tegelijkertijd onderkennen we dat de onbegrensde wereld een ingewikkeld palet laat zien van organisaties, al dan niet overlappende, onafhankelijke, meer en minder communicerende eenheden, clusters en gemeenschappen. Menselijke complexiteit behoeft richting die wordt gevonden in het recht, sociale regulering en de vanzelfsprekendheid.

Zij bieden de basis voor de controle en het vertrouwen in de praktijk van samenwerking in netwerken.

Maar daarmee is niet alles gezegd over de sociale ordening van een onbegrensde wereld. Om complexiteit zonder richting te kunnen overstijgen zoek ik naar het mechanisme dat het begrijpelijk maakt dat we de samenleving als chaotisch ervaren, maar deze toch leefbaar achten, al is het maar in ons eigen verband. De ideologisch geïnspireerde ordening van de twintigste eeuw leidde tot de verzorgingsstaat. Deze werd topzwaar en bleek onhoudbaar; hij werd afgelost door een heilig geloof in de ordenende kwaliteit van de markt. In de drie-eenheid tussen staat, markt en gemeenschap is nu de laatste weer aan zet. Maar hoe kunnen we gemeenschappelijkheid denken als we er niet in kunnen geloven? Daarover gaat het volgende hoofdstuk.

HOOFDSTUK 8

DE IMPROVISATIEMAATSCHAPPIJ

In dit boek heb ik verschillende woorden gebruikt om de samenleving te typeren. Ze leggen allemaal een ander accent en zijn tegelijk van toepassing. De netwerksamenleving duidt op de infrastructuur van knooppunten (individuen en organisaties) en de relaties daartussen. De informatiemaatschappij verwijst naar de technologische condities daarvoor. En met een onbegrensde wereld wil ik vooral wijzen op de globale dimensies van het huidige samenleven. De precieze causale relaties tussen globalisering, informatisering en de groei van netwerken laat ik in het midden – ze hebben hoe dan ook met elkaar te maken.

Met de improvisatiemaatschappij voeg ik een typering toe waarmee ik probeer de complexiteit zonder richting overzichtelijk te maken. Met het woord improvisatie denk ik de kern te raken van de wijze waarop we de onbegrensde wereld organiseren, met de aantekening dat daarin ook de normatieve functie is inbegrepen. In dit slothoofdstuk onderzoek ik de houdbaarheid en consequenties van deze typering. Overigens is de vergelijking van de samenleving met muziekbeoefening vaker gebruikt. Ook de vergelijking met jazz is eerder gemaakt. Het gaat dan vaak om toepassingen in de sfeer van de sociale psychologie, waarbij ook een sterk normatieve boodschap is geïmpliceerd: 'zo zouden we moeten leven'.[1]

Ik denk aan een sociologische betekenis die te maken heeft met de organisatie van de samenleving: 'zo leven we eigenlijk'. Nu lijkt de combinatie van de woorden improvisatie en organisatie een contradictio in terminis. De kern van de improvisatie ligt immers in de spontaniteit. Het verwijst naar het beeld van de solist die alleen en in alle vrijheid muziek uit zijn instrument tovert. Dit is echter een te beperkte voorstelling van zaken (bijvoorbeeld Kernfield, 1995). De solist beleeft zijn spontaniteit immers in de relaties met zijn medespelers, in de akkoorden, het thema, het motief, in de loopjes, de intro en het einde.

De solist verhoudt zich daarenboven tot een grotere omgeving van instrumenten, ruimte, aankleding, publiek en baseert zich op ervaringen, herinneringen en esthetische voorkeuren (Cobussen, 2009). De spontaniteit ligt met andere woorden ingebed in een groter geheel, waarmee de kern van improvisatie verschuift van spontaniteit naar *afstemming*. In de afstemming van de handelingen op de omgeving, op de beleving en op de coherentie van het samenspel komt een geslaagde improvisatie tot stand. Afstemming veronderstelt structuur, synchroniciteit en zelforganisatie. Afstemming tussen identiteiten creëert ordening en beschouw ik als de essentie van het sociale ordeningsproces.[2] Dit inzicht maakt het verdergaand mogelijk om over de maatschappelijke instituties en de politiek daarvan – enigszins speculatief – na te denken. En daarmee zijn de onderwerpen van dit hoofdstuk voldoende aangekondigd.

Improvisatie als sociale voorstelling
Charles Taylor (2004) introduceert in een gelijknamig boekje het begrip 'social imaginaries'. Het zijn de voorstellingen die wij nodig hebben om de alledaagse praktijken van een samenleving mogelijk te maken: 'the ways people imagine their social existence, how they fit together with others, how things go on between them and their fellows, the expectations that are normally met, and the deeper normative notions and images that underlie these expectations' (p. 23). Het zijn meer dan ideeën of levensbeschouwingen, het gaat om de basisnoties van de maatschappelijke orde: 'an implicit understanding'. Kenmerkend voor het Westen zijn de voorstellingen van de moderne samenleving als markt, als publieke sfeer en als vorm van zelfbestuur.

Er is in onze voorstellingen geen plaats voor een God of hogere macht die ons collectief stuurt, zoals in het premoderne tijdperk. Deze overgang heeft Taylor (zelf praktiserend katholiek) nadien beschreven in *A secular age* (2007), waarin hij nauwkeurig laat zien hoe de hiërarchisch geordende wereld van de middeleeuwen geleidelijk werd onttoverd tot een seculiere rechtsstaat. Daarin zijn drie opgaven gerealiseerd: de disciplinering van het persoonlijk leven, een geordende samenleving en een innerlijke houding die genoeg heeft aan zichzelf (Taylor, 2007, p. 82 e.v.). We legden elkaar vast in een sociaal contract van rechten en plichten, hetgeen vanaf de verlichting heeft geleid tot een instrumentele voorstelling waarin 'security and prosperity the principal goals' zijn (Taylor, 2004, p. 13). Veiligheid en welvaart als de omvattende doelstellingen van de westerse samenlevingen, te realiseren zonder verinnerlijkte hiërarchie. Onze 'sociality' is gebaseerd op voorstellingen van wederzijds profijt, georganiseerd door een politieke staat, onder de condities van vrijheid en gelijkheid (Taylor, 2004, p. 19 e.v.). Deze voorstellingen en de daarbij behorende praktijken dienen keer op keer te worden herijkt en bevestigd. Elke tijd creëert de voorstellingen die passend zijn bij de vigerende condities. Momenteel hebben we volgens Taylor te maken met een 'radicale horizontaliteit': ieder lid van de samenleving heeft onmiddellijke toegang tot het geheel. Dit stelt nieuwe eisen aan ons voorstellingsvermogen.

We moeten onszelf kunnen zien als deel van horizontale, collectieve handelingen en ons de samenleving kunnen voorstellen als een systeem van processen. In de gelijktijdige aanwezigheid van alles en iedereen realiseert zich de betekenis die we voor elkaar hebben (Taylor, 2004, hoofdstuk 11). Taylor opent met dit beeld een nieuw relationeel perspectief op de netwerkmaatschappij. Het veronderstelt competenties in termen van overzicht, openheid, transparantie, gelijktijdigheid, selectie, transacties. Vaardigheden, maar ook ervaren noodzaak en bereidheid om deel te zijn van een complex aan processen, waarbinnen en waarmee een zekere coherentie moet worden gerealiseerd.

Coherentie die goedschiks en kwaadschiks tot stand kan komen. Goedschiks als de actoren in vrijheid deelnemen aan het collectieve handelen, kwaadschiks indien deze van bovenaf moet worden opgelegd. Van beslissende betekenis voor 'het proces' is hoe dan ook de afstemming van de eigen activiteit op die van de anderen in de directe omgeving, die zichzelf altijd ook weer als onderdeel van een grotere omgeving beleven. Daarmee komen we bij het wezen van wat ik de improvisatiemaatschappij noem: het geheel van processen van afstemming op de omgeving waarmee de sociale ordening van een onbegrensde wereld zich realiseert.

Zij onderscheidt zich van een hiërarchische maatschappij, waarin de processen niet alleen van bovenaf zijn opgelegd, maar ook als zodanig zijn verinnerlijkt. Dit betekent niet dat de improvisatiemaatschappij geen *top-down* structuren meer kent. Menselijke sociale orde veronderstelt normativiteit – ik heb dit in het vorige hoofdstuk omstandig uiteengezet. Voor veel actuele processen geldt dat zij vaste structuren, regels en protocollen kennen. Ook is het mogelijk dat netwerken voldoende vertrouwen genereren op basis van wederkerigheid, afstemming en persoonlijk contact.

Van Gunsteren (2006) pleit ervoor meer uit te gaan van het resultaat van het democratische proces dan ons blind te staren op het chaotische proces dat eraan voorafgaat. Democratie is volgens hem 'orde zonder baas', en we moeten vertrouwen op het zelforganiserend vermogen: 'vanwege de onmogelijkheid van directe en omvattende controle wordt vertrouwen een kernelement van zelforganisatie' (p. 60). Hoewel ik een vergelijkbaar pleidooi doe, acht ik het als richtsnoer voor politiek te naïef. De in deel II geschetste ordeningsoffensieven laten het belang zien van een normatieve richting in menselijke netwerken. Controle (op basis van recht en regulering) én vertrouwen vormen de richtinggevende parameters van de orde der improvisatie.

Een kleine excurs over improvisatie[3]

Volgens het woordenboek is improvisatie mondelinge of instrumentele voordracht die op het moment dat zij bedacht is ten gehore wordt gebracht; ook gaat het om variaties op een bekend thema of gegeven. Improviseren heeft nog de extra betekenis van werken met de op dat moment beschikbare middelen: roeien met de riemen die je hebt. De term improvisatie wordt vooral gebruikt in het theater en de muziek. In improvisatietheater verzinnen de spelers het verhaal, de personages en de dialogen ter plaatse. *Awareness*, luisteren, focus, vertrouwen en instinctief of spontaan handelen worden als belangrijke vaardigheden voor acteurs gezien. Toch denken we bij improvisatie al gauw aan de wereld van de muziek, meer in het bijzonder aan de jazz.

Muzikale improvisatie is spontane melodievorming, met een inbedding in een vaste harmonie en een gegeven ritme. Zowel het spontane karakter als de structuur heeft een musicologisch verleden. De eenvoudigste muzikale vorm is lineair: de melodie. Het gregoriaans, oorspronkelijk eenstemmige zang, wordt al in de vroege middeleeuwen rijk versierd: van de tekst worden één of meer klinkers, elk uitgerekt over 'trossen' noten die het effect van improvisatie geven. Vanaf de achtste eeuw ontwikkelt zich vocale meerstemmigheid, van parallelle tweestemmigheid tot vierstemmigheid. Deze vindt in de renaissance haar hoogtepunt in een complex polyfoon weefsel van melodieën en tegenmelodieën: het contrapunt. In de tweede helft van de zestiende eeuw klinken de eerste liederen met akkoordbegeleiding.

Vanaf de zestiende eeuw (in de barok) ontstaat harmonische begeleiding in de vorm van akkoordspel op bijvoorbeeld het klavecimbel, dat samen met een gamba, cello of fagot de *basso continuo* (lopende bas) vormt. Rond de melodie worden versieringen gemaakt, zoals korte of lange trillers of toonladderfiguren: vormen van improvisatie. Bach was bijvoorbeeld een uitstekende improvisator (onder meer in zijn orgeltoccata's). In de periode van 1770-1800 ontstaan steeds meer uitgeschreven variaties in melodie, harmonie of ritmiek: gestolde improvisaties. Ook is er de ontwikkeling van de cadens, een fantasie ter afsluiting van het stuk. In de romantiek zien we een terugkeer van de improvisatie (bijvoorbeeld bij Liszt) of uitgeschreven muziek alsof zij geïmproviseerd was.

Improvisatie wordt vanzelfsprekend bij uitstek toegepast in de jazz, waarbij meestal over een vast akkoordenschema melodisch wordt geïmproviseerd. In de vroege jazz (begin twintigste eeuw) blijft de improvisatie nog dicht bij de vaste melodie (het gaat eerder om omspelingen). Bij meerstemmige improvisaties gaat het vaak meer om variaties op de melodie. Kernfield (1995) onderscheidt 'paraphrasic' improvisatie (versieringen), 'formulaic' improvisatie (combinatie van fragmenten tot iets nieuws) en 'motivic' improvisatie (vanuit een idee of motief). Improvisatie is met andere woorden spontaan in relatie tot iets anders.

Kernfield wijst er ook op dat in de jazz het onderscheid tussen componeren, arrangeren en improviseren niet duidelijk is: 'the key issue is control what to compose and what to leave open' (p. 99). Een arrangement is een uitgeschreven vrije vorm – een tijdelijke ordening – op basis van een dwingende melodie (motief). In de improvisatie wordt ook veel gebruikgemaakt van vaste elementen: *riffs*, motiefherhalingen tegen een wisselende harmonische achtergrond.

Er bestaan overigens hele vrije vormen van jazzimprovisatie, waarin ook de harmonieën (de akkoorden) zijn geïmproviseerd. In de *free jazz* ligt meestal niets van tevoren vast. Improvisatie is in haar kern een vorm van instant composing, waarbij de compositie wordt bepaald in de interactie met de andere actoren, de omgeving, de muzikale geschiedenis en de innerlijke coherentie van de muziek.

Technisch gesproken wordt deze coherentie bepaald door verticale momenten in horizontale stromen. Het akkoord is verticaal. Er wordt onderscheid gemaakt tussen onderbouw en bovenbouw met akkoordverankeringen. Tussen de samenvallende tonen klinken doorgangstonen of wisseltonen, zij creëren de verrassingsmomenten. Er klinken consonanten en dissonanten. Na een dissonant moet bij voorkeur een oplossing volgen. In het metrum (telwerk) komen melodie en harmonie in hun beweging samen, dat creëert het ritme. In muziek zit meestal een terugkeer, men komt als het ware uit en thuis. Het thuisakkoord (de tonica) is het uitgangspunt van de dragende harmonie. De drie functies tonica, dominant en subdominant zijn sterk op elkaar betrokken en vormen de harmonische organisatie van de compositie.

Dat alles geldt ook voor de geïmproviseerde muziek. Er is aldus meestal sprake van een improvisatie op basis van een harmonische structuur, tenzij daar welbewust van wordt afgezien, zoals in de *free jazz*. Maar ook deze zal niet kunnen loskomen van de omgeving, de geschiedenis en de verwachtingen van het publiek. Deze laatste zijn meer in het bijzonder van belang. Het verwachtingspatroon is tegenwoordig eerder ritmisch dan harmonisch bepaald in lijnen van spanning en ontspanning. In de improvisatie bepaalt het proces de vorm en richting van de compositie. Maar zij is niet vrij – ze is gebonden aan verticale momenten van synchroniciteit tussen melodie, harmonie, metrum en ritme. Geslaagde improvisatie realiseert zich in principe in harmonische en metrische coherentie (of speelt daarmee). Jazz is georganiseerde vrijheid; improvisatie veronderstelt organisatie.

De organisatie van afstemming
De organisatie van improvisatie verwijst wetenschappelijk gesproken naar het enorme terrein van de bestuurs- en organisatiewetenschappen. Deze disciplines hebben vanaf de jaren vijftig geleidelijk een

centrale plaats binnen de sociale wetenschappen weten te veroveren. Dit kunnen we begrijpen als het wetenschappelijke antwoord op het vraagstuk van complexiteit zonder richting. Het gaat daarbij om vraagstukken als de verhouding tussen publieke en private organisaties, vormen van leiderschap, de rol van waarden, sturing van netwerken, integriteit van organisaties, de relatie tussen beleid en bestuur, en tussen bestuur en organisatie.

Centraal begrip in de literatuur van de afgelopen decennia is *governance*, dat meestal vertaald wordt als 'besturen' en dat tientallen definities kent. Burris e.a. (2008, p. 9) houden het na een voetnoot van twee volle pagina's op: 'organized efforts to manage the course of events in a social system'. In het kader van dit boek zou ik *governance* nog eenvoudiger willen definiëren als 'de organisatie van afstemming'. *Governance* staat vanzelfsprekend in relatie tot *government* (bestuur) en is met name opgekomen omdat de overheid steeds minder monopolist was in publieke vraagstukken (Burris e.a., 2008).

Toch gaat het om meer dan de vraag hoe publieke en private partijen zich tot elkaar moeten verhouden. *Governance* staat ook in nauwe relatie met wat als *wicked problems* worden gezien. Voor dergelijke problemen zijn geen definitieve antwoorden mogelijk, vanwege de hoge mate van complexiteit, steeds veranderende omstandigheden en ambigue veronderstellingen over wat goede oplossingsrichtingen zijn (Van Steden, 2010). Van Delden (2009) spreekt in vergelijkbare zin van 'venijnige vraagstukken', waarvoor het lastig beleid maken is, laat staan tot uitvoering daarvan te komen. Droog geformuleerd gaat het om de constatering dat 'beleid tot stand komt in complexe interactieprocessen tussen een groot aantal actoren' (Klijn & Koppenjan, 1994, p. 148).

De literatuur over *governance* staat bol van nogal taai onderzoek naar condities, vormen, faseringen en verhoudingen, dat inzicht moet bieden in de meest effectieve en efficiënte werkwijzen. Van Delden deed voor mijn doeleinden relevant onderzoek naar ketensamenwerking in talloze praktijken (veiligheid, jeugdzorg, cultuur, werk en inkomen) en wijst op het belang van het ontwikkelingsverloop van de samenwerking. Hij komt twee vormen van stagnatie tegen: schijnsamenwerking en eilandsamenwerking. De belangrijkste bevinding in het kader van de improvisatiemaatschappij is dat niet belangen, maar gedragsimpulsen de invloed van partijen bepalen.

Hij onderscheidt intentionele impulsen die vooral te maken hebben met de voorwaarden waaronder een netwerk functioneert. Daarnaast zijn er activistische impulsen die zijn gericht op kortetermijnresultaten. Ten slotte ziet hij verbindende impulsen die gericht zijn op duurzame resultaten. Deze impulsen die respectievelijk veelal van het bestuur, de professionals en het management komen, kunnen vanzelfsprekend strijden met elkaar. Dergelijke stagnatie leidt tot onderhandeling, waarvan de afronding cruciaal is door wederzijdse blijken daarvan te geven, door collegiale betrekkingen en door verticale coördinatie. 'De kracht van samenwerking schuilt in de energie uit gedragsimpulsen' (Van Delden, 2009, p. 93). Het is exact datgene wat improvisatie haar kwaliteit geeft.

Van Delden stelt twee strategieën tegenover elkaar. De exploratieve strategie is gericht op interactie tussen partijen, waarin de situatie leidend is, en die veel effect kan genereren met grote lokale verschillen. De programmatische strategie stelt heldere doelen, komt tot een uitvoeringsprogramma, heeft vaak minder effect, maar vertoont ook minder verschillen. Vanzelfsprekend zijn er veel tussenvormen denkbaar: 'gemengd bedrijf' zogezegd (zie Nederland e.a., 2009). We herkennen hierin het verschil tussen het klassiek moderne en het vernetwerkte besturen van Hajer (hoofdstuk 7). En we zien de glijdende schaal tussen improvisatie, arrangement en compositie. 'In de duizenden samenwerkingsverbanden in vrijwel alle sectoren tekent zich een geleidelijke omwenteling af naar een vernetwerkte publieke dienstverlening' (Van Delden, 2009, p. 142). Ik noem het de improvisatiemaatschappij.

Tussen incident en institutie
Dat roept de vraag op naar de gebeurtenissen waaromheen de afstemming plaatsvindt. Vanuit de complexiteitstheorie zouden we kunnen spreken van attractoren. Een *attractor* is een toestand waar een systeem zich in de loop van de tijd omheen organiseert. Er zijn in principe drie mogelijkheden voor 'het aanzetten' van het sociale ordeningsproces: incidenten, initiatieven en zwaartepunten.

Incidenten zijn bepaald door hun contingentie: zij doen zich gewoonweg voor en kunnen aanleiding geven tot ad-hocacties, regulering of zelfs structurele maatregelen. Ik geef als voorbeeld overlast van jongeren in Slotervaart: hier is sprake van incidenten met een dusdanige frequentie dat zij aanleiding geven tot afspraken. De betrokken partijen van politie tot jongerenwerk en van woningcorporaties tot het onderwijs ordenen zich rond het incident.[4] In programmatische vorm zien we dit terug in de veiligheidshuizen, fysieke samenwerkingsverbanden rond veiligheidsproblemen (Ministerie van Justitie, 2009b).

Initiatieven zijn intentionele acties van individuele knooppunten (personen of organisaties) die uiteindelijk richtinggevend kunnen zijn voor een geheel netwerk. Eén buurtbewoner krijgt een buurt aan het opknappen; één activist kan massale demonstraties teweegbrengen. Juist in een complexe situatie is opgemerkt dat individuele burgers een cruciale rol spelen als 'everyday maker' (Bang & Sørensen, 1999). Ook organisaties kunnen (al dan niet bemiddeld door een actieve medewerker) het voortouw nemen in de samenwerkingsverbanden en netwerken. Initiatieven sluiten nauw aan bij de gedragsimpulsen van Van Delden.

Zwaartepunten ten slotte zijn op te vatten als organisaties of instituties die er binnen een bepaald beleidsveld het meest toe doen.[5] Het kan hier gaan om *hubs* (de knooppunten met veel relaties), maar ook om machtscentra of dure voorzieningen. Zij creëren velden van activiteit door sturing, maar ook door preventieve interventies. Teneinde bijvoorbeeld het strafrechtelijk systeem als *ultimum remedium* te laten functioneren, ontwikkelt zich een veld van criminaliteitspreventie, risicobeheersing en voorzorg. Het strafrecht fungeert hier als zwaartepunt binnen het veiligheidsveld.[6] Op het terrein van de gezondheidszorg komt een dergelijke positie toe aan de specialistische hulp. Teneinde het beroep op de specialisatie te voorkomen, ontwikkelt zich een veld van risicobeheersing en preventieve activiteiten.

Het incident creëert de actie, het individu het initiatief en het zwaartepunt het veld. De ordening ontstaat min of meer willekeurig, ze verschijnt: emergentie. Wanneer we uit zijn op programmatische ordening, dan komt het erop aan attractoren te benoemen die kunnen functioneren als kern. En die constatering verwijst naar de institutionele betekenis van de improvisatiemaatschappij. Want wat blijft er over van een maatschappij indien we deze niet anders kunnen denken dan in termen van netwerken en hun afstemmingspatronen? Is er eigenlijk nog wel reden om het woord maatschappij überhaupt te gebruiken?

Het antwoord op deze vraag is te vinden in de zwaarte en de coherentie van de institutionele organisatie, waarbij de grenzen van de natiestaat de politieke begrenzing aangeven. De ordening op basis van afstemming rond incidenten, initiatieven en zwaartepunten voltrekt zich op relatief stabiele terreinen als de gezondheidszorg, de veiligheid, het onderwijs en al die andere publieke en private sectoren. De afstemming binnen en rond instituties ontwikkelt zich vanuit de zwaartepunten van de desbetreffende institutionele praktijken. Deze zijn te vinden in de kernfunctie van de desbetreffende institutie en deze is daarmee richtinggevend voor het veld waarop ze functioneert. De kernfunctie bepaalt de identiteit van de organisatie.[7]

De kern van het onderwijs bijvoorbeeld bestaat naar mijn mening uit *overdracht*, dat wil zeggen het overbrengen van kennis en levenservaring van de ene generatie op de andere. Het onderwijssysteem definieert zich vanuit deze kernfunctie. Deze bepaalt het curriculum, maar impliceert in sociaal opzicht ook bijvoorbeeld generationeel onderscheid, een zekere orde in de klas en wederzijds respect voor de rollen van leraar en leerling.[8] Een inhoudelijke praktijkkern voor bijvoorbeeld jeugdinrichtingen is *morele correctie*, dat wil zeggen de expliciete afwijzing van het delictgedrag en de poging om een morele herbezinning teweeg te brengen bij de betrokken jongeren.

Een ander voorbeeld van een inhoudelijke praktijkkern is de *empathische ondersteuning* in de zorg; Moll (2006) spreekt in dat verband van 'doktoren'. Medemenselijke zorg is ondenkbaar zonder enig invoelend vermogen, maar is ten principale gericht op ondersteuning van de zorgbehoeftige ander. De kern van het politiewerk kan worden opgevat als *normatieve begrenzing*, zowel van de openbare orde als van het strafrecht – in het gangbare taalgebruik gaat het dan om de handhaving (Boutellier, 2010). En zo kunnen we doorgaan: het Openbaar Ministerie is er in de kern voor *proportionele vergelding* en het welzijnswerk voor *activerende participatie* (zie Boutellier & Boonstra, 2009). Het legt de basis voor het gemeenschappelijke verhaal van bestuurders, burgers en professionals dat vaak zo node wordt gemist (zie hoofdstuk 5).

Vanzelfsprekend valt over de bepaling van deze kernfuncties te twisten, maar toch bij voorkeur niet al te veel. Naarmate moeilijker consensus te verkrijgen is over de inhoudelijke praktijkkern (de attractor zogezegd) zal het ingewikkelder zijn om de vertegenwoordigers van de institutie te laten spreken. De argumentatie is hier dat de inhoudelijke kern van de publieke functies bepalend is voor de inrichting daarvan en voor die van het veld daaromheen. Daarenboven bepaalt deze identiteit de positie ten opzichte van andere organisaties. Improvisatie veronderstelt een duidelijke rolverdeling, maar deze zal menselijkerwijze altijd voorwerp zijn van interpretatie, competentiegeschillen en politieke machtsvorming. En daarom blijft het zinvol om ook in een onbegrensde wereld te spreken over een maatschappij. Een geografisch begrensd geheel van samenstellende delen, die op hun beurt ook weer gehelen zijn.

Immanente betekenis van praktijken

Ik constateer dat de infrastructuur van de samenleving zich laat denken vanuit kernfuncties van instituties. In de bepaling daarvan toont zich de specifieke rol die een organisatie toekomt. Dit is iets anders dan het institutionele belang, dat meestal financieel gemotiveerd is. Een geloofwaardige inbreng in de improvisatiemaatschappij bestaat uit procesmatig meedoen op basis van inhoudelijke inbreng. Juist van dit laatste blijkt in de praktijk vaak zo moeilijk een voorstelling te maken (Tonkens e.a., 2006b). Het lijkt er soms op of *professionals* 'vergeten' zijn dat hun positie gebaseerd is, of zou moeten zijn, op een betekenis die besloten ligt in de praktijk als zodanig. Het vertrekpunt voor 'een professionele moraal' ligt in de immanente betekenis van sociale praktijken.

Ik leun voor deze opvatting op de ideeën van MacIntyre, die in zijn boek *After virtue* (1981) een lans breekt voor een in menselijke praktijken besloten liggende kwaliteit. Een schaker streeft ernaar een steeds hoger niveau binnen de regels van het spel te bereiken; zo'n opdracht is inherent aan het spel, anders verliest het zijn 'zin'. Het goede is met andere woorden tot op zekere hoogte gegeven vanaf het moment dat men zich inlaat met een bepaalde praktijk. Ik heb deze opvatting in

1993 (heruitgave 2008, hoofdstuk 7) behandeld in contrast met het werk van Richard Rorty (met name 1989). MacIntyre houdt in zijn beroemde boek een vurig pleidooi voor een herwaardering van de deugdzaamheid en beroept zich daarvoor op de klassieke en christelijke tradities (een vergelijkbare onderneming als die van Kinneging, 2005; zie voor een actuele inleiding op MacIntyre: Overeem, 2010).

Rorty verzet zich tegen elke claim van een morele waarheid, maar denkt eerder in termen van rechtvaardiging. Morele posities kunnen hun geldigheid hooguit bewijzen. Vandaar dat hij zich een neopragmatist noemt. Zijn werk sluit zonder meer aan bij de improvisatiemaatschappij. Zijn 'postmodernistische' visie is onverkort actueel, maar ik kom intussen tot een andere beoordeling van MacIntyre waar het gaat om de betekenis van praktijken voor morele richting in een complexe omgeving. Institutionele praktijken vormen de basis van samenleven c.q. afstemmen in structuur, synchroniciteit en stabiliteit. In de praktijken voltrekt zich het levensverhaal.

Rorty (1986) wijst er in een voetnoot op dat in het boek van MacIntyre een eigenaardige cesuur zit. Het eerste deel is een felle aanklacht tegen de leegheid van de emotioneel gestuurde moraliteit die ons na de verlichting nog rest ('emotivisme'). Maar in het tweede deel schetst hij een beeld van een samenleving, opgebouwd uit praktijken, waarin individuen coherentie vinden in wat hij noemt 'het narratieve zelf'. In de institutionele praktijken formuleren individuen hun identiteit. Dit biedt een belangrijk filosofisch aanknopingspunt voor de publieke moraal van de improvisatiemaatschappij. Deze vindt zijn vertrekpunt vanuit de immanente betekenis van praktijken, met dien verstande dat we altijd geneigd zullen zijn daarover te twisten.

De immanente betekenis is niet heilig, maar kent vaak wel lange tradities en historiciteit. Elke praktijk kent als het ware zijn eigen canon. Het WRR-rapport *Waarden, normen en de last van gedrag* (2004) zag in de instituties de dragers van de publieke moraal, maar vergat zich uit te spreken over de vraag waarop deze dan gebaseerd zou moeten zijn. Op sommige vmbo-scholen bijvoorbeeld is de zin van het onderwijs volledig ondergeschikt geraakt aan de opgave om enige orde te houden (Luiten, 2006, hoofdstuk 3; ook Boon, 2009). Dat kan niet lang goed gaan. Ook opvoeding in een gezinssituatie verliest haar immanente betekenis indien ouders zich ondergeschikt maken aan de grillen van hun kinderen. Een 'onderhandelingshuishouding' vindt haar begrenzing in de kernfunctie van de institutie. Indien het ontbreekt aan een gedeelde 'zin' in een praktijk, dan verliest deze zijn betekenis. Richting brengen in praktijken begint bij de praktijk 'an sich', dat wil zeggen in de wijze waarop deze historisch gesproken is gegroeid.

In de immanente zingeving van praktijken schuilt de mogelijkheid om een brug te slaan tussen de eenzame praktijk van de professional en de maatschappelijke opdracht van zijn organisatie. De besturing van sociale praktijken moet zijn gebaseerd op explicitering van de inhoudelijke opdrachten aan de instituties. Deze dienen aan te sluiten bij de praktijken van professionals. Het gaat hierbij om overeenstemming over de inhoudelijke kern van de praktijk, zonder welke deze als zinloos kan worden beschouwd.[9] Ook opleidingen dienen zich bezig te houden met de kernfuncties van de desbetreffende praktijken. Publieke moraal is afhankelijk van zelfbewuste instituties, waarvan de maatschappelijke opdracht misschien wel meer voor het oprapen ligt dan wij geneigd zijn te denken.

De politiek van het improviseren
Gegeven de institutionele opbouw van de samenleving, op basis van haar kernfuncties, kom ik opnieuw op de rol van de overheid. Ik heb eerder beargumenteerd dat de prominentie van de staat in het ordeningsproces niet onderschat moet worden.[10] Ook een literatuuranalyse van meer dan achthonderd wetenschappelijke studies door Hill en Lynn (2005) wijst uit dat hiërarchische sturing van de overheid dominant blijft: 'the seemingly "paradigmatic" shift away from hierarchical government toward horizontal governance (hence the increasing preference for "governance" as an organizing concept) is less fundamental than it is tactical: new tools of administrative technologies are being added that facilitate public governance within a hierarchical system'. (Hill & Lynn, 2005, p. 189)

De staat behoudt volgens deze auteurs zijn centrale positie, ook al gaat dat met nieuwe technieken in nieuwe verhoudingen tot andere actoren. De staat breidt zijn invloedssfeer uit, maar verliest tegelijk zijn greep daarop: 'The King is dead, long live the extended royal family', aldus Burris e.a. (2008, p. 17). We dienen uit te gaan van een hybride positie van de staat waar het gaat om de formulering van de maatschappelijke opdracht van de instituties en de organisatie van afstemming.[11] Van politiek belang zijn enerzijds de slagkracht van deze uitgebreide familie en anderzijds de democratische controle erop. Het kan netwerken aan politiek gelegitimeerde *meta-governance* ontbreken (Sørensen, geciteerd in Van Steden, 2010). Deze zou zich moeten verhouden tot zowel de nieuwe problemen als de nieuwe mogelijkheden die in de improvisatiemaatschappij besloten liggen.

Problemen en kansen hebben vaak dezelfde oorsprong; ik ga uit van drie probleem-kansdimensies in de improvisatiemaatschappij. De eerste is die van *uitsluiting versus opening* naar andere netwerken. Van diverse kanten is erop gewezen dat de netwerkmaatschappij een klasse creëert van buitengeslotenen. Castells spreekt zelfs van 'een vierde wereld' van mensen die niet mee kunnen komen in de informatiemaatschappij (2000b, p. 70-165). Ook de eerder besproken Luhmann wijst op het gevaar van uitsluiting. Hij brengt dit in verband met de besproken zelfreferentiële tendens van systemen: 'to reconstruct external reality in conformity with the demands of internal coherence and cohesiveness' (geciteerd door Burris e.a., 2008, p. 28).

Daar staat tegenover dat het open karakter van de netwerkmaatschappij nieuwe mogelijkheden biedt voor aansluiting en insluiting bij andere netwerken. De onbegrensdheid van de netwerkmaatschappij biedt in principe altijd mogelijkheden tot nieuwe ontmoeting en vereniging (die overigens ook destructieve kanten kunnen hebben in de vorm van radicalisme en destructie).[12] In de negatieve beoordeling speelt wellicht een onderschatting van de nieuwe mogelijkheden tot lichte gemeenschapsvorming. Maar tegelijkertijd maakt de improvisatiemaatschappij geen einde aan machtsverhoudingen, ongelijkheid en onrechtvaardigheid en kan deze in nieuwe vorm reproduceren.

De tweede probleem-kansdimensie is *hypercontrole versus diffusie* van macht en mogelijkheden. Diverse auteurs waarschuwen voor een controlemaatschappij of de ontwikkeling van een autoritaire overheid. In de vorige hoofdstukken heb ik de programma's beschreven om ordening te realiseren. Deze kunnen zonder meer centralistische en autoritaire trekken aannemen. Daar staat de permanente ontregeling die de complexiteit van de improvisatiemaatschappij eigen is tegenover. In de onbegrensde wereld lijkt centrale controle per definitie uitgesloten. Probleem is eerder dat een hybride overheid vaak weinig slagvaardigheid weet te ontwikkelen.

Dat neemt niet weg dat zich een geleidelijke informatisering van het persoonlijke leven kan voltrekken. De vorm van 'controle' is dan minder het resultaat van een totalitaire wil tot macht (die in een complexe democratische rechtsstaat weinig kans van slagen heeft) dan van bestuurders en burgers die nieuwe technologische vindingen omarmen op grond van gemak of urgentie. Hier speelt eenzelfde mechanisme als beschreven door Robert Reich (2007) voor de opkomst van het superkapitalisme. Deze wijdt hij aan de combinatie van rollen als burger, werknemer, consument en belegger (bijvoorbeeld via de pensioenfondsen), die oppositie onmogelijk maakt. In een informatiestaat komen de rollen van burger, consument, potentieel slachtoffer en potentiële dader samen. Het zou het gevreesde hoogtepunt zijn van de microfysica van de macht (Foucault, 1977).[13]

De derde probleem-kansdimensie betreft *de angst voor chaos versus vertrouwen in ordening*. Ik heb deze angst willen ontkrachten door te wijzen op de ordeningsprocessen die zich altijd en overal laten zien. Netwerken zijn als gezegd niet de bron, maar veeleer de oplossing van complexiteit. Maar zij creëren ook veel gedoe en onduidelijkheid. Met het begrip improvisatie heb ik juist deze ambiguïteit van onzekerheid en ordening willen vatten. Processen van organisatie en ontregeling zijn permanent aan de orde, en leiden bij voorkeur – al is het maar tijdelijk – tot afstemmingsprocessen die 'kloppen'. Het laatste is een volstrekt tekortschietend begrip, dat ik desalniettemin van toepassing acht op de beleving dat afstemming van actoren richting geeft en energie oplevert. Ik heb daarbij nadrukkelijk gewezen op het belang van normatieve richting.

De kansenzijde van de improvisatiemaatschappij veronderstelt een politiek-normatieve strategie. In de netwerksamenleving dreigt een tekort aan geborgenheid en geruststelling, dat vanuit een oogpunt van sociale continuïteit zou moeten worden overwonnen. Daar staat tegenover dat de improvisatiemaatschappij mogelijkheden biedt voor experiment, innovatie en vitaliteit in lokale, kleinschalige settings rond concrete problemen, ideeën of idealen (Burris e.a., 2008).[14] Het inzicht dat de improvisatiemaatschappij vormen van 'micro-governance' mogelijk maakt, los van de grote organisaties en de grote structuren, is op zijn minst uitdagend te noemen. De condities maken het mogelijk te bemiddelen tussen een oorverdovende kakofonie en momenten van schitterend samenspel.

EPILOOG EN VERANTWOORDING

We zoeken in de samenleving naar richtinggevende motieven. Omdat het steeds moeilijker is deze te bepalen onderzocht ik de concrete ordeningsprocessen en heb ik mijn toevlucht gezocht tot vocabulaires uit andere domeinen. Ik probeerde van daaruit maatschappelijke ontwikkelingen te duiden, geschikt te maken voor gesprek – de minimumvariant van waarheidsvinding. Ik zet de bevindingen nog eens op een rij en reflecteer op de psychologische consequenties: hoe geruststellend is een wereld van improvisaties? Vervolgens zal ik me in wetenschappelijke zin kort verantwoorden.

In de term improvisatiemaatschappij schuilen verschillende betekenissen. Er is de suggestie van behelpen, roeien met de riemen die we hebben. Nieuwe condities dwingen tot actie, noodverbanden en bestuurlijke drukte; tot een ad-hocpolitiek van aanrommelen, uitproberen en overhaaste wet- en regelgeving. Improvisatie staat dan gelijk aan provisorisch, tijdelijk en bij gebrek aan beter handelen. Het verwijst naar de onmacht waar ik het boek mee heb geopend, naar een samenleving die zichzelf vooral als chaotisch ervaart. Aan het einde van het boek gekomen hoop ik duidelijk te hebben gemaakt dat improvisatie ook perspectief kan bieden. Sterker nog, ik denk dat het zinvol is om improvisatie op te vatten als metafoor voor de sociale ordening van een onbegrensde wereld. Het is de menselijke variant van complexiteit.

De improvisatiemaatschappij duidt in de tweede plaats dan ook op nieuwe sociale vormen, die in de kern gaan om afstemming. In meer en minder strakke composities, arrangementen en spontaan acteren tekent zich een caleidoscopisch beeld af van netwerken, clusters en subculturen. De relaties tussen de samenstellende identiteiten kunnen zijn vastgelegd, in de vorm van uitgeschreven afspraken over motieven, thema's (eventueel in contractvorm) en uitgangspunten (probleemdefinities en analyses), of zijn gebaseerd op de intentie om op elkaar te willen reageren (in wederkerigheid).

In de derde plaats duidt de improvisatiemaatschappij op nieuwe institutionele verhoudingen. Instituties ontwikkelen zich op basis van traditie en vernieuwing en verlenen de samenleving stabiliteit. De kernfuncties van de instituties en organisaties – identiteiten – leveren het zwaartepunt voor samenhang en samenwerking. Het recht komt daarin een bijzondere positie toe, maar ook andere instituties zijn dragers van de vanzelfsprekende maatschappelijke continuïteit. Recht, informele regulering en vanzelfsprekendheid geven normatieve richting. Dit boek beoogt ook van deze derde maatschappelijke betekenis een beeld te geven, waarbij de eerste twee zijn geïmpliceerd.

De improvisatiemaatschappij kent idealiter een ongekende vrijheid vanuit rolvastheid in de afstemming en de afgesproken patronen. Dit doet zij soms met succes, maar ook vaak geforceerd of gedoemd tot mislukking. Sociale ordening op basis van verinnerlijkte ongelijkheid is afgelost door ordening op basis van synchronisatie tussen individuen, rollen en functies. Afstemming van de ene actor (persoon, organisatie) op de andere, en omgekeerd, en tot in het oneindige is het ordenende proces van de huidige netwerksamenleving. Zij komt ad hoc tot stand, vindt als vanzelfsprekend plaats, of wordt op enigerlei wijze geregeld. In het laatste geval zal de normatieve setting bepalend zijn voor de mate van sturing van bovenaf. Het besturen van de improvisatiemaatschappij vindt plaats in een hybride combinatie van functionele autoriteit en meebewegen.

De improvisatie beschouw ik als een metafoor, maar het is er een met een hoog realiteitsgehalte. Zij bepaalt de sociale aankleding van de netwerkmaatschappij, zowel in structurele als in morele zin. In structurele zin is de improvisatie een antwoord op de beschreven complexiteit: de samenstellende elementen vormen assemblages, te midden van heel veel andere assemblages. Het begrip assemblage is van de Franse filosoof Deleuze. Er zijn talloze relaties tussen de hier betrokken posities en zijn gedachtegoed.[15] Ik heb er expliciet voor gekozen deze relatie niet te leggen, omdat zijn werk bij anderen in betere handen is.[16]

Ook in morele zin is de improvisatie richtinggevend. In het zoeken naar coherent samenspel behoeven deelnemers identiteit en onderzoeken ze de betrouwbaarheid van andere identiteiten. Hiervoor kunnen ze zich baseren op de historische kernfuncties van de instituties en de wijze waarop deze zich vertalen in een maatschappelijke opdracht. In het geheel van afstemmingen drukt zich een maatschappij uit. Haar identiteit bouwt zich op uit andere identiteiten, waarbij aan de politiek de taak toekomt om deze op overtuigende wijze te verwoorden: geloofwaardig betekenis geven aan gehelen, die zijn gebaseerd op andere gehelen.

Wat is bijvoorbeeld 'Nederland' met zijn diverse gemeenschappen, zijn geschiedenis van afgeworpen verzuiling en zijn verveelde welvaart? Of welke andere ingrediënten een politicus ook maar bij elkaar wil zetten voor een overtuigend verhaal. De culturele ambivalentie – in de inleiding geïllustreerd aan de reacties op het filmische pamflet Fitna – wijst op de fundamentele ambiguïteit van de improvisatiemaatschappij. Een ambiguïteit die blijvend is. Dat is wellicht een troost, en misschien biedt het zelfs hoop (bijvoorbeeld Braithwaite, 2004). Hoop die ontleend kan worden aan de principiële onbegrensdheid van de wereld, de herontdekking van de eigen omgeving, het eigen beperkte handelen en de eigen organisatie die zelfstandige eenheid is in relatie tot andere eenheden.

Met deze uitspraak over hoop bevind ik me op de grens van het wetenschappelijk domein. Sommigen zullen vinden dat ik die al veel eerder heb overschreden. Onderhavige studie is op te vatten als een vorm van interpretatieve sociale wetenschap. Aan deze benadering zitten drie problemen vast. In de eerste plaats is er het risico van de onverantwoorde speculatie en generalisatie. Voor veel van de uitspraken in dit boek is geen hard empirisch bewijs te vinden. Niet omdat het er niet is, maar omdat het er niet kán zijn. Het begrip improvisatiemaatschappij bijvoorbeeld heeft geen materieel substraat; het kan hooguit in empirische referenties worden gevonden, bijvoorbeeld in de gedocumenteerde problemen van bestuurders en professionals. De bewijslast schuilt in zo'n geval niet in de empirische correspondentie, maar in de coherentie van eigen redeneringen en die van anderen (zie Walker, 1989). Het boek houdt het midden tussen correspondentie en coherentie, en hoopt daarin overtuigend te zijn.

Een tweede probleem is het interdisciplinaire karakter van de onderneming. Ik heb vrijelijk geput uit alle mogelijke (wetenschappelijke) bronnen en heb daaruit mijn eigen product geassembleerd.

In geval van *De veiligheidsutopie* kwam me dat te staan op het verwijt van idiosyncrasie (De Haan, 2003). Ik heb dit vooral als compliment opgevat, omdat juist op de grensvlakken van disciplines conceptuele dynamiek ontstaat. Eshun (1986, p. 186) spreekt in dat verband van *concept engineering*: 'het uitvinden van concepten om de betekenis en waarde van actuele problemen te duiden waarbij inzichten en ideeën uit andere disciplines worden gebruikt om te kunnen speculeren en prikkelen'.

Het derde probleem schuilt in het normatieve karakter van de studie. In de beschrijvende analyses piepen soms ook normatieve uitspraken op, waar het gaat om beoordelingen van bepaalde situaties. De improvisatiemaatschappij zie ik als adequate interpretatie, maar ook als een politiek-bestuurlijk zinvolle beschrijving, waarvan ik hoop dat men er wat aan heeft. In die zin speelt ook de meer filosofische ambitie van bepaling of rechtvaardiging een rol. 'Fitting theory' noemt Michael Power dat: 'The method is one of progressively and continuously refashioning a family of arguments in a process of self-critical writing, a constant and restless trade and exchange between theoretical precepts and bits of the empirical world, each mutually explicating the other in a "to and from" process as Habermas once put it (hin- und hergerissen)' (Power, 2007, p. ix).

Met een dergelijke werkwijze doe ik onherroepelijk tekort aan het zorgvuldige onderzoek in de door mij gebruikte disciplines. Ik excuseer me bij voorbaat bij al de wetenschappelijke collega's die vinden dat ik ten onrechte geen gebruik heb gemaakt van hun inzichten. Ik zoek in mijn eigen werk nu eenmaal liever het overzicht dan het detail. In dat verband beschrijf ik graag de cartoon die, onder de kop 'The World of Science', tientallen figuurtjes toont, die zulke diepe kuilen graven dat ze elkaar niet meer kunnen zien. Ik acht het zinvol om in een helikoptervlucht over deze wetenschappelijke wereld te hangen om samenhangende patronen te ontdekken. Ik heb daarmee hoog gegrepen, hoger wellicht dan verantwoord is. De improvisatiemaatschappij is ook als boek een typisch product van een onbegrensde wereld.

EINDNOTEN

Voorwoord bij de tweede, uitgebreide druk
1 Martin Sommer, Grenzen aan de vloeibaarheid, *de Volkskrant*, 22 januari 2011, Boeken, p. 5.
2 Renee Cuperus, Vloeibare netwerken, *Vrij Nederland*, 23 april 2011, p. 60-61.

De dynamiek van georganiseerde vrijheid – een opening
1 Een begrip van Stanley Milgram, dat gebruikt wordt om het netwerkkarakter van de samenleving aan te duiden (zie ook hoofdstuk 6, noot 26).
2 Respectievelijk premier van 1979 tot 1990 en van 1997 tot 2007.
3 Met dank aan Rally Rijkschroeff, die me aan dit begrip herinnerde.
4 Sjoerd de Jong ziet deze 'nieuwe scheidslijn' onvoldoende terug in *De improvisatiemaatschappij* (*NRC Handelsblad*, 11 februari 2011, Boeken, p. 3).

Hoofdstuk 1
1 Reeds in 1959 verscheen een bestuurskundig artikel over besturen als 'muddling through': doormodderen als enige bestuurlijke optie (Lindblom, 1959).
2 Tegen die achtergrond staan dan weer zaakwaarnemers op, organisaties als Beroeps(z)eer en de Vereniging voor Beter Onderwijs. Voor een serieuze verdediging van het nieuwe management zie Noordegraaf, 2004.
3 Zie voor een interessant overzicht: Wrong, 1995.
4 Van *Gemeinschaft* naar *Gesellschaft* (Tönnies in 1887), van mechanische naar organische solidariteit (Durkheim in 1893) en van een *sacred* naar een *profane* orde (Becker & Barnes in 1961) – zoals beschreven door Sztompka (2002).
5 De omgekeerde definitie – de morele inrichting van de sociale ruimte – is verdedigbaar, maar ik leg het primaat welbewust bij de publieke moraal (verdedigd in Boutellier, 2002, p. 42 e.v.). De richting in de relatie tussen moraal en handelen verwijst naar een fundamenteel debat (zie hoofdstuk 3).
6 Om misverstanden te voorkomen: God en gemeenschap blijven voor velen richtinggevend, maar hebben collectief hun vanzelfsprekende betekenis verloren. We denken principieel in termen van pluriformiteit en zelfbepaling (Taylor, 2007).
7 Opnieuw uitgegeven door AUP, in de reeks *Academic Archives* (2008).
8 Niet toevallig gelijktijdig met het seculariseringsproces.
9 Ondanks dit succes hield Jan van Dijk in 2006 (zie ook 2008a) een inaugureel pleidooi voor de erkenning van slachtofferschap (zie voor een bespreking: Boutellier, 2007a).
10 Het woord patroon gebruik ik hier enigszins terloops, maar krijgt een diepe betekenis in de 'pattern-oriented approach to complexity' van Pieters (2010).

11 Met de aantekening dat de meeste slachtoffers van terreurdaden van de politieke islam vallen in moslimlanden.
12 Een samenvoeging van agitatie en propaganda, oorspronkelijk in communistische kringen gebruikt.
13 Een thema dat Giddens uitwerkte met Beck en Lash (1994).
14 Zie in dit verband het dossier *De slag om het Historisch Museum*: geschiedenis.vpro.nl/dossiers/42174269.
15 Tegen deze achtergrond de tegenwoordige belangstelling voor levenskunst (zie bijvoorbeeld Dohmen, 2007).
16 In die zin spreekt het genoemde WRR-rapport wel erg laconiek over meervoudige identificaties. Radicaliserende jongeren hebben bijvoorbeeld juist moeite om meerdere identificaties te combineren (Gielen, 2008).
17 De bureaucratische criteria *par excellence* teneinde vorm te geven aan de substantiële normativiteit van de politiek (Weber, Engelse vertaling 1947).
18 Een verwijzing naar het pragmatische 'What works?', dat in Nederland in het sociale domein zo is aangeslagen (bijvoorbeeld Mak e.a., 2010). Ik acht dit zelf overigens ook een zinvolle benadering, die past bij de huidige condities (zie bijvoorbeeld Boutellier e.a., 2008), maar zij is niet het onderwerp van dit boek.
19 De Oostenrijkse filosoof Karl Popper sprak van *piecemeal engineering*, te vergelijken met de smalle marges van de democratie, waar PvdA-voorman Joop den Uyl zich aan verplichtte.
20 Het begrip *frame* komt van Ervin Goffman, die de verschillende werkingen ervan beschreef (1974), en is inmiddels gemeengoed in de nieuwe sociale wetenschappen rond bestuur, organisatie en communicatie.
21 De Beninse gitarist Lionel Loneke typeert in een interview (*De Groene Amsterdammer*, 27 juni 2008, p. 34) de jazzimprovisatie als georganiseerde vrijheid. Deze uitspraak inspireerde me tot de uiteindelijke titel van het boek: *De improvisatiemaatschappij*. Het beeld van de jazzimprovisatie is overigens niet origineel. Het is gebruikt door Dohmen (2008), die weer verwijst naar De Lange (in 2007) en Bateson (in 1987).

Hoofdstuk 2

1 Zie voor een bespreking van Beck: Boutellier, 2002, hoofdstuk 2.
2 De Amerikaans-Nederlandse historicus James Kennedy (1995) beschreef een dergelijke Nederlandse radicaliteit in de jaren zestig, die tot stand kwam door het relatief gemakkelijk overstag gaan van de gezagsdragers.
3 Hij schreef in korte tijd maar liefst vijf boeken rond dit begrip, waarbij gezegd moet worden dat de overlap vaak nogal groot is.
4 Dit thema is bekend van Erich Fromm: *Escape from freedom* (1941).
5 Bauman (2000, p. 2) verwijst hier naar het *Communistisch manifest* van Engels en Marx, die schrijven over 'melting the solids (...)', opdat nieuwe solide vormen kunnen ontstaan (*solid* is in het Engels ook een zelfstandig naamwoord).
6 De afvalindustrie heeft een prominente plaats in 'liquid life's economy': creatieve destructie (Bauman, 2005, p. 3).

7 Tegen deze achtergrond is sprake van een totaal andere beleving van privacy. Het private is publiek geworden, zowel in de controlesfeer (camera's, preventief fouilleren e.d.) als in de persoonlijke beleving (intieme telefoontjes in een volle treincoupé, internet-*exposure* e.d.). Dit verklaart waarom de bescherming van privacy een enigszins onmodieuze vorm van engagement is geworden.

8 Bauman ontleent aan René Girard het inzicht dat gemeenschappen slachtoffers nodig hebben – *outsiders* – die dienst moeten doen om de grenzen te markeren (en dus niet te ver verwijderd moeten zijn van de gemeenschap) (2000, p. 194).

9 Naar mijn mening komt eenzelfde status in het Nederlands toe aan het begrip veiligheid, dat ik eerder heb getypeerd als een semantisch sleepnet (2005).

10 Zie voor een uitwerking van 'beschermde gemeenschappen' als toekomstbeeld: Boutellier e.a., 2005.

11 In 2009 verscheen een Nederlandstalige bundel onder de titel *Culturele criminologie* (Siegel e.a., 2009).

12 In dit verband is het cultureel-antropologische begrip 'liminal zone' relevant, dat wijst op het schemergebied tussen de gewone wereld en de extase (Hobbs e.a., 2002).

13 In Nederland verscheen een vergelijkbare etnografische studie van De Jong (2007). Hij legt de nadruk op de groepspsychologische processen van de straatcultuur.

14 De auteurs zijn sterk beïnvloed door de lacaniaanse psychoanalyse, waarin een onderscheid wordt gemaakt tussen de imaginaire identificatie (het samenvallen met de eigen primaire verlangens) en de symbolische identificatie (het streven naar een hoger, in taal gevat, ideaal). Daarnaast onderscheidt Lacan het 'reël', de innerlijke werkelijkheid van het driftleven (zie voor een inleiding op het werk van Lacan: Mooij, 1975).

15 Consumentisme, dat wil zeggen 'the desire and ability to consume at a level far above basic needs' gaat terug tot de 18de eeuw (Veblen, geciteerd door Hall e.a., 2008, p. 89).

16 We herkennen hier het commentaar van Dalrymple (2001) op de linkse intelligentsia. Deze legt echter niet de relatie met het neoliberalisme van de jaren negentig.

17 Een vergelijkbare discussie speelde in Nederland in de jaren zeventig, toen bijvoorbeeld de criminoloog Jongman criminaliteit zag als een vorm van verzet (zie voor een bespreking Boutellier, 1993, hoofdstuk 2).

18 We zullen later in dit hoofdstuk zien dat de Duitse filosoof Peter Sloterdijk aandacht vraagt voor dezelfde drijfveer, die volgens hem in het huidige tijdperk geen uitweg kan vinden.

19 Sloterdijk onderschrijft de beroemde these van Fukuyama (1992) dat na de overwinning van het politieke liberalisme zich geen alternatief meer zal aandienen, hetgeen iets anders is dan dat er geen conflicten meer zouden zijn.

20 Ressentiment verwijst naar de psychologie van het slachtofferschap en is als zodanig 'het eerlijkst verdeelde artikel ter wereld' (p. 63). Slachtoffers

kunnen en willen vaak niet vergeven en vergeten. Liever vergroten zij de pijn om hem draaglijker te maken: 'zich vanuit de depressie van het lijden opwerken naar de overmoed van de ellende' (p. 64).
21 Op basis van bevolkingsenquêtes zijn hierover de volgende conclusies te trekken (Vollaard e.a., 2009): er is sinds het midden van de jaren negentig sprake van een daling van de criminaliteit (tussen 2002 en 2008 zelfs met een kwart). Dit komt vooral door een daling van het aantal diefstallen, die versnelde in 2002; geweld en vandalisme zijn na 2003 eenmalig fors gedaald, maar deze daling zet niet door. Rond 2002 was overigens sprake van een kleine golf van verhoogd slachtofferschap. Er is sprake van een nivellering tussen regio's en buurten.
22 De aanleiding voor deze mails was het wereldkundig worden van het project van de kunstenares, waarin ze haar dode kat verwerkte tot een handtas: 'a cat bag'.

Hoofdstuk 3

1 Door bijvoorbeeld Van Agt (het ethisch reveil) en Hirsch Ballin (1994).
2 In *de Volkskrant*, Forumpagina 25 juni 2007.
3 In alle onbescheidenheid meen ik hieraan ook een bijdrage te hebben geleverd, getuige ook de kwalificatie 'moral crusader', die Daems (2008, hoofdstuk 4) na analyse in zijn proefschrift op mij van toepassing acht.
4 De Lijst Pim Fortuyn was de protestpartij die overbleef nadat deze opkomende politicus werd vermoord op 6 mei 2002.
5 Voor zover ik weet is er geen verslag van deze bijeenkomst beschikbaar. Journalist Martin Sommer trekt in *de Volkskrant* van 25 juni 2004 (p. 27) dezelfde conclusie.
6 Van den Brink werkte deze notie nader uit in 2004b.
7 Een mooi overzichtswerk van het werk van Van den Brink is *Moderniteit als opgave* (2007), een boek dat ten onrechte weinig aandacht heeft gekregen.
8 Hetgeen aangeeft hoe urgent de veiligheidsproblematiek in het Fortuynjaar 2002 was of werd ervaren. De politieke legitimatiecrisis moest worden bezworen via de centrale pijler onder de legitimiteit van het staatsgezag: *securitas*.
9 Dalrymples eerste zin in *Leven aan de onderkant* is een opzichtige verwijzing naar Marx' *Communistisch Manifest*: 'Een spook waart door de westerse wereld: het spook van de onderklasse' (Nederlandse vertaling 2004, p. 15).
10 Dalrymples opmars in het Nederlands taalgebied begon in de destijds zeer conservatieve bijlage *Letter & geest* van het dagblad *Trouw*.
11 In het desbetreffende hoofdstuk 'Het nut van corruptie' komt Dalrymple (2005, p. 214-225) tot een verrassend positieve bespreking van Italiaanse toestanden.
12 Dit is bijvoorbeeld zichtbaar in het integratiedebat, waarin het conservatisme is veroordeeld tot de verdediging van 'het vrije Westen', waarvan het de decadente verschijningsvormen categorisch afwijst.
13 Spruyt was op dat moment directeur van de Edmund Burke Stichting.

14 Voor een nadere bepaling daarvan gebruik ik het genoemde boek van Spruyt, alsmede een artikel van Kinneging (2000, ook 2005, hoofdstuk 24). Daarnaast maak ik gebruik van Baudet en Visser (2010).
15 Spruyt zocht in 2004 de samenwerking met Wilders, waardoor zijn onderneming ongeloofwaardig werd voor zijn sympathisanten.
16 Deze notie heeft geresulteerd in *Geografie van goed en kwaad* (2005), een volumineus traktaat over individuele, gezins- en publieke deugden. Eerder promoveerde hij op een boek (1997) over de relatie tussen de aristocratie en de klassieken.
17 Het boek verscheen in het Verenigd Koninkrijk onder de titel *What's the matter with America*.
18 De conservatieven wisten uiteindelijk niets van hun actiepunten te realiseren. In 2008 maakt Frank genadeloos de balans op van acht jaar Bush onder de noemer *How conservatives ruined government, enriched themselves and beggared the nation*.
19 Zie bijvoorbeeld Bartels (2006).
20 Smith wijdt een interessant hoofdstuk aan het belang van retoriek in de zin van prioriteren, *framen* en positie innemen (Smith, 2007, hoofdstuk 2).
21 Voorafgegaan door het criminaliteitsbeleid dat vanaf het midden van de jaren tachtig vorm kreeg via de nota *Samenleving en criminaliteit* (1985).

Hoofdstuk 4
1 In tegenstelling tot de fysieke veiligheid (rampen en crisissituaties).
2 Vrijwel mijn gehele werkzame leven heb ik me beziggehouden met deze problematiek (o.a. Boutellier, 1993 [2008], 2002, 2005, 2007b; zie voor een overzicht de kritische beschrijving van Daems, 2008, hoofdstuk 4). In dit hoofdstuk concentreer ik me op de betekenisverschuivingen, vanuit de opvatting dat conceptualisering praktijken betekenis geeft en vooruitstuwt.
3 Deze heeft zich ook in essayvorm nogal eens uitgelaten over het Nederlandse strafrechtssysteem, onder andere in *Voor wie kwaad wil*, 1990; zie ook Krol, 1998.
4 Zo luidt de titel van de verkorte handelseditie van het proefschrift van Herman Franke uit 1996.
5 De beschavingstheorie van Norbert Elias maakte school onder Amsterdamse sociologen (met name De Swaan, bijvoorbeeld zijn oratie uit 1979).
6 Frankes geschiedschrijving loopt tot het eind van de jaren tachtig.
7 De gerealiseerde capaciteit van het gevangeniswezen groeide in de periode 1990-2007 van 7677 tot 18.919; in 2008 nam deze weer wat af tot 17.070 (Leertouwer & Kalidien, 2009, p. 533).
8 Voor een nauwkeurige uiteenrafeling van de nota en de beleidstheorie die eraan ten grondslag ligt, zie Van Noije en Wittebrood, 2008.
9 Ik heb deze bruggen eerder beschreven in *Meer dan veilig*, 2005. Het gaat hier om de consequenties ervan.
10 Een voorzorgbenadering is door de WRR (2008) nadrukkelijk bepleit in geval van fysieke vormen van veiligheid.

11 De Franse criminoloog Wacquant is wel van mening dat in Europa een vergelijkbare punitieve ontwikkeling gaande is als in de Verenigde Staten. Zie voor een overzicht van het werk van deze 'activistische criminoloog': Daems, 2008, hoofdstuk 5.
12 Deze vierdeling (Boutellier, 2005) is onlangs getoetst met behulp van de zogenoemde Q-methodologie. Daaruit bleek inderdaad sprake te zijn van vier verschillende factoren in beleving (Spithoven, 2010).
13 Zie www.cbs.nl/nl-NL/menu/themas/veiligheid-recht/publicaties/artikelen/archief/2010/2010-3024-wm.htm.
14 Frappant in dit verband is de titel van een strategisch rapport van het ministerie van Justitie: *Justitie = sociale cohesie* (2009a).
15 Een dergelijke bevinding deed ik in een onderzoek naar overlast in de jaren negentig onder de titel 'stelselmatige intimidatie' (Boutellier & Vinke, 2002).
16 Persoonlijke mededeling, oktober 2009.
17 Overigens is eind 2010 een herziening van het ASBO-beleid aangekondigd.
18 Van Kempen (2008) wijst op een kanteling in de rechten van de mens door een uitspraak van het EHRM (zaak Osman tegen Verenigd Koninkrijk, 1998), waarin een positieve verplichting aan de staat wordt toegeschreven om het leven van burgers, bedreigd door derden, te beschermen.
19 Voor Nederland de winkelontzeggingen (Schuilenburg & Van Calster, 2009).
20 Voor een vitale samenleving hebben we bovendien risico's nodig, ze creëren kansen en zijn zelfs een vooronderstelling van ondernemingsgewijze productie (O'Malley, 2004, hoofdstuk 3).
21 Onlangs bleek mij dat een groep rechtenstudenten het begrip rechtsbescherming opvatte als bescherming tegen andere burgers – een anekdotische ondersteuning voor de hier beschreven betekenisverschuiving.
22 Een belangrijk thema van het onderzoeksprogramma Veiligheid & burgerschap (zie o.a. Hageman, 2008; Boutellier & De Groot, 2010; Broekhuizen, 2010).

Hoofdstuk 5

1 De uitspraak van Lubbers in 1990 dat Nederland 'ziek is', kunnen we beschouwen als het politieke keerpunt in de waardering van de burger. Dat beeld lijkt inmiddels te zijn achterhaald. Nederland is nu vooral boos.
2 Zie voor relevante documenten rond de wet www.minvws.nl/dossiers/wmo; zie voor nieuwe ontwikkelingen o.a. www.verwey-jonker.nl/wmo-innovatiebank.
3 De op dit onderwerp gezaghebbende Van Gunsteren (1998) onderscheidt bijvoorbeeld liberaal, communitaristisch en neorepublikeins burgerschap.
4 Behalve de discussie over dubbele paspoorten speelt het probleem van illegale statenlozen, ook wel 'denizens' (Shearing & Wood, 2003).
5 Hij bouwt voort op indelingen van Terpstra en Kouwenhoven (2004) en Kroes (2006).

6 Bijvoorbeeld het project Buurt Veilig in Deventer, waar burgers meebeslissen over de inzet van de politie; in Amsterdam loopt thans een vergelijkbaar programma: Mijn buurt beter; de uitgangspunten zijn ontleend aan het Britse *Reassurance Policing*, waarbij burgers systematisch wordt gevraagd naar zogenoemde 'signal crimes', die dan met voorrang worden aangepakt (zie Innes, 2004).
7 Te definiëren als gesloten woongemeenschappen die beveiligd en zelfvoorzienend zijn (Low, 2003). In Nederland beperken de *gated communities* zich vooralsnog tot initiatieven als 'seniorenstad'.
8 Volgens Paul Scheffer is dit de kern van de verhouding tussen gevestigden en nieuwkomers in het land van aankomst (2007).
9 De voorkeursterm die minister Van der Laan introduceerde in zijn brief over integratie aan de Tweede Kamer (2009).
10 Zoals omstandig beargumenteerd in het WRR-rapport over de Nederlandse identiteit (2007).
11 Om die reden heb ik gepleit voor een preambule op de Grondwet, waarin juist de bescherming van de pluriformiteit centraal staat (Boutellier, 2008a).

Hoofdstuk 6

1 Kenmerkend voor het informatietijdperk is de korte doorlooptijd van begrippen. De euforie rond 'de netwerkmaatschappij' is geluwd, maar de relevantie van het concept is naar mijn mening onverminderd groot.
2 Het woord nodaal komt van het Latijnse *nodus*, knooppunt, en wordt hier vernederlandst tot nodaal (als in het Engelse *nodal*).
3 Castells spreekt van een derde revolutie, na de eerste twee industriële revoluties: van 1770-1800 vanwege de stoommachine en van 1870-1900 vanwege de elektriciteit. In 1970 begon de derde technologische revolutie rond de transistor. Door de eerste twee kwamen nieuwe vormen van energie goedkoop beschikbaar, in de derde revolutie is sprake van een nieuwe grondstof: informatie.
4 Ik leen deze term van het rapport *Politie in ontwikkeling* (2005).
5 Ongeveer een kwart van de kinderen in de Verenigde Staten leeft niet met twee ouders; circa 50 procent niet met de biologische ouders (Castells, 2004, p 196 e.v.).
6 Richard Sennett (1998) analyseerde vergelijkenderwijze de ondermijnende kracht van de flexibilisering van de arbeid.
7 Castells (2004) analyseert vier sociale 'fundamentele' bewegingen: de Mexicaanse Zapatistas, de Amerikaanse patriottische beweging, de Japanse Aum Shinrykio en de Arabische Al Qaeda. Daarnaast besteedt hij aandacht aan de antiglobalisten, de groene beweging en het feminisme (in relatie tot het einde van het patriarchale gezin), waarin nieuwe identiteitsvormen worden gezocht.
8 Van den Brink (2006) signaleert te weinig orde in de publieke ruimte en te veel orde in de maatschappelijke instituties – zij hebben echter beide dezelfde bron.

9   Castells (2004, p. 402 e.v.) is van mening dat niet zozeer de corruptie toeneemt, als wel het vertrouwen in de politiek afneemt. Zie over integriteit en integriteitsbeleid: Huberts, 2005; Huberts e.a., 2008.
10 Canadese sociologe van Nederlandse origine en, persoonlijke noot, echtgenote van Richard Sennett.
11 Een Engelse vertaling verscheen in 1996; ik verwijs naar de herziene versie daarvan uit 2006.
12 Voorlopers van het idee dat de samenleving in termen van een netwerk moest worden begrepen, waren Craven en Wellman (1973), Martin (1978) en Hiltz en Turoff (1978). Al deze auteurs vertrekken vanuit het perspectief van de zich ontwikkelende media; Hiltz en Turoff betrekken daar ook de computer bij. Craven en Wellman komen de eer toe in 1973 als eersten de 'community question' te stellen: dienen we de stedelijke samenleving nog wel op te vatten als gemeenschap of is er meer sprake van een geheel van netwerken?
13 Data behoeven betekenis om informatie te worden (Pieters, 2010).
14 Taylor schreef *The principles of scientific management* (1911) en pleitte voor de rationalisering van de arbeid, waarvan de lopende band in de Ford-fabrieken (geïntroduceerd in 1913) altijd als prototypisch voorbeeld wordt gezien.
15 Een begrip van de Duitse filosoof Jürgen Habermas.
16 Het thema van het boek *Omstreden ruimte* (Boutellier e.a., 2009a).
17 Deze relatie is bijvoorbeeld aan de orde bij de zogenoemde straatcoaches in Amsterdam (Van Steden & Jones, 2008), die samenwerken met hulpverleners die aan huis komen bij straatschenders.
18 Zie in dit verband Katz & Rice, 2002.
19 Een begrip dat werd geïntroduceerd door de Franse socioloog Bourdieu (1986), en dat inmiddels tot de standaardvocabulaire van de sociologie behoort.
20 Van Dijk schreef hierover *The deepening divide* (2005).
21 Eén zondagseditie van de *New York Times* schijnt meer informatie te bevatten dan een gecultiveerde burger in de zeventiende eeuw in zijn hele leven tegenkwam.
22 Met name in de managementliteratuur is er veel flauwekul te vinden die is geïnspireerd op de chaostheorie.
23 *Complexus* is Latijn voor weefsel.
24 Ik bedank Kees Pieters voor zijn commentaar op dit hoofdstuk.
25 Deze paragraaf is gebaseerd op het boek *Linked* van de netwerkwiskundige Albert-László Barabási (2002).
26 Hier ligt onderzoek van Stanley Milgram (de man van de gehoorzaamheidsexperimenten) in de jaren zestig aan ten grondslag (Milgram, 1967). Hij verstuurde brieven met de beschrijving van een persoon naar willekeurige adressen aan de andere kant van de Verenigde Staten, met het verzoek ze aan hen terug te sturen via personen van wie men verwachtte dat ze in de richting van de beschreven personen stonden. De eerste brieven kwamen na enkele dagen aan, met soms slechts twee tussenstations.

27 Veel van het onderzoek richt zich op internet. Dit heeft zo'n enorme autonome vlucht genomen dat Barabási spreekt van ontdekkers in plaats van ontwerpers (2002, p. 150).
28 Voor de komende twee paragrafen is veel ontleend aan Gleick (1987, vertaling 1991).
29 Lorenz gebruikte aanvankelijk het beeld van een zeemeeuw.
30 Deze gedachte is ontwikkeld en aangetoond door de Belgische natuurkundige Ilya Prirogine (van Russische origine), die daarvoor in 1977 de Nobelprijs ontving.
31 Dit staat bekend als 'the edge of chaos', een technisch begrip van computerspecialist Langton, dat een metaforische betekenis heeft gekregen voor alle complexe systemen.
32 Het begrip *tipping point* is populair geworden door Gladwells gelijknamige boek (2000), maar werd ook al gebruikt door Crane, Granovetter en Schelling (aldus Sassen, 2006, p. 10).
33 Afgezien van de vraag hoe intentioneel handelingen überhaupt kunnen zijn (zie Dijksterhuis, 2007). De discussie over de vrije wil krijgt overigens een totaal ander aanzien wanneer we haar benaderen vanuit het tegendeel: dwang.
34 Deze paragraaf is vooral gebaseerd op Veldman (1995, hoofdstuk 4).
35 Exemplarisch hiervoor is wat wethouder Asscher van Amsterdam in 2008 'het monster van Frankenstein' noemde: een conglomeraat van organisaties die zich alle hadden bemoeid met dezelfde jeugdigen en hun gezinnen, zonder dat ze tot samenwerking konden komen (Van den Berg e.a., 2008).

Hoofdstuk 7

1 Over het algemeen wordt een onderscheid gemaakt tussen macht en gezag, waarin macht gerelateerd is aan de mogelijkheid tot uitoefening van dwang en gezag is gebaseerd op erkenning. In termen van verticaliteit is dit onderscheid niet van belang.
2 Zie voor een gedetailleerde beschrijving Van Koppen (2003), maar ook bijvoorbeeld Derksen (2009) en andere populaire uitgaven.
3 Het Openbaar Ministerie hanteert sinds 1999 het systeem BOS/Polaris ter bevordering van landelijke uniformiteit. Dit is een puntensysteem voor de ernst van delicten; voor minder dan 20 punten wordt een geldtransactie en voor meer dan 120 punten een gevangenisstraf geadviseerd. Daartussen zitten andere varianten, zoals de taakstraf, al dan niet via dagvaarding voor de rechtbank (zie Taraf & Dekkers, 2005).
4 Dit is een veel onderzochte vraag, waarbij soms wel en soms geen *punitivity gap* wordt gevonden (zie ook De Keijser e.a., 2007). Deze discussie gaat voor dit moment te ver, maar heb ik behandeld in Boutellier, 2008b. Dekker en Van der Meer (2007) wijzen erop dat vertrouwen in de strafrechtspraak sterk fluctueert met incidenten. Een negatief incident heeft een veel grotere impact dan tienduizenden positief verlopen zaken.
5 Deze beroemde typering is van de beroemde rechtsgeleerde Paul Scholten (1880-1954), die het Burgerlijk Wetboek van 1838 vergeleek met een oud,

groot huis met vele gebreken, maar waarin men zich toch thuis voelt: een rustig bezit.
6   Zoals die wordt bevraagd in de standaardenquêtevraag: 'Vindt u dat over het algemeen de meeste mensen wel te vertrouwen zijn of vindt u dat men niet voorzichtig genoeg kan zijn in de omgang met mensen?' Met als antwoordmogelijkheden 'wel te vertrouwen', 'je kan niet voorzichtig genoeg zijn' en 'weet niet' (zie Schyns & Dekker, 2008).
7   Overigens beweren Cook e.a. (2005) op basis van de speltheorie dat een samenleving ook zonder vertrouwen kan.
8   Er is veel geschreven over de relatie tussen vertrouwen en sociaal kapitaal; ik sluit aan bij de notie dat vertrouwen zowel conditie als product van sociaal kapitaal kan zijn (Sztompka, 1999).
9   Zie voor een cognitieve analyse van deze samenhang Castelfranchi en Falcone (2000): 'a good theory of trust cannot be completed without a theory of control' (p. 799).
10 Dit is een formelere driedeling dan die van Max Weber (1947). Deze onderscheidde drie vormen van gezag: traditioneel (dat wil zeggen op basis van sterke banden), wettelijk (hiervoor uiteengezet en uitgebreid met (informele) regulering) en charisma (wat resteert in een mediademocratie, maar steeds moeilijker is om te realiseren).
11 Zoals aangetoond in het beroemde gevangenisexperiment van Haney e.a. (1973). Een groep studenten werd at random verdeeld in bewakers en gevangenen en werd verzocht een gevangenis na te bootsen. Het experiment moest binnen een week worden gestaakt vanwege uit de hand gelopen machtsuitoefening (verfilmd als *Das Experiment*).
12 In de jaren zeventig introduceerde de socioloog De Swaan (1979) de term onderhandelingshuishouding om deze vorm van informalisering te typeren (zie ook Wouters, 2007).
13 *Void* nadrukkelijk niet op te vatten als *emptiness*, maar als gebrek aan regels (p. 34, noot 5).
14 Over dit woord kan worden getwist. De effectiviteit van het beleid werd afgemeten aan de daling van de veiligheidsindex voor de stad als geheel en in diverse wijken. Het succes was overigens niet overal even groot (Mein e.a., 2009), bovendien zijn de cijfers voor de objectieve en subjectieve veiligheid in heel Nederland in die jaren gedaald (Leertouwer & Kalidien, 2009).

Hoofdstuk 8

1 Dohmen (2008) gebruikt het in zijn werk over levenskunst; hij verwijst op zijn beurt naar Bateson (1987) en De Lange (2007). Small (1998) spreekt verdergaand van 'musicking', waarin de deelnemers (als musicus of als luisteraar) hun sociale identiteit onderzoeken en constitueren.
2 Vergelijk Pieters (2010, p. 42), die *feedback* beschouwt als de 'backbone concept of complexity'.
3 Dit excurs werd geschreven in samenwerking met musicus Ed Wertwijn. Het heeft geen andere pretentie dan het woord improvisatie enigszins toe te lichten.

4 Zie voor drie uitgewerkte casus Boutellier & De Groot, 2010; ook Van Marissing e.a., 2010.
5 Zie voor een voorbeeld van zo'n netwerkanalyse Broekhuizen, 2010.
6 Waarvoor ik op vele plaatsen de metafoor van het voetbalveld naar voren bracht: justitie in de goal als ultimum remedium, organisaties van risicobeheersing in de verdediging (o.a. politie, particuliere beveiliging), maatschappelijke organisaties in een normatieve rol op het middenveld (scholen, woningcorporaties, welzijnswerk e.d.) en de sociale verbanden tussen burgers in de voorhoede (o.a. Boutellier, 2005; Boutellier & Van Steden, 2010).
7 Vergelijk Luhmans zelfreferentiële mechanisme (zie hoofdstuk 6).
8 Daar kan anders over worden gedacht, bijvoorbeeld indien men de ontplooiing van de leerling centraal stelt; het gaat nu om het principe van institutionele ordening rond kernfuncties.
9 Zie in dat verband initiatieven als www.beroepseer.nl en www.beteronderwijs.nl.
10 Sinds de krediet-, economische en landencrisis is dit vraagstuk sowieso in een wat ander daglicht komen te staan.
11 Getuige het begrip 'regie' dat de laatste jaren in zwang is geraakt, wordt ook binnen de Nederlandse beleidswereld vastgehouden aan een centrale rol van de overheid, zij het dat de gemeenten steeds meer aan zet zijn. Broekhuizen (2010) deed een netwerkanalyse in een stadsdeel in Amsterdam en bracht daarmee nauwkeurig de formele en informele macht in kaart.
12 Een voorbeeld van destructie zijn de anorexia-sites, waar meisjes met deze ziekte elkaar vinden en kunnen stimuleren tot verdergaande vermagering.
13 Foucault hernam dit inzicht in zijn concept van 'governmentalité' (1991, postume uitgave), waarin hij de rol van de staat tot onderdeel van analyses maakte.
14 De uiteindelijke lakmoesproef voor een 'directly-deliberative polyarchy' van collectieve besluitvorming, waarbij ook de zwakkeren in de samenleving worden betrokken, is volgens Burris c.s. de toekenning van budgetten aan lokale arrangementen.
15 Zie voor een goede introductie DeLanda, 2006.
16 Zie bijvoorbeeld het *Deleuze compendium* van Romein e.a. (2009).

LITERATUUR

Achterhuis, H. (1998). *De erfenis van de utopie*. Baarn: Ambo

Achterhuis, H. (2008). *Met alle geweld: Een filosofische zoektocht*. Rotterdam: Lemniscaat

Ashworth, A. & L. Zedner (2008). Defending the criminal law: Reflections on the changing character of crime, procedure, and sanctions. *Journal of Criminal Law and Philosophy*, 2 (1), 21-51

Asselt, M. van (2009). *Dromen van maakbaarheid: Tijd om wakker te worden*. Verwey-Jonker/SER-lezing. Den Haag: SER/Verwey-Jonker Instituut

Bakhtin, M. (1984). *Rabalais and his world*. Bloomington: Indiana University Press

Bang, H. & E. Sørensen (1999). The everyday maker: A new challenge to democratic governance. *Administrative Theory & Praxis*, 21 (3), 325-341

Barabási, A. (2002). *Linked: How everything is connected to everything else and what it means for business, science and everyday life*. London: Plume/Penguin

Barkhuysen, T., W. den Ouden & J. Polak (2005). *Recht realiseren: Bijdragen rond het thema adequate naleving van rechtsregels*. Deventer: Kluwer

Bartels, L. (2006). What's the matter with 'What's the matter with Kansas'? *Quarterly Journal of Political Science*, 1 (2), 201-226

Baudet, T. & M. Visser (red.). (2010). *Conservatieve vooruitgang*. Amsterdam: Bert Bakker

Bauman, Z. (1993). *Postmodern ethics*. Oxford/Cambridge: Blackwell

Bauman, Z. (1997). *Postmodernity and its discontents*. Cambridge: Polity Press

Bauman, Z. (2000). *Liquid modernity*. Cambridge: Polity Press

Bauman, Z. (2003). *Liquid love: On the fragility of human bonds*. Cambridge: Polity Press

Bauman, Z. (2005). *Liquid life*. Cambridge: Polity Press

Beck, U. (1986). *Risikogesellschaft: Auf dem Weg in eine andere Moderne*. Frankfurt am Main: Suhrkamp. Eng. vert. *Risk society: Towards a new modernity* (1992). London: Sage

Beck, U. (2002). The cosmopolitan society and its enemies. *Theory Culture Society*, 19 (1-2), 17-44

Beck, U., A. Giddens & S. Lash (1994). *Reflexive modernization: Politics, tradition and aesthetics in the modern social order*. Cambridge: Polity

Becker, H. & H.E. Barnes (1961). *Social thought from Lore to science*. New York: Dover Publications

Becker, J. & P. Dekker (2005). Beeld van beleid en politiek. In Sociaal en Cultureel Planbureau, *De sociale staat van Nederland* (pp. 328-362). Den Haag: Sociaal en Cultureel Planbureau

Berg, D. van den, S. van der Goot & M.-B. Jansen (2008). *Blokkades in de jeugdzorg*. Amsterdam: z.u.

Berlin, I. (1969). Two concepts of liberty. In I. Berlin (ed.), *Four essays on liberty*. London: Oxford University Press

Bernstein, P. (1998). *Against the gods: The remarkable story of risk*. New York: Wiley

Bervoets, E., N. Koeman, V. Dijk, E. van der Torre & R. de Groot (2008). *'Wat kan hier?' Veiligheidsanalyse Rembrandtplein en Leidseplein: (Uitgaans)geweld, maatregelen, effecten*. COT, Instituut voor Veiligheids- en Crisismanagement. Den Haag: Boom Juridische uitgevers

Beus, J. de (2003). *Na de Beeldenstorm: Een beschouwing over de werking van de toeschouwersdemocratie in Nederland*. Deventer, Etty Hillesumlezing, 29 november

Bijlsma-Frankema, K. & A. Costa (2005). Understanding the trust-control nexus. *International Sociology*, 20 (3), 259-282

Blokland, T. & M. Savage (2008). Social capital and networked urbanism. In T. Blokland & M. Savage (eds.), *Networked urbanism: Social capital in the city*. Hampshire: Aldershot

Blond, Ph. (2010). *Red Tory: How left and right have broken Britain and how we can fix it*. London: Faber and Faber

Boers, J., R. van Steden & H. Boutellier (2008). Het effect van positieve en negatieve factoren op veiligheidsbeleving: Een kwantitatieve studie onder inwoners van Amsterdam. *Tijdschrift voor Veiligheid*, 7 (3), 34-52

Boomkens, R. (2006). *De nieuwe wanorde: Globalisering en het einde van de maakbare samenleving.* Amsterdam: Van Gennep

Boon, A. (2009). *Straf/regels: Praktijkverhalen uit de school.* Amsterdam: Augustus

Bourdieu, P. (1986). The forms of capital. In J. Richardson (ed.), *Handbook of theory and research in the sociology of education* (pp. 241-258). New York: Greenwald Press

Boutellier, H. (1993). *Solidariteit en slachtofferschap: De morele betekenis van criminaliteit in een postmoderne cultuur* (diss.). Nijmegen: SUN, heruitgave: Amsterdam University Press, 2008

Boutellier, H. (2002). *De veiligheidsutopie: Hedendaags onbehagen en verlangen rond misdaad en straf.* Den Haag: Boom Juridische uitgevers

Boutellier, H. (2005). *Meer dan veilig: Over bestuur, bescherming en burgerschap* (oratie). Den Haag: Boom Juridische uitgevers

Boutellier, H. (2006). Een nieuwe ordening: Een verkenning van de relatie tussen veiligheid, recht en vertrouwen. In *Recht der werkelijkheid, (26) 3*, 29-45.

Boutellier, H. (2007a). Het onbekende slachtoffer: Bespreking van: J.J.M. van Dijk, The mark of Abel: Reflections on the social labeling of victims of crime (oratie), 2006. *Tijdschrift voor Criminologie, 49* (2), 194-199

Boutellier, H. (2007b). *Nodale orde: Veiligheid en burgerschap in een netwerksamenleving* (oratie). Amsterdam: Vrije Universiteit

Boutellier, H. (2008a). De grondwet, dat ben jij! In *De grondwet herzien: 25 jaar later* (pp. 51-69). Den Haag. Ministerie van BZK

Boutellier, H. (2008b). Participatie als panacee. In *De burger als opspoorder.* OM Congres 2008 (pp. 7-33). z.u.

Boutellier, H. (2010). Lokale wanordening: Over de rol van de politie bij de inrichting van de morele ruimte. In B. van Stokkom, J. Terpstra & L. Gunther Moor (red.), *De politie en haar opdracht: De kerntakendiscussie voorbij* (pp. 191-205). Apeldoorn: Maklu

Boutellier, H. & N. Boonstra (2009). *Van presentie tot correctie: Een nieuw perspectief op samenlevingsopbouw* (Wmo Kenniscahier 4). Utrecht: Verwey-Jonker Instituut

Boutellier, H. & I. de Groot (2010). *Tussen complexiteit en slagvaardigheid: Dynamische processen in veiligheidsnetwerken.* Amsterdam: Vrije Universiteit (FSW: Dynamics of Governance)

Boutellier, H. & K. Lünnemann (2007). Burgers over rechters: Over de beleving van de rechtspraak. *Rechtstreeks*, 1, 45-62

Boutellier, H. & R. van Steden (2010). Governing nodal governance: The 'anchoring' of local security networks. In A. Crawford (ed.), *International and comparative criminal justice and urban governance*. Cambridge: Cambridge University Press

Boutellier, H. & M. Vinke (2002). *Stelselmatige intimidatie: Aangiftegedrag in politiedistrict 6*. Amsterdam: Vrije Universiteit (Afdeling Strafrecht en Criminologie)

Boutellier, H., N. Boonstra & M. Ham (red.) (2009a). *Omstreden ruimte: Over de organisatie van veiligheid en spontaniteit*. Amsterdam: Van Gennep

Boutellier, H., P. Ippel & S. Nieborg (red.). (2005). *'Veiligheid gegarandeerd' en 'privacy gered': Twee voorstelbare toekomstbeelden in Nederland anno 2030*. Utrecht: Verwey-Jonker Instituut

Boutellier, H., R. Scholte & M. Heijnen (2008). *Criminogeniteitsbeeld Amsterdam 2008*. Amsterdam: Vrije Universiteit Amsterdam (FSW: Dynamics of Governance)

Bovens, M. & A. Wille (2010). *Diplomademocratie: Over de spanning tussen meritocratie en democratie*. Amsterdam: Uitgeverij Bert Bakker

Braithwaite, V. (2004). Preface. In V. Braithwaite (ed.), *Hope, power and governance. The annals of the American Academy of Political and Social Sciences, special issue 592*, 6-15

Brink, G. van den (2002). *Mondiger of moeilijker? Een studie naar de politieke habitus van hedendaagse burgers* (WRR voorstudies en achtergronden). Den Haag: Sdu Uitgevers

Brink, G. van den (2004a). *Schets van een beschavingsoffensief. Over normen, normaliteit en normalisatie in Nederland* (WRR verkenning: 3). Amsterdam: AUP

Brink, G. van den (2004b). Hoger, harder, sneller... en de prijs die men daarvoor betaalt. In P. de Beer & C. Schuyt (red.), *Bijdragen aan waarden en normen* (WRR verkenning: 2). Amsterdam: AUP

Brink, G. van den (2006). *Van waarheid naar veiligheid: Twee lessen voor een door angst bevangen burgerij*. Amsterdam: SUN

Brink, G. van den (2007). *Moderniteit als opgave: Een antwoord aan relativisme en conservatisme*. Amsterdam: SUN

Broekhuizen, J. (2010). *Veiligheidsnetwerk drugs- en drankoverlast in Oost-Watergraafsmeer: Een sociale netwerkstudie naar de gemeentelijke regie in het veiligheidsbeleid*. Amsterdam: Vrije Universiteit (FSW: Dynamics of Governance)

Brouwer, J. & A. Schilder (2008). Wijken voor orde: Over nieuwe geboden en verboden. *RegelMaat*, 3, 88-101

Brown, T. (2004). Subcultures, pop music and politics: Skinheads and the 'Nazi rock' in England and Germany. *Journal of Social History*, 38 (1), 157-178

Burris, S., M. Kempa & C. Shearing (2008). Changes in governance: A cross-disciplinary review of current scholarship. *Akron Law Review*, 41 (1), 1-66

Buruma, I. (2006). *Murder in Amsterdam: The death of Theo van Gogh and the limits of tolerance*. Ned. vert. *Dood van een gezonde roker*. Amsterdam: Atlas

Cachet, A. & A. Ringeling (2005). Integraal veiligheidsbeleid: Goede bedoelingen en wat ervan terechtkwam. In E. Muller (red.), *Veiligheid: Studies over inhoud, organisatie en maatregelen* (pp. 635-663). Alphen aan den Rijn: Kluwer

Caem, B. van (2008). *Verborgen kracht: Burgerparticipatie en veiligheid in Amsterdam*. Amsterdam: Vrije Universiteit (FSW: Dynamics of Governance)

Caem, B. van, R. van Steden & H. Boutellier (2010). The 'hidden strength' of active citizenship: The involvement of local residents in public safety projects. *Submitted*

Carr, P. (2005). *Clean streets: Controlling crime, maintaining order, and building community activism*. New York: New York University Press

Castelfranchi, C. & R. Falcone (2000). Trust and control: A dialectic link. *Applied Artificial Intelligence*, 14 (8), 799-823

Castells, M. (2000a). *The information age: Economy, society and culture, Vol. I: The rise of the network society* (1st edition 1996). Oxford: Blackwell

Castells, M. (2000b). *The information age: Economy, society and culture, Vol. III: End of millennium* (1st edition 1998). Oxford: Blackwell

Castells, M. (2004). *The information age: Economy, society and culture, Volume II: The power of identity* (1st edition 1997). Oxford: Blackwell

Cleiren, C. (2008). Limits to criminal law. In M. Cupido (ed.), *Limits of criminal law* (pp. 7-12). Nijmegen: Wolf Legal Publishers

Cobussen, M. (2009). Improvisation: Between the musical and the social. *Dutch Journal of Musical Theory, 14* (1), 48-55

Cook, K., R. Hardin & M. Levi (2005). *Cooperation without trust?* London: Sage

Craven, P. & B. Wellman (1973). The network city. *Sociological Inquiry, 43,* 57-88

Crawford, A. (2003). 'Contractual governance' of deviant behavior. *Journal of Law and Society, 30* (4), 479-505

Crawford, A. (2006). Networked governance and the post-regulatory state? Steering, rowing and anchoring the provision of policing and security. *Theoretical Criminology, 10* (4), 449-497

Crawford, A. (2009a). Governing through anti-social behaviour: Regulatory challenges to criminal justice. *British Journal of Criminology, 49* (6), 810-831

Crawford, A. (2009b). Criminalizing sociability through anti-social behaviour legislation: Dispersal powers, young people and the police. *Youth Justice, 9* (1), 5-26

Cuperus, R. (2009). *De wereldburger bestaat niet: Waarom de opstand der elites de samenleving ondermijnt.* Amsterdam: Bert Bakker

Daems, T. (2008). *Making sense of penal change.* Oxford: Oxford University Press (Clarendon Studies in Criminology)

Dalrymple, Th. (2001). *Life at the bottom: The worldview that makes the underclass.* Ned. vert. *Leven aan de onderkant. Het systeem dat de onderklasse instandhoudt* (2004). Utrecht: Spectrum

Dalrymple, Th. (2005). *Our culture, what's left of it: The mandarins and the masses.* Ned. vert. *Beschaving, of wat ervan over is.* Amsterdam: Nieuw Amsterdam

Dekker, P. & J. de Hart (2005). Goede burgers. In P. Dekker & J. de Hart (red.), *De goede burger: Tien beschouwingen over een morele categorie* (pp. 11-19). Den Haag: SCP

Dekker, P. & T. van der Meer (2007). *Vertrouwen in de rechtspraak nader onderzocht.* Den Haag: SCP

Dekker, P. & E. Steenvoorden (2008). *Continu onderzoek burgerperspectieven.* Den Haag: SCP

DeLanda, M. (2006). *A new philosophy of society: Assemblage theory and social complexity*. London: Continuum

Delden, P. van (2009). *Sterke netwerken: Ketensamenwerking in de publieke dienstverlening*. Amsterdam: Van Gennep. Gebaseerd op Samenwerking in de publieke dienstverlening (diss., 2009). Delft: Eburon

Derksen, A. & L. Verplanke (1987). *Geschiedenis van de onmaatschappelijkheidsbestrijding in Nederland 1914-1970*. Amsterdam/Meppel: Boom

Derksen, O. (2009). *Het O.M. in de fout*. Diemen: Veen Magazines

Dijk, J. van (1999). The one-dimensional network society of Manuel Castells. *New Media and Society*, 1 (1), 127-138

Dijk, J. van (2005). *The deepening divide: Inequality in the information society*. London: Sage

Dijk, J. van (2006). *The network society* (2nd edition; oorspronkelijke titel *De netwerkmaatschappij*, 1991). London: Sage

Dijk, J.J.M. van (2008a). *Slachtoffers als zondebokken*. Apeldoorn: Maklu

Dijk, J.J.M. van (2008b). *The world of crime: Breaking the silence on problems of security, justice and development across the world*. London: Sage

Dijk, J.J.M. van & J. de Waard (2009). Forty years of crime prevention in the Dutch Polder. In A. Crawford (ed.), *Crime prevention policies in comparative perspective* (pp. 130-152). Cullompton: Willan Publishing

Dijksterhuis, A. (2007). *Het slimme onbewuste: Denken met gevoel*. Amsterdam: Bert Bakker

Dohmen, J. (2007). *Tegen de onverschilligheid: Pleidooi voor een moderne levenskunst*. Amsterdam: Ambo

Dohmen, J. (2008). *Het leven als kunstwerk: Een hartstochtelijk pleidooi voor een stijlvol en waarachtig leven*. Diemen: Lemniscaat

Durkheim, E. (1893). *De la division du travail social*. Eng. vert. *The rules of sociological method and selected texts on sociology and its methods* (1982). London: MacMillan

Durkheim, E. (1906). *Détermination du fait moral*. Ned. vert. *De bepaling van het morele feit*. In E. Durkheim, *Over moraliteit* (1977). Amsterdam/Meppel: Boom

Duyvendak, J., E. Engelen & I. de Haan (2008). *Het bange Nederland: Pleidooi voor een open samenleving*. Amsterdam: Bert Bakker

Elffers, H. & W. de Jong (2004). 'Nee, ik voel me nooit onveilig': Determinanten van sociale onveiligheidsgevoelens. In Raad voor Maatschappelijke Ontwikkeling, *Sociale veiligheid organiseren: Naar herkenbaarheid in de publieke ruimte* (Advies 31, Bijlage 5). Den Haag: Sdu Uitgevers

Ellickson, R. (1991). *Order without law. How neighbors settle disputes* (2nd edition 1994). London: Harvard University Press

Enzensberger, H. (1992). *Die Große Wanderung. 33 Markierungen. Mit einer Fußnote 'Über einige Besonderheiten bei der Menschenjagd'*. Frankfurt am Main: Suhrkamp

Ericson, R. (2007). *Crime in an insecure world*. Cambridge: Polity Press

Eshun, K. (1998). *More brilliant than the sun: Adventures in sonic fiction*. London: Quartet Books

Etzioni, A. (1996). *The new golden rule: Community and morality in a democratic society*. Ned. vert. *De nieuwe gulden regel: Gemeenschap en moraal in een democratische samenleving* (2005). Kampen: Ten Have

Faulks, K. (2000). *Citizenship*. London: Routledge

Feeley, M. & J. Simon (1994). Actuarial justice: The emerging new criminal law. In D. Nelken (ed.), *The futures of criminology*. London: Sage

Felson, M. (1998). *Crime and everyday life*. Thousand Oaks: Pine Forge Press

Ferrell, J. & C. Sanders (1995). *Cultural criminology*. Boston: Northeastern University Press

Field, F. (2003). *Neighbours from hell: The politics of behaviour*. London: Politico's

Fiers, L. & A. Jansen (2004). *Het succes van buurtbemiddeling: Resultaten van het evaluatieonderzoek*. Utrecht: Expertisecentrum Buurtbemiddeling

Foerster, H. von & G. Pask (1961). A predictive model for self-organizing systems. Part I: *Cybernetica*, 3, 258-300; Part II: *Cybernetica*, 4, 20-55

Fortuyn, P. (2002). *Verweesde samenleving: Een religieus-sociologisch traktaat*. Uithoorn: Karakter Uitgevers

Foucault, M. (1977). *Discipline and punishment: The birth of the prison*. London: Allen Lane

Foucault, M. (1991). Governmentality. In G. Burchell, C. Gordon & P. Miller (eds.), *The Foucault effect: Studies in governmentality* (pp. 87-104). Hemel Hempstead: Harvester Wheatsheaf

Frank, Th. (2004). *What's the matter with Kansas: How conservatives won the heart of America.* New York: Metropolitan Books

Frank, Th. (2008). *The wrecking crew: How conservatives ruined government, enriched themselves and beggared the nation.* New York: Metropolitan Books

Franke, H. (1990). *Twee eeuwen gevangen: Misdaad en straf in Nederland.* Utrecht: Spectrum

Friedman, T. (2005). *The world is flat: A brief history of the twenty-first century.* Ned. vert. *De aarde is plat: Ontdekkingsreis door een geglobaliseerde wereld.* Amsterdam: Nieuw Amsterdam

Frissen, P. (2007). *De staat van verschil: Een kritiek van gelijkheid.* Amsterdam: Van Gennep

Fromm, E. (1941). *Escape from freedom.* Ned. vert. *Angst voor de vrijheid* (1952). Utrecht: Erven J. Bijleveld

Fukuyama, F. (1992). *The end of history and the last man.* Ned. vert. *Het einde van de geschiedenis en de laatste mens.* Amsterdam: Contact

Fukuyama, F. (1995). *Trust: The social virtues and the creation of prosperity.* New York: Free Press

Fung, A. & E. Wright (2001). Deepening democracy: Innovations in empowered participatory governance. *Politics & Society,* 29 (1), 5-41

Furedi, Fr. (1997). *Culture of fear, risk-taking and the morality of low expectation.* London: Continuum, heruitgave 2002

Garland, D. (1996). The limits of sovereign state: Strategies of crime control in contemporary societies. *British Journal of Criminology,* 36 (4), 445-471

Garland, D. (2001). *The culture of control: Crime and social order in contemporary society.* Oxford: Oxford University Press

Giddens, A. (1991). *Modernity and self-identity: Self and society in the late modern age.* Cambridge: Polity

Gielen, A.-J. (2008). *Radicalisering en identiteit: Radicale rechtse en moslimjongeren vergeleken.* Amsterdam: Aksant

Gladwell, M. (2000). *The tipping point: How little things can make a big difference.* London: Little Brown

Gleick, J. (1987). *Caos: La nascita di una nuova scienza*. Eng. vert. *Chaos: Making a new science* (1991). New York: Viking Penguin

Goffman, E. (1974). *Frame analysis: An essay on the organization of experience*. New York: Harper & Row

Gramsci, A. (1972). *Marxisme als filosofie van de praxis* (een bloemlezing, samengesteld, ingeleid en vertaald door Yvonne Scholten). Amsterdam: Van Gennep

Granovetter, M. (1973). The strength of weak ties. *The American Journal of Sociology, 78* (6), 1360-1380

Granovetter, M. (1978). Threshold models of collective behavior. *American Journal of Sociology, 83* (6), 1420-1443

Gray, J. (2007). *Black mass: Apocalyptic religion and the death of Utopia*. London: Allen Lane. Ned. vert. *Zwarte mis: Religieus fundamentalisme en de moderne utopieën*. Amsterdam: Ambo

Gruijter, M. de, E. Smits van Waesberghe & H. Boutellier (2010). *Een vreemde in eigen land: Boze autochtone burgers over nieuwe Nederlanders en de overheid*. Amsterdam: Aksant

Gunsteren, H.R. van (1988). Admission to citizenship. *Ethics, 98* (4): 731-741

Gunsteren, H. van (1998). *Theory of citizenship: Organizing plurality in contemporary democracies*. Boulder: Westview Press

Gunsteren, H. van (2006). *Vertrouwen in democratie: Over de principes van zelforganisatie*. Amsterdam: Van Gennep

Haan, W. de (2003). In een kwaad daglicht – de toestand in de Nederlandse criminologie besproken door dr. J.C.J. Boutellier. *Tijdschrift voor Criminologie, 45* (1), 71-79

Hageman, H. (2008). *Tussen controle en vertrouwen: Een casestudy naar de aanpak van overlast in de Transvaalbuurt*. Amsterdam: Vrije Universiteit (FSW: Dynamics of Governance)

Hajer, M. (2009). *Authoritative governance: Policy making in the age of mediatization*. Oxford: Oxford University Press

Hall, St., S. Winlow & Cr. Ancrum (2008). *Criminal identities and consumer culture: Crime, exclusion and the new culture of narcissism*. Cullompton: Willan

Hammer, F. (2009). *Wild west web? Over digitale eigenrichting en handvatten voor slachtoffers* (scriptie). Universiteit Utrecht: Rechtenfaculteit

Haney, C., W. Banks & P. Zimbardo (1973). Interpersonal dynamics in a simulated prison. *International Journal of Criminology and Penology*, 1, 69-97

Heath, J. & A. Potter (2004). *The rebel sell: How the counterculture became consumer culture.* London: Capstone

Hill, C. & E. Lynn (2005). Is hierarchical governance in decline? Evidence from empirical research. *Journal of Public Administration Research and Theory*, 15 (2), 173-195

Hiltz, S. & M. Turoff (1978). *The network nation: Human communication via computer.* Reading: Addison-Wesley

Hirsch Ballin, E. (1994). *In ernst: Oriëntaties voor beleid.* Den Haag: Sdu Uitgevers

Hobbs, D., P. Hadfield, S. Winlow, S. Lister & S. Hall (2000). Receiving shadows: Governance and liminality in the night time economy. *British Journal of Sociology*, 51 (4), 701-717

Hof, Chr. van 't, R. van Est & Fl. Daemen (2010). *Check in / Check uit: De digitalisering van de openbare ruimte.* Den Haag: Rathenau Instituut

Huberts, L. (2005). *Integriteit en integritisme in bestuur en samenleving: Wie de schoen past...* (oratie). Amsterdam: Vrije Universiteit (FSW)

Huberts, L., F. Anechiarico & F. Six (eds.). (2008). *Local integrity systems.* Den Haag: Boom Juridische uitgevers

Innes, M. (2004). Reinventing tradition? Reassurance, neighbourhood security and policing. *Criminal Justice*, 4 (2), 151-171

Jong, J. de (2007). *Kapot moeilijk: Een etnografisch onderzoek naar opvallend delinquent groepsgedrag van 'Marokkaanse' jongens.* Amsterdam: Aksant

Katz, J. & R. Rice (2002). *Social consequences of internet use: Access, involvement, and interaction.* Cambridge: The MIT Press

Keijser, J. de, P. van Koppen & H. Elffers (2007). Bridging the gap between judges and the public? A multi-method study. *Journal of Experimental Criminology*, 3, 131-161

Kempen, P. van (2008). Veiligheid is geen mensenrecht. In *NRC Handelsblad*, Opinie & debat (20/21 december, p. 2)

Kennedy, J. (1995). *Nieuw Babylon in aanbouw: Nederland in de jaren zestig.* Amsterdam: Boom

Kernfield, B. (1995). *What to listen for in jazz.* New Haven: Yale University Press

Kinneging, A. (1997). *Aristocracy, antiquity and history: An essay on classicism in political thought* (diss.). New Brunswick: New Brunswick Translation Publishers

Kinneging, A. (2000). Het conservatisme, kritiek van de Verlichting en de moderniteit. *Philosophia Reformata*, 2, 126-153

Kinneging, A. (2005). *Geografie van goed en kwaad: Filosofische essays.* Utrecht: Spectrum

Klijn, E. & J. Koppenjan (1994). Beleidsnetwerken als theoretische benadering: Een tussenbalans. *Beleidswetenschap*, 11 (2), 143-167

Komter, A. (2003). *Solidariteit en de gift.* Eng. vert. *Solidarity and the gift* (2005). Cambridge: Cambridge University Press.

Koops, B.-J., C. Lüthy, A. Nelis & C. Sieburgh (red.). (2009). *De maakbare mens: Tussen fictie en fascinatie.* Amsterdam: Bert Bakker

Koppen, P. van (2003). *De Schiedammer parkmoord: Een rechtspsychologische reconstructie.* Nijmegen: Ars Aequi Libri.

Kroes, P. (2006). *Projecten waarbij politie en burgers samenwerken op het gebied van de veiligheidszorg* (ongepubliceerd). Apeldoorn: Mediatheek Politieacademie

Krol, G. (1990). *Voor wie kwaad wil. Een bespiegeling over de doodstraf.* Amsterdam: Querido

Krol, G. (1998). De ondraaglijke lichtheid van sommige straffen. In *Grenzen tussen goed en kwaad: 13 essays over preventie, misdaad en straf in de 21e eeuw.* Den Haag: Ministerie van Justitie

Krol, G. (2000). *De vitalist.* Amsterdam: Querido

Kruglanski, A., X. Chen, M. Dechesne, S. Fishman & E. Orehek (2009). Fully committed: Suicide bombers' motivation and the quest for personal significance. *Political Psychology*, 30, 331-357

Lans, J. van der (2005). *Koning burger: Nederland als zelfbedieningszaak.* Amsterdam: Augustus

Leertouwer, E. & S. Kalidien (2009). De strafrechtsketen in samenhang. In S. Kalidien & A. Eggen (red.), *Criminaliteit en rechtshandhaving 2008: Ontwikkelingen en samenhangen* (pp. 201-239). Den Haag: CBS/WODC/Boom

Lindblom, Ch. (1959). The science of muddling through. *Public Administration Review*, 19, 79-88

Lint, W. de & S. Kirta (2004). Security in ambiguity: Towards a radical security politics. *Theoretical Criminology*, 8 (4), 465-489

Loader, I. (2008). The anti-politics of crime. *Theoretical Criminology*, 12 (3), 399-410

Loader, I. & N. Walker (2006). Necessary virtues: The legitimate place of the state in the production of security. In B. Dupont & J. Woods (eds.), *Democracy, society and the governance of security* (pp. 165-196). Cambridge: Cambridge University Press

Lorenz, E. (1979). *Predictability: Does the flap of a butterfly's wings in Brazil set off a tornado in Texas?* Address at the annual meeting of the American Association for the Advancement of Science in Washington, December 29, 1979

Low, S. (2003). *Behind the gates: Life, security and the pursuit of happiness in fortress America*. London: Routledge

Luhmann, N. (1990). *Essays on self-reference*. New York: Columbia University Press

Luiten, M. (2006). Moeizaam moraliseren op het VMBO. In E. Tonkens, J. Uitermark & M. Ham (red.), *Handboek moraliseren: Burgerschap en ongedeelde moraal* (hoofdstuk 3). Amsterdam: Van Gennep

Lünnemann, K. (2007). *Risicoscreening in de vrouwenopvang*. Utrecht: Verwey-Jonker Instituut

Lünnemann, K., F. de Meere & S. ter Woerds (2008a). *Het raadplegen van burgers: Op zoek naar een kader voor burgerraadpleging door het Openbaar Ministerie*. Utrecht: Verwey-Jonker Instituut

Lünnemann, K., M. Moll & S. ter Woerds (2008b). *Burgers geraadpleegd: Burgers over straftoemetingsrichtlijnen*. Utrecht: Verwey-Jonker Instituut

Lyon, D. (2001). *Surveillance society: Monitoring everyday life*. Buckingham: Open University Press

Lyon, D. (2007). *Surveillance studies: An overview*. Cambridge: Polity Press

MacIntyre, A. (1981). *After virtue: A study in moral theory* (2nd edition 1984). Notre Dame: University of Notre Dame Press

Mak, J., A. Huygen, M. Steketee & H. Jonkman (2010). *Opgroeien in veilige wijken: Evaluatie van communities that care in Maassluis, Hoogvliet en Leiden-Stevenshof*. Utrecht: Verwey-Jonker Instituut

Marissing, E. van, S. Tan & H. Boutellier (2010). *'Het is hier net Amsterdam': Een veiligheidsarrangement voor IJburg*. Utrecht: Verwey-Jonker Instituut

Martin, J. (1978). *The wired society: A challenge for tomorrow.* Englewood Cliffs, NJ: Prentice Hall

Maruna, Sh., A. Matravers & A. King (2004). Disowning our shadow: A psychoanalytic approach to understanding punitive public attitudes. *Deviant Behavior,* 25, 277-299

Maturana, H. & F. Varela (1980). *Autopoiesis and cognition.* Dordrecht: Reidel

Mein, A., F. de Meere & R. van Wonderen (2009). *Analyse Rotterdamse veiligheidsindex: Eindrapportage.* Utrecht: Verwey-Jonker Instituut

Meurs, P. (2008). *Sociaal vertrouwen: Een kwestie van durf?* Den Haag/ Utrecht: SER/Verwey-Jonker Instituut

Milgram, S. (1967). The small world problem. *Psychology Today,* 2, 60-67

Mill, J. (1859). On liberty. In E. Robson (ed.), *Collected works* (Vol XVIII, 1977). Toronto: University of Toronto Press

Ministerie van AZ (2004). *Kabinetsreactie op het WRR-rapport 'Waarden, normen en last van het gedrag'.* Kamerstukken II 2003/2004, 29 452, nr. 2

Ministerie van BZK en Ministerie van Justitie (2002). *Naar een veiliger samenleving.* Den Haag: Ministerie van BZK

Ministerie van Justitie (1985). *Samenleving en criminaliteit: Een beleidsplan voor de komende jaren.* Den Haag: Ministerie van Justitie

Ministerie van Justitie (2009a). *Justitie = sociale cohesie.* Den Haag: Ministerie van Justitie

Ministerie van Justitie (2009b). *Samen effectief: De praktijk als inspiratie* (brochure). Den Haag: Ministerie van Justitie

Minister van WWI (2009). *Integratiebrief aan de Tweede Kamer.* Den Haag: Ministerie van WWI, Directie I&I

Mol, A. (2006). *De logica van het zorgen: Actieve patiënten en de grenzen van het kiezen.* Amsterdam: Van Gennep

Mooij, A. (1975). *Taal en verlangen: Lacans theorie van de psychoanalyse.* Meppel: Boom

Nederland, T., A. Huygen & H. Boutellier (2009). *Governance in de Wmo: Theorie en praktijk van vernieuwende governance modellen* (Wmo Kenniscahier 3). Utrecht: Verwey-Jonker Instituut

Nexus (2004). Europa realiseren. Tien conclusies voor de politieke leiders van de Europese Unie. *Nexus, 40,* 11-17

Noije, L. van & K. Wittebrood (2008). *Sociale veiligheid ontsleuteld: Veronderstelde en werkelijke effecten van Veiligheidsbeleid*. Den Haag: SCP

Noordegraaf, M. (2004). *Management in het publieke domein: Issues, instituties en instrumenten*. Bussum: Coutinho

O'Malley, P. (2004). *Risk, uncertainty and government*. London: The Glasshouse Press

Ombudsman van Rotterdam (2007). *Baas in eigen huis: Rapport van een ambtshalve onderzoek naar de praktijk van huisbezoeken*. Rotterdam: Publicatie Ombudsman van Rotterdam

Ossewaarde, R. (2007). Waarom hedendaagse elites geen burgerschap kunnen overdragen. In K. van Beek & M. Ham (red.), *Gaat de elite ons redden? De nieuwe rol van de bovenlaag in onze samenleving* (pp. 139-153). Amsterdam: Van Gennep

Overbeek, R. van, C. Scholten, D. Oudenampsen, M. Moll & V. Leckie (2008). *Inzet van menselijk kapitaal: Vrijwilligers en hun werk bij patiënten- en gehandicaptenorganisaties*. Utrecht: Verwey-Jonker Instituut/Vilans

Overeem, P. (2010). Alasdair MacIntyre. In Th. Baudet & M. Visser (red.), *Conservatieve vooruitgang* (hoofdstuk 20). Amsterdam: Prometheus

Pels, D. (2005). *Een zwak voor Nederland: Ideeën voor een nieuwe politiek*. Amsterdam: Anthos

Peper, B. (1998). *Sociale problemen en de moderne samenleving: Een cultuursociologische beschouwing*. Amsterdam: Het Spinhuis

Pieterman, R. (2008). *De voorzorgcultuur: Streven naar veiligheid in een wereld vol risico en onzekerheid*. Den Haag: Boom Juridische uitgevers

Pieters, K. (2010). *Into complexity: A pattern-oriented approach to stakeholder communications* (diss.). Utrecht: Universiteit voor Humanistiek

Power, M. (1994). *The audit explosion*. London: Demos

Power, M. (2004), *The risk management of everything*. London: Demos

Power, M. (2007). *Organized uncertainty: Designing a world of risk management*. Oxford: Oxford University Press

Presdee, M. (2000). *Cultural criminology and the carnival of crime*. London: Routledge

Projectgroep Visie op de politiefunctie (2005). *Politie in ontwikkeling: Visie op de politiefunctie*. Den Haag: NPI

Putnam, R. (2000). *Bowling alone: The collapse and revival of American community*. New York: Touchstone
Putnam, R., R. Leonardi & R. Nanetti (1992). *Making democracy work: Civic traditions in modern Italy*. Princeton: Princeton University Press
Reich, R. (2007). *Supercapitalism: The transformation of business, democracy, and everyday life*. Ned vert. *Superkapitalisme en de bedreiging voor onze democratie*. Amsterdam: Business Contact
Reiner, R. (2006). Beyond risk: A lament for social democratic criminology. In T. Newborn & P. Rock (eds.), *The politics of crime control* (pp. 7-51). Oxford: Oxford University Press
Rhodes, R. (1994). The hollowing out of the state: The changing nature of the public service in Britain. *Political Quarterly*, 65 (2), 138-151
Robertson, R. (1992). *Globalization: Social theory and global culture*. London: Sage
Roels, S. (2005). *Security: An inquiry into the character of a value that dominates today's society*. Utrecht: Universiteit Utrecht, Department of Philosophy
Romein, E., M. Schuilenburg & S. van Tuinen (2009). *Deleuze compendium*. Amsterdam: Boom
Rorty, R. (1986). Freud and moral reflection. In J. Smith & W. Kerrigan (eds.), *Pragmatism's Freud: The moral disposition of psychoanalysis* (pp. 1-20). Baltimore: John Hopkins University Press
Rorty, R. (1989). *Contingency, irony, and solidarity*. Cambridge: Cambridge University Press
Rosanvallon, P. & A. Goldhammer (2008). *Counter democracy: Politics in an age of distrust*. Cambridge: Cambridge University Press
Rosenthal, U. (1988). *Aan de orde van de dag: Opstellen over orde en veiligheid*. Alphen aan den Rijn: Samson
Rothstein, B. (2000). Trust, social dilemmas and collective memories. *Journal of Theoretical Politics*, 12 (4), 477-501
Rothstein, B. (2005). *Social traps and the problem of trust*. Cambridge: Cambridge University Press
Ruller, S. van (1993). Het irrationele van strafrechtelijke sancties. *Tijdschrift voor Criminologie*, 4, 336-350
Sassen, S. (2006). *Territory, authority, rights from medieval to global assemblages*. New York: Princeton University Press
Scheffer, P. (2007). *Het land van aankomst*. Amsterdam: De Bezige Bij

Schinkel, W. (2008). *Denken in een tijd van sociale hypochondrie: Aanzet tot een theorie voorbij de maatschappij*. Kampen: Klement
Scholte, R. (2008). Burgerparticipatie in veiligheidsprojecten: Een empirische verkenning. In H. Boutellier & R. van Steden (red.), *Veiligheid en burgerschap in een netwerksamenleving* (pp. 223-241). Den Haag: Boom Juridische uitgevers
Schuilenburg, M. & P. van Calster (2009). De collectieve winkelontzegging: Een antwoord van willekeur op overlast. In H. Boutellier, N. Boonstra & M. Ham (red.), *Omstreden ruimte: Over de organisatie van veiligheid en spontaniteit* (pp. 137-155). Amsterdam: Van Gennep
Schuyt, K. (2006). *Steunberen van de samenleving: Sociologische essays*. Amsterdam: AUP
Schyns, P. & P. Dekker (2008). Sociale cohesie in de publieke opinie. In P. Schnabel, R. Bijl & J. de Hart (red.), *Betrekkelijke betrokkenheid: Studies in sociale cohesie* (pp. 33-60). Den Haag: SCP
Scruton, R. (2007). *Culture counts: Faith and feeling in a world besieged*. New York: Encounter Books
Sennett, R. (1998). *The corrosion of character*. Ned. vert. *De flexibele mens: Psychogram van de moderne samenleving* (2000). Den Haag: Bzztôh
Shearing, C. & J. Wood (2003). Nodal governance: Democracy and the new 'denizens'. *Journal of law & Society, 30* (3), 400-419
Siegel, D., F. van Gemert & F. Bovenkerk (red.). (2009). *Culturele criminologie*. Den Haag: Boom Juridische uitgevers
Simon, J. (2007). *Governing through crime: How the war on crime transformed American democracy and created a culture of fear*. Oxford: Oxford University Press
Sloterdijk, P. (2006). *Zorn und Zeit: Politisch-psychologischer Versuch*. Ned vert. *Woede en tijd: Een politiek-psychologisch essay* (2007). Amsterdam: SUN
Small, C. (1998). *Musicking: The meanings of performing and listening*. Hanover: Wesleyan/University Press of New England
Smith, M. (2007). *The right talk: How conservatives transformed the great society into the economic society*. Princeton: Princeton University Press

Spangenberg, F., M. Lampert, M. Moerland, H. Boerboom & L. Knoop (2001). *Burgerschapsstijlen en overheidscommunicatie* (niet gepubliceerd). Amsterdam: Motivaction

Spithoven, R. (2010). *Niet bang maar onzeker: Vijf benaderingen van sociale onveiligheid in een risicoaverse samenleving* (scriptie). Amsterdam: Vrije Universiteit

Spruyt, B. (2003). *Lof van het conservatisme*. Amsterdam: Balans

Steden, R. van (2009). De pretparksamenleving: Een wereld van veilig vertier. In H. Boutellier, N. Boonstra & M. Ham (red.), *Omstreden ruimte: Over de organisatie van spontaniteit en veiligheid* (pp. 15-32). Amsterdam: Van Gennep

Steden, R. van (2010). Sturing van sociale veiligheid. In R. van Steden (red.), *Sturing van lokale veiligheid: Een achtergrondstudie en drie reflecties*. Amsterdam/Den Haag: VU/NICIS

Steden, R. van & T. Jones (2008). Straatcoaches in Slotervaart: Enige kanttekeningen bij het idee van een 'overheid op afstand'. *Tijdschrift voor Veiligheid*, 7 (4): 20-29

Stewart, A. (1995). Two conceptions of citizenship. *The British Journal of Sociology*, 46 (1), 63-78

Stewart, P. (2001). Complexity theories, social theory, and the question of social complexity. *Philosophy of the Social Sciences*, 31, 323-360

Stokkom, B. van (2008). Bange burgers, doortastende dienstverleners: Voorbij de retoriek van burgerschap en zelfredzaamheid. In H. Boutellier & R. van Steden (red.), *Veiligheid en burgerschap in een netwerksamenleving* (pp. 267-289). Den Haag: Boom Juridische uitgevers

Stokkom, B. van (2010). *Wat een hufter! Ergernis, lichtgeraaktheid en maatschappelijke verruwing*. Amsterdam: Boom

Stone, Cl. (1989). *Regime politics: Governing Atlanta 1946-1988*. Kansas: Lawrence University Press

Strogatz, St. (2003). *Sync: The emerging science of spontaneous order* (edition 2004). London: Penguin Books

Swaan, A. de (1979). Uitgaansbeperking en uitgaansangst: Over de verschuiving van bevelshuishouding naar onderhandelingshuishouding (oratie). In *De mens is de mens een zorg: Opstellen 1971-1981* (1982, pp. 81-115). Amsterdam: Meulenhof

Swaaningen, R. van (1996). Justitie als verzekeringsmaatschappij: 'Actuarial justice' in Nederland. *Justitiële verkenningen*, 5, 80-97

Sztompka, P. (1999). *Trust: A sociological theory*. Cambridge: Cambridge University Press

Sztompka, P. (2002). On the decaying moral space: Is there a way out? *European Review*, 10 (1), 63-72

Tanenhaus, S. (2009). *The death of conservatism*. New York: Random House

Taraf, S. & M. Dekkers (2005). *Evaluatie BOS/Polaris* (stagerapport). Amsterdam: UvA

Taylor, C. (2004). *Modern social imaginaries*. Durham: Duke University Press

Taylor, C. (2007). *A secular age*. Cambridge: The Belknap Press of Harvard University Press

Taylor, F. (1911). *Principles of scientific management*. New York: Harper & brothers

Terpstra, J. (2008). Burgers in veiligheid: Lokale netwerken en buurtcoalities. In H. Boutellier & R. van Steden (red.), *Veiligheid en burgerschap in een netwerksamenleving* (pp. 243-265). Den Haag: Boom Juridische uitgevers

Terpstra, J. & R. Kouwenhoven (2004). *Samenwerking en netwerken in de lokale veiligheidszorg*. Enschede: UT/P&W/IPIT

Tinkebell, K. & C. Vogelaar (z.j. circa 2009). *Dearest Tinkebell*. Amsterdam: TORCH Gallery

Tonkens, E. (2008). *Mondige burgers, getemde professionals*. Amsterdam: Van Gennep

Tonkens, E., M. Hurenkamp & J. Duyvendak (2006a). *Wat burgers bezielt: Een onderzoek naar burgerinitiatieven*. Amsterdam: UvA/NICIS

Tonkens, E., M. Uitermark & M. Ham (red.). (2006b). *Handboek moraliseren: Burgerschap en ongedeelde moraal* (Jaarboek TSS). Amsterdam: Van Gennep

Tönnies, F. (1887). *Gemeinschaft und Gesellschaft*. Ned. vert. *Gemeenschap en maatschappij* (1990). Leuven: Acco

Tops, P. (2007). *Regimeverandering in Rotterdam: Hoe een stadsbestuur zichzelf opnieuw uitvond*. Amsterdam: Atlas

Turkle, Sh. (1984). *The second self: Computers and the human spirit*. London: Granada

Urry, J. (2003). *Global complexity.* Cambridge: Polity Press

Veldman, A. (1995). *Effectuering van sociaal-economisch recht volgens de chaostheorie: Beleidsinstrumentering en rechtshandhaving van (supra) nationaal gelijke-behandelingsrecht* (diss.). Utrecht: Universiteit Utrecht

Verhoeven, I. (2004). Veranderend politiek burgerschap en democratie. In E. Engelen & M. Sie Dhian Ho (red.), *De staat van de democratie: Democratie voorbij de staat* (pp. 119-143). Amsterdam: AUP

Verhoeven, I. (2009). *Burgers tegen beleid: Een analyse van dynamiek in politieke betrokkenheid.* Amsterdam: Aksant

Verwey-Jonker Instituut (2010). Bedreigers van politici: Risico's en interventiemogelijkheden. In *Individuele bedreigers van publieke personen in Nederland: Fenomeenanalyse en een beleidsverkenning* (pp. 24-91). Den Haag: NCTb

Vollaard, B., P. Versteegh & J. van den Brakel (2009). *Veelbelovende verklaringen voor de daling van de criminaliteit na 2002*, in opdracht van Politie & Wetenschap (vooralsnog niet gepubliceerd), te vinden op www.uvt.nl/webwijs/show/?uid=b.a.vollaard

Vuyk, K. (2006). *Het menselijk teveel: Over de kunst van het leven en de waarde van de kunst.* Kampen: Klement

Vuysje, H. (1989). *Lof der dwang.* Amsterdam: Anthos/Bosch & Keuning

Wacquant, L. (2009). *Punishing the poor: The neoliberal government of social insecurity.* Durham: Duke University Press

Wæver, O. (1995). Securitization and desecuritization. In R. Lipschutz (ed.), *On security* (pp. 46-86). New York: Columbia University Press

Walker, R. (1989). *The coherence theory of truth: Realism, anti-realism, idealism.* London: Routledge

Walzer, M. (2004). *Politics and passion: Toward a more egalitarian liberalism.* New Haven: Yale University Press

Watts, D. (2003). *Six degrees: The science of a connected age.* New York: Norton

Weber, M. (1947). *The theory of social and economic organization.* New York: The Free Press

Wetenschappelijke Raad voor het Regeringsbeleid (2003). *Waarden, normen en de last van gedrag.* Amsterdam: AUP

Wetenschappelijke Raad voor het Regeringsbeleid (2007). *Identificatie met Nederland* (Rapporten aan de regering 79). Amsterdam: AUP

Wetenschappelijke Raad voor het Regeringsbeleid (2008). *Onzekere veiligheid* (Rapporten aan de regering 82). Amsterdam: AUP

Wetenschappelijke Raad voor het Regeringsbeleid (2009). *Vertrouwen in de school: Over de uitval van 'overbelaste' jongeren* (WRR 83). Amsterdam: AUP

Winter, M. de (2005). *Democratieopvoeding versus de code van de straat* (oratie). Utrecht: Universiteit van Utrecht

Witteveen, W. (2008). Nomoi: Plato en de regelzucht. *RegelMaat*, 3, 105-110

Wolf, N. (2007). *The shock doctrine: The rise of disaster capitalism.* New York: Metropolitan Books

Wouters, C. (2007). *Informalization: Manners and emotions since 1890.* London: Sage. Ned. vert. *Informalisering: Manieren en emoties sinds 1890* (2008). Amsterdam: Bert Bakker

Wrong, D. (1995). *The problem of order: What unites and divides society.* Boston: Harvard University Press

Young, M. (1958). *The rise of the meritocracy, 1870-2033: An essay on education and inequality.* London: Thames & Hudson

Zedner, L. (2007). Pre-crime and post-criminology? *Theoretical Criminology*, 11 (2), 261-281

Zedner, L. (2009). *Security.* London: Routledge

Zuijlen, R. van (2004). Veiligheid als begrip: Fundering van de rechtsorde. In E. Muller (red.), *Veiligheid: Studies over inhoud, organisatie en maatregelen* (pp. 7-24). Alphen aan den Rijn: Kluwer

Zuurmond, A. (1994). *De infocratie: Een theoretische en empirische heroriëntatie op Weber's ideaaltype in het informatietijdperk.* Den Haag: Phaedrus